PROUST *foi um* NEUROCIENTISTA

JONAH LEHRER

PROUST *foi um* NEUROCIENTISTA

Como a arte antecipa a ciência

Tradução
Fátima Santos

BestSeller

CIP-BRASIL. CATALOGAÇÃO-NA-FONTE
SINDICATO NACIONAL DOS EDITORES DE LIVROS, RJ.

Lehrer, Jonah
L533p Proust foi um neurocientista/Jonah Lehrer; tradução: Fátima Santos. - Rio de Janeiro: Best*Seller*, 2010.

Tradução de: Proust was a neuroscientist
Inclui bibliografia e índice
ISBN 978-85-7684-312-2

1. Neurociências e as artes. 2. Neurociências. 3. Artes. I. Título.

10-2822 CDD: 700.105
CDU: 7.01

Texto revisado segundo o novo Acordo Ortográfico da Língua Portuguesa.

Título original norte-americano
PROUST WAS A NEUROSCIENTIST

Capa: Igor Campos
Editoração eletrônica: Abreu's System

Direitos exclusivos de publicação em língua portuguesa para o Brasil
adquiridos pela
EDITORA BEST SELLER LTDA.
Rua Argentina, 171, parte, São Cristóvão
Rio de Janeiro, RJ – 20921-380
que se reserva a propriedade literária desta tradução

Impresso no Brasil

ISBN 978-85-7684-312-2

A realidade é o resultado da mais respeitável imaginação.

Wallace Stevens

Essa recusa constante da ciência em acreditar que a personalidade é uma consequência de acontecimentos, e a crença de que nosso mundo, pela própria natureza, é um mundo estritamente impessoal podem, em princípio, à medida que o tempo passa, provar ser o defeito em nossa vaidosa ciência que mais surpreenderá nossos descendentes, uma omissão que, aos olhos deles, a fará parecer sem perspectiva e limitada.

William James

Para Sarah e Ariella

Sumário

Prefácio

Trabalhei por um tempo em um laboratório de neurociência. Tentávamos descobrir como a mente recorda, como um conjunto de células pode encapsular nosso passado. Eu era apenas um técnico de laboratório e passava a maior parte do dia desempenhando as estranhas ações da ciência de bancada: amplificação; formação de vórtices; medição com pipeta; ordenação; condensação etc. Era uma atividade manual simples, mas o trabalho me parecia muito sério. Os mistérios eram destilados em questões menores e, se minhas experiências não falhavam, terminavam com uma resposta. A verdade parecia se acumular lentamente, como a poeira.

Ao mesmo tempo, comecei a ler Proust. Muitas vezes, levava minha cópia de *Em busca do tempo perdido — no caminho de Swann* para o laboratório e lia algumas páginas enquanto esperava que uma experiência terminasse. Tudo o que esperava de Proust era um pouco de entretenimento ou, talvez, aprender a arte da construção de frases. Para mim, a história sobre a memória de um homem era simplesmente isso: uma história. Era uma obra de ficção, o oposto de um fato científico.

Mas tão logo passei do gritante contraste das formas — minha ciência falava em acrônimos, enquanto Proust preferia a prosa divagante —, comecei a perceber uma convergência surpreendente. O autor previra minhas experiências. Proust e a neurociência compartilhavam uma concepção de como a memória funciona. Se ouvíssemos com atenção, descobriríamos que, na verdade, diziam a mesma coisa.

Este livro é sobre os artistas que anteciparam as descobertas da neurociência. É sobre autores, pintores e compositores que descobriram verdades sobre a mente humana — verdades reais e tangíveis — que só agora a ciência está *re*descobrindo. As ideias deles predisseram os fatos do futuro.

Evidentemente, essa não é a forma como se espera que o conhecimento avance. Os artistas criam lindos contos para nós, enquanto os cientistas descrevem o universo objetivamente. Na narração impenetrável do artigo científico, imaginamos um reflexo perfeito da realidade. Aceitamos que um dia a ciência resolverá tudo.

Neste livro, tento contar uma história diferente. Embora tenham testemunhado o nascimento da ciência moderna — Whitman e Eliot admiraram Darwin; Proust e Woolf veneraram Einstein —, esses artistas nunca deixaram de acreditar na necessidade da arte. Enquanto os cientistas começavam a separar os pensamentos em partes anatômicas, os artistas desejavam compreender a consciência partindo de dentro. Nossa verdade deve começar conosco, com o que *deseja* a realidade, diziam eles.

Cada um desses artistas tinha um método particular. Marcel Proust passava o dia todo na cama, refletindo sobre seu passado. Paul Cézanne olhava fixamente por horas para uma maçã. Auguste Escoffier tentava apenas agradar os clientes. Igor Stravinsky tentava *não* agradar os clientes. Gertrude Stein gostava de brincar com as palavras. Mas, apesar das diferenças técnicas, todos compartilhavam um interesse permanente na experiência humana. As criações eram atos de exploração, formas de lidar com os mistérios que não conseguiam compreender.

Esses artistas viveram em uma época de ansiedade. No meio do século XIX, quando a tecnologia usurpou o romantismo, a essência da natureza humana estava sendo questionada. Graças às dolorosas descobertas da ciência, a alma imortal estava morta. O homem era um macaco, não um anjo caído do céu. Na frenética busca por novos tipos de expressão, os artistas inventaram um método novo: olhar para o espelho. (Como declarou Ralph Waldo: "A alma tornou-se consciente de si mesma.") Esse olhar para o interior criou uma arte que era primorosamente autoconsciente; seu assunto era a nossa psicologia.

O nascimento da arte moderna foi confuso. O público não estava acostumado à poesia livre, às pinturas abstratas ou aos romances sem trama. Esperava-se que a arte fosse linda ou divertida, de preferência as duas coisas. Esperava-se que nos contasse histórias sobre o mundo, nos desse a vida como ela deveria, ou poderia, ser. A realidade era dura, e a arte, nossa saída. No entanto, os modernistas se recusaram a nos dar o que desejávamos. Em um movimento de arrogância e ambição impressionantes, tentaram inventar romances que contassem a verdade. Embora sua arte fosse difícil, eles aspiravam à transparência: nas formas e falhas de suas obras, desejavam que víssemos a nós mesmos.

Os oito artistas neste livro não são as únicas pessoas que tentaram compreender a mente. Eu os escolhi porque a arte deles provou ser a mais precisa, porque foram os que mais explicitamente anteciparam nossa ciência. Todavia, a originalidade deles foi influenciada por um conjunto variado de outros pensadores. Whitman foi inspirado por Emerson; Proust, impregnado por Bergson; Cézanne estudou Pissarro, e Woolf foi incentivada por Joyce. Tentei delinear a atmosfera intelectual que moldou cada processo criativo, para destacar as pessoas e as ideias a partir das quais a arte desses artistas surgiu.

Uma de suas influências mais importantes — e a única compartilhada por todos — foi a ciência da época. Muito antes de C.P. Snow ter lamentado a triste separação de nossas duas culturas, Whitman estava ocupado estudando os compêndios sobre a anatomia do cérebro e observando cirurgias pavorosas; George Eliot lia Darwin e James Clerk Maxwell; Stein realizava experimentos psicológicos no laboratório de William James; e Woolf aprendia sobre a biologia das doenças mentais. É impossível compreender a arte deles sem levar em consideração suas relações com a ciência.

Era uma época excitante para se estudar ciência. No início do século XX, o antigo sonho do Iluminismo parecia ao alcance. Para todos os lados que os cientistas olhassem, o mistério parecia escapar. A vida era apenas química, e a química, apenas física. Todo o universo não passava de uma massa de moléculas vibrantes. Para a maioria, esse novo conhecimento representava o triunfo de um método. Os cientistas descobriram o reducionismo e o aplicavam com sucesso na realidade. Na metáfora de Platão, o reducionista objetivava "cortar a natureza nas juntas, como um bom açougueiro". O todo só pode ser compreendido pelas partes, dissecando a realidade até dissolvê-la. É tudo o que somos: partes, acrônimos e átomos.

Mas o que esses artistas fizeram foi simplesmente não traduzir os fatos da ciência em formas belas e novas. Isso seria fácil demais. Ao explorar as próprias experiências, expressaram o que nenhum experimento poderia ver. Desde então, novas teorias científicas surgiram e desapareceram, mas essa arte resiste tão sábia e retumbante como nunca.

Agora sabemos que Proust estava certo sobre a memória; Cézanne estava misteriosamente correto sobre o córtex visual; Stein antecipou Chomsky; e Woolf penetrou o mistério da consciência: a neurociência moderna confirmou as intuições desses artistas. Em cada um dos capítulos seguintes, tentei dar um sentido de processo científico, de como os cientistas transformam, de fato, seus dados em novas hipóteses rigorosas. Todo experimento brilhante, como toda grande obra de arte, começa com um ato de imaginação.

Infelizmente, nossa cultura atual endossa uma definição muito limitada de verdade. Se algo não pode ser quantificado ou calculado, então não pode ser verdadeiro. Como essa rígida abordagem científica já explicou tanto, aceitamos que ela possa explicar tudo. Mas todo método, até mesmo o experimental, tem limites. Pense na mente humana. Os cientistas descrevem nosso cérebro em termos de detalhes físicos; dizem que somos apenas uma tecelagem de células elétricas e espaços sinápticos. Mas a ciência se esquece de que não é assim que experimentamos o mundo. (Sentimos como o fantasma, não como a máquina.) É irônico, porém verdadeiro: a única realidade que a ciência não consegue reduzir é a única realidade que podemos conhecer. É por essa razão que necessitamos da arte. Ao expressar nossa experiência real, o artista nos lembra de que nossa ciência é incompleta, de que nenhum mapa da matéria jamais explicará a imaterialidade de nossa consciência.

A moral deste livro é que somos feitos de arte e ciência. Temos a mesma constituição dos sonhos, mas também somos apenas matéria. Agora sabemos o suficiente sobre o cérebro para perceber que seus mistérios sempre permanecerão. Como uma obra de arte, superamos nosso material. A ciência necessita da arte para emoldurar o mistério, mas a arte necessita da ciência para que nem tudo seja um mistério. Nenhuma das verdades sozinha é a solução, pois a realidade existe no plural.

Espero que essas histórias de descoberta artística demonstrem que qualquer descrição do cérebro exige ambas as culturas: artística e científica. Os métodos reducionistas da ciência devem ser associados a uma investigação artística de nossa experiência. Nos capítulos seguintes, tento imaginar esse diálogo novamente. A ciência é vista pela ótica da arte, e a arte é interpretada à luz da ciência. O experimento e o poema se completam. A mente, feita pelos dois, torna-se um todo.

Capítulo 1

Walt Whitman

A essência do sentimento

O poeta escreve a história do próprio corpo.
Henry David Thoreau

PARA WALT WHITMAN, foi o corpo que originou a Guerra Civil. Whitman acreditava que o crime da Confederação* era ter tratado os negros apenas como mercadoria, vendendo-os e comprando-os como pedaços de carne. A revelação de Whitman — que aconteceu pela primeira vez no leilão de escravos em Nova Orleans — foi que o corpo e a alma são inseparáveis. Açoitar o corpo era açoitar a alma também.

Essa é a ideia poética central de Whitman. Não *temos* um corpo, *somos* um corpo. Embora impalpáveis, na realidade, nossos sentimentos começam na carne. O poeta inicia o único livro de poemas de sua autoria, *Folhas de relva*, impregnando sua pele com seu espírito, "o odor dessas axilas é um perfume mais caro que uma oração":

---

* Os onze Estados do Sul dos EUA. (*N. do T.*)

> Alguém está pedindo para ver a alma?
> Veja, sua própria forma e feições [...]
> Note, o corpo contém e é o sentido, a ideia central;
> Ele contém e é a alma

A fusão de corpo e alma elaborada por Whitman foi uma ideia revolucionária, tão radical no conceito quanto os versos livres que compunha. Naquela época, os cientistas acreditavam que os sentimentos vinham do cérebro e que o corpo era apenas um pedaço de matéria inerte. No entanto, Whitman acreditava que nossa mente dependia da carne. Estava determinado a escrever poemas sobre nosso "ser completo".

É exatamente essa visão que torna sua poesia tão urgente: a tentativa de arrancar "beleza do suor"; a alma metafísica, da gordura e da pele. Em vez de dividir o mundo em dualismos, como fizeram os filósofos por séculos, Whitman viu tudo como continuação de tudo o mais. Para ele, o corpo e a alma, o profano e o profundo eram apenas nomes diferentes para a mesma coisa. Como uma vez declarou Ralph Waldo Emerson, o transcendentalista de Boston, "Whitman é uma mistura extraordinária do *Bhagavad Gita* e do *New York Herald*".

Whitman elaborou a teoria dos sentimentos corporais a partir de investigações sobre si mesmo. Tudo que desejava fazer em *Folhas de relva* era tornar conhecida "uma *pessoa*, um ser humano (eu mesmo, na segunda metade do século XIX, na América), de forma livre, completa e verdadeira". E, então, o poeta tornou-se um empirista, um lírico da própria experiência. Como escreveu no prefácio de *Folhas de relva*, "você ficará ao meu lado para olhar no espelho comigo".

Foi tal método que levou Whitman a ver a alma e o corpo inextricavelmente "emaranhados". Foi o primeiro poeta a escrever poemas nos quais a carne não era um elemento estranho. Em vez disso, na forma livre de seus versos, o cenário do próprio corpo se tornou a inspiração para sua poesia. Cada linha escrita doía com a ânsia da anatomia, com seus desejos sábios e suas concordâncias inarticuladas. Sem vergonha de nada, Whitman nada deixou de fora. "Sua própria carne será um excelente poema", prometeu aos leitores.

Atualmente, a neurociência sabe que a poesia de Whitman falava a verdade: as emoções são geradas pelo corpo. Por mais efêmeros que pareçam, nossos sentimentos estão, na realidade, enraizados nos movimentos de nossos músculos e nas palpitações de nossas entranhas. Além disso, esses sentimentos materiais são um elemento essencial do processo de raciocínio. Como observa o neurocientista António Damásio, "a mente é encarnada[...] não apenas cerebralizada".

Na época, no entanto, os pensamentos de Whitman foram vistos como eróticos e audaciosos. Sua poesia foi denunciada como um "enunciado pornográfico", e cidadãos preocupados exigiam sua censura. Whitman apreciava a controvérsia. Nada o agradava mais que desmantelar os costumes vitorianos puritanos e inverter os conhecimentos da ciência.

A história da separação entre cérebro e corpo começa com René Descartes. Descartes, o filósofo mais influente do século XVII, dividiu o ser em duas entidades distintas: uma alma sagrada e uma carcaça mortal. A alma era a fonte da razão, da ciência e de tudo que fosse bom. Por outro lado, nossa carne era "como um relógio", nada além de uma máquina que sangra. Com esse rompimento, Descartes condenou o corpo a uma vida de subserviência, como uma fonte de energia para as lâmpadas do cérebro.

Na época de Whitman, o impulso cartesiano para cultuar o cérebro e ignorar o corpo deu origem à nova "ciência" da frenologia. Iniciados por Franz Josef Gall no começo do século XIX, os frenologistas acreditavam que a forma do crânio — as estranhas saliências e reentrâncias — refletia com precisão a mente por dentro. Através da medição das saliências do osso, esses pseudocientistas esperavam mensurar o caráter do sujeito ao determinar quais áreas do cérebro estavam inchadas pelo uso e quais estavam murchas pelo desuso. A embalagem do crânio revelava nosso interior, o restante do corpo era irrelevante.

Em meados do século XIX, a promessa da frenologia parecia prestes a ser cumprida. Incontáveis tratados médicos, repletos de ilustrações técnicas, foram escritos para defender essas teorias. Foram quantificados inúmeros crânios, desvendados 27 talentos mentais diferentes. A primeira teoria científica da mente parecia destinada a ser a última.

Mas medições são sempre imperfeitas, e explicações, fáceis de inventar. As comprovações apresentadas pela frenologia, embora reunidas com um espírito de seriedade e sinceridade, foram, na realidade, uma coleção de observações acidentais. (O cérebro é um órgão tão complicado que suas fissuras podem justificar quase qualquer hipótese que se possa imaginar, pelo menos até que surja uma hipótese melhor.) Por exemplo, Gall afirmou que o traço de idealização ficava na "cadeia temporal dos ossos frontais" porque os bustos de Homero mostravam uma saliência nesse local e porque, quando escreviam, os poetas costumavam tocar aquela parte da cabeça. Esses eram os dados utilizados por Gall.

Certamente, a frenologia ataca nossas sensibilidades modernas como algo tristemente não científico, como uma astrologia do cérebro. É difícil imaginar sua postura ou compreender como ela resistiu durante a maior parte do século XIX.* Whitman costumava citar Oliver Wendell Holmes com relação ao assunto: "É mais fácil dizer quanto dinheiro há em um cofre pela maçaneta da porta do que quão inteligente um homem é pelas saliências na cabeça." Mas o conhecimento surge de nossos erros e, exatamente como a alquimia conduziu à química, o fracasso da frenologia levou a ciência a estudar o cérebro em si, não apenas seu invólucro calcificado.

Whitman, um estudante dedicado à ciência de seu tempo,** teve um relacionamento complicado com a frenologia. Denominou a primeira aula de frenologia a que

---

* O maior fracasso da frenologia foi a incapacidade de assimilar dados que não correspondiam às suas previsões. Por exemplo, ao medirem o crânio de Descartes, os frenólogos encontraram uma testa extremamente pequena, que indicava "faculdades lógicas e racionais limitadas". No entanto, em vez de duvidarem das próprias hipóteses, os frenólogos satirizaram Descartes e declararam "que ele não era um pensador tão extraordinário quanto fora considerado".

** Embora adorasse aprender sobre ciência, Whitman nunca aceitou suas descobertas sem criticá-las. Em seu caderno, escreveu para se lembrar de sempre questionar a veracidade das experiências: "Lembre-se de que nas alusões científicas e similares, as teorias de Geologia, História, Linguagem etc. estão sempre mudando. Preste atenção para colocar somente o que será apropriado nos séculos vindouros."

assistiu de "o maior conglomerado de pretensões e absurdos a que jamais tivemos de ouvir[...] Não pretendemos afirmar que não haja verdade alguma na frenologia, mas declaramos, de fato, que suas alegações de confiança, como apresentadas pelo Sr. Fowler, são ridículas até o último nível". No entanto, mais de uma década depois, esse mesmo Sr. Fowler, da editora Fowler and Wells em Manhattan, tornou-se o único distribuidor da primeira edição de *Folhas de relva*. Whitman não conseguia encontrar ninguém mais para publicar seus poemas. E, embora parecesse ter moderado suas visões sobre as loucuras da frenologia — chegando inclusive ao ponto de se submeter a alguns exames frenológicos* —, sua poesia negava obstinadamente as premissas mais básicas desta protociência. Como Descartes, a frenologia procurava a alma somente na cabeça, desesperada por reduzir a mente às suas causas cranianas. Whitman percebeu que tais reduções estavam baseadas em um grave erro. Ao ignorar as sutilezas do corpo, esses cientistas não conseguiram explicar as sutilezas da alma. Como o livro *Folhas de relva*, que só poderia ser compreendido em "sua totalidade — seus agrupamentos". Whitman acreditava que sua existência não poderia ser "compreendida em nenhum momento por suas partes, mas a qualquer momento por sua unidade". Esta é a moral do movimento poético de Whitman: o ser humano é um todo irredutível. Corpo e alma estão emulsificados

* Whitman não estava só: todos, de Mark Twain a Edgar Allan Poe, submeteram-se aos exames frenológicos. George Eliot raspou a cabeça para que sua frenóloga pudesse fazer um diagnóstico mais preciso de suas saliências cranianas.

um no outro. "Ser, em qualquer forma, o que vem a ser?", Whitman perguntou uma vez. "A minha não é uma concha calosa."

Emerson

A fé de Whitman no corpo transcendental foi fortemente influenciada pelo transcendentalismo de Ralph Waldo Emerson. Na época em que Whitman ainda era um jornalista lutando pela sobrevivência no Brooklyn, Emerson começava a escrever palestras sobre a natureza. Um pregador ex-unitarista, Emerson estava mais interessado no mistério da própria mente que nos sermões de algum Deus distante. Não gostava da religião organizada porque ela relegava o espiritual a um lugar no céu em vez de ver o espírito entre "o comum, inferior e familiar".

Sem o misticismo de Emerson, é difícil imaginar a poesia de Whitman. "Eu estava em fogo brando", disse Whitman certa vez, "e Emerson me fez ferver". Com Emerson, Whitman aprendeu a confiar na própria experiência, procurando em si mesmo insinuações do profundo. Mas, se a magnificência de Emerson foi a imprecisão — a defesa da Natureza com letra maiúscula —, a magnificência de Whitman foi o imediatismo. Todas as poesias de Whitman começam com ele mesmo, uma natureza incorporada por seu próprio corpo.

E, embora compartilhassem uma filosofia, Whitman e Emerson não poderiam ter sido pessoas mais diferentes. Emerson parecia um pastor puritano, com ossos molares proeminentes e um nariz longo e ossudo. Um homem solitário, inclinado aos acessos abnegados de concentração em si mesmo. "Gosto da igreja silenciosa antes de o culto começar", confessou em *Self-Reliance* [*Autoconfiança*]. Ele escreveu em seu diário que gostava do homem, mas não dos homens. Quando queria pensar, fazia longas caminhadas sozinho nos bosques.

Whitman — "ombros largos, pele áspera, sobrancelhas de Baco, barbado como um sátiro, e indecoroso" — adquiriu sua religião nas ruas empoeiradas e com os carroceiros; no mar e com os marinheiros; com as mães e homens do Brooklyn. Era fascinado por pessoas, aqueles cidadãos de sua democracia sensual. Como seu exame frenológico assustadoramente preciso informa,* "As características principais de seu caráter parecem ser a amizade, a compaixão, a grandeza, a autoestima e, acentuadamente entre as combinações, o perigo da indolência, uma tendência ao prazer da volúpia e do apetite, e uma determinada vontade impulsiva animal, provavelmente muito desprovida de consideração pela convicção dos outros".

Whitman ouviu Emerson pela primeira vez em 1842. Emerson iniciava as visitas de conferência, tentando promover seu *Ensaios*, recém-publicado. Escrevendo no *Aurora* de Nova York, Whitman chamou o discurso de Emerson de "uma das composições mais profundas e belas" que já ouvira. Whitman ficou especialmente extasiado pelo pedido de Emerson por um novo poeta americano,

* Uma das razões que parece ter levado Whitman a moderar suas ideias sobre frenologia foi o fato de ter um crânio muito favorável. Era quase perfeito em relação a todas as características frenológicas possíveis. Por incrível que pareça, duas de suas notas mais baixas foram em relação às características de melodia e linguagem.

um versificador compatível com a democracia: "O poeta fica entre os meios-homens e o homem completo", disse Emerson. "Ele reata as partes ao todo."

Mas Whitman não estava pronto para se tornar um poeta. Durante a década seguinte, continuou em fogo brando, vendo Nova York como um jornalista e o editor do *Brooklyn Eagle* e do *Freeman*. Escreveu artigos sobre criminosos e abolicionistas, estrelas da ópera e a nova barca de Fulton. Quando o *Freeman* fechou, Whitman viajou para Nova Orleans, onde viu escravos sendo vendidos em leilões, "os corpos envoltos em correntes de metal". Navegou no Mississippi em um navio a vapor e conheceu a sensação da vastidão do Oeste, a forma como "os Estados Unidos em si são essencialmente o poema maior".

Foi durante os anos difíceis sem emprego como jornalista que Whitman começou a escrever fragmentos de poesia, rabiscando quartetos e rimas em cadernos de anotações baratos. Sozinho, sem plateia alguma, Whitman era livre para experimentar. Enquanto todos os outros poetas ainda contavam sílabas, os versos de Whitman eram montagens confusas com particípios, partes do corpo e metáforas eróticas. O autor abandonou a métrica rígida, pois desejava que sua forma refletisse a natureza para expressar pensamentos "tão vivos que tinham uma arquitetura própria". Como Emerson insistira anos antes: "Não duvide, oh poeta, mas persista. Diga 'está dentro de mim', e sairá."

E então, enquanto seu país lentamente se despedaçava, Whitman inventou uma nova poética, uma forma de estranheza inexplicável. Um "criador de linguagem" consciente,

Whitman não teve precursores. Nenhum outro poeta na história da língua inglesa preparou os leitores para os ritmos excêntricos de Whitman, para seus verbos inventados, para seu amor por longas listas anatômicas* e para sua recusa honesta em não ser nada além de si mesmo, as sílabas que se danem. Mesmo sua poesia ruim é ruim de uma forma totalmente original, pois Whitman apenas imitava a si mesmo.

Mas mesmo assim, apesar de sua originalidade incompreensível, os versos de Whitman também sofrem as cicatrizes de sua época. O amor pelos sindicatos políticos e pela unidade física, a maneira como os antimônios se ligavam: esses temas encontram a fonte na entrada inexorável da América na Guerra Civil. "Meu livro e a guerra são um só", disse Whitman. Seu caderno de anotações começa em verso livre, em versos que, pela primeira vez, tentam unir os irreconciliáveis da década, os antagonismos do Norte e do Sul, mestre e escravo, corpo e alma. Somente na poesia Whitman pôde encontrar o todo que tão desesperadamente procurava:

> Sou o poeta do corpo
> E sou o poeta da alma.
> Concordo com os escravos da terra igualmente com os senhores
> E ficarei entre os senhores e os escravos,
> Fazendo parte de ambos de forma que ambos me compreendam
> [igualmente.

* "Os filamentos do pulmão, o saco do estômago, os intestinos doces e
[limpos,
[As dobras cerebrais dentro do osso do crânio,
Conexões, válvulas do coração, válvulas do palato, sexualidade,
[maternidade [...]"

Em 1855, após anos de "rimas descuidadas", Whitman finalmente publicou seus poemas. Ele juntou suas folhas de "relva" ("glass") — Jargão dos tipógrafos para composições de pouco valor — em um fino volume encadernado com tecido, com apenas noventa e cinco páginas. Whitman enviou a Emerson a primeira edição do livro. Emerson respondeu com uma carta que, alguns diziam, o poeta carregava no bolso por todos os cantos do Brooklyn durante o verão. Na época, Whitman era um poeta anônimo e Emerson, um filósofo famoso. Sua carta a Whitman é uma das peças mais generosas de louvor na história da literatura americana. "Caro Senhor", começava Emerson:

> Não estou cego ao valor da dádiva maravilhosa de *Folhas de relva.* Acho-o a mais extraordinária peça de inteligência e sabedoria que a América jamais produziu. Sinto-me feliz ao lê-la. Vem ao encontro da demanda que estou sempre fazendo do que parecia ser a natureza estéril e mesquinha, como se o excesso de trabalho braçal ou de linfa no temperamento estivessem tornando nossos espíritos ocidentais gordurosos e mesquinhos. Fico feliz com seu pensamento livre e corajoso [...] Eu o saúdo no começo de uma grande carreira.

Não sendo alguém que esconde uma boa crítica vinda do "Mestre", Whitman enviou a carta particular de Emerson para o *Tribune*, no qual foi publicada, mais tarde tendo sido incluída na segunda edição de *Folhas de relva.* Mas, em 1860, provavelmente Emerson já havia se arrependido de seu endosso literário. Whitman adicionara a *Folhas de relva* a sequência erótica Enfans d'Adam (*Filhos de Adão*), uma coleção que incluía os poemas *From Pent-up Aching*

Rivers [*Desde os rios confinados à dor*], "I Am He that Aches with Love" (Eu sou ele que sofre com amor), e "O Hymem! O Hymenee!" (Ó Hímen! Ó Himeneu!) Emerson queria que Whitman retirasse os poemas eróticos da nova edição do livro. (Certamente, algumas partes da natureza ainda precisavam de censura.) Emerson deixou tal desejo claro para Whitman durante uma longa caminhada pelo Boston Common, expressando seu medo de que o poeta corresse "o risco de se complicar com a infeliz heresia" do amor livre.

Embora ainda um poeta obscuro, Whitman foi inflexível: *Filhos de Adão* deve permanecer. Tal retirada, disse, seria uma castração e "o que é um homem sem a virilidade?" Para ele, o sexo revelava a unidade de nossa forma, como o desejo da carne se tornava os sentimentos da alma. Ele lembraria no último prefácio de *Folhas de relva*, "A Backwards Glance over Traveled Roads" (Um olhar retrospectivo sobre as estradas viajadas), que a conversa com Emerson cristalizara seus temas poéticos. Embora admitisse que sua poesia era "abertamente a música do sexo e da propensão à sexualidade e constante natureza animal", Whitman acreditava que sua arte "elevava (essas alusões corporais) a uma luz e atmosfera diferentes". A ciência e a religião podem ver o corpo em termos de suas partes obscenas, mas o poeta, amante do todo, sabe que "o corpo humano e a alma devem permanecer uma totalidade". "*Isso*", insistia Whitman, "é o que senti lá no fundo de meu cérebro e meu coração, quando respondi somente com silêncio aos argumentos de Emerson, sob os olmos antigos do Boston Common".

Apesar de sua epifania erótica, Whitman ficou desconcertado com o passeio com Emerson. Ninguém entendera sua poesia mais recente? Ninguém vira sua filosofia? *O corpo é a alma.* Quantas vezes escrevera isso? E se o corpo é a alma, então como o corpo pode ser censurado? Como escreveu em "I Sing the Body Electric" (*Eu canto o corpo elétrico)*, o poema central de *Filhos de Adão*:

Ó meu corpo! Não ouso abandonar as tuas semelhanças em outros
[homens e mulheres, nem as semelhanças das tuas partes,
creio que as tuas semelhanças hão de se manter ou terminar com as
[semelhanças da alma (e com o fato de que elas são a alma),
creio que as tuas semelhanças devem se manter ou terminar com
[meus Poemas, e com o fato de que elas são os meus poemas.

E então, contra os desejos de Emerson, Whitman publicou *Filhos de Adão*. Como previra Emerson, os poemas foram recebidos com gritos de indignação. Um crítico disse que as citações dos poemas de *Filhos de Adão* seriam "uma ofensa contra a decência, rudes demais para serem toleradas". Mas Whitman não se importou. Como sempre, escreveu as próprias críticas anônimas. Sabia que se sua poesia tivesse de durar, não poderia deixar nada de fora. Deveria ser cândida e verdadeira.

O membro fantasmagórico

No inverno de 1862, durante o apogeu sangrento da Guerra Civil, Whitman viajou para a Virgínia à procura do irmão, que fora ferido na batalha de Fredericksburg. Essa foi a primeira visita de Whitman ao front. A luta terminara poucos dias antes, e Whitman viu "onde o inestimável sangue dos soldados avermelhou a grama, o chão". O cheiro ácido da fumaça das armas ainda pairava no ar. Finalmente, Whitman encontrou o hospital do exército da União, suas tendas delimitadas por sepulturas cavadas recentemente; os nomes dos mortos rabiscados em "pedaços de aduelas de barris ou tábuas quebradas, cravadas na terra". Ao escrever para a mãe, Whitman descreveu "a pilha de pés, braços, pernas etc. sob uma árvore em frente a um hospital". Os membros, recentemente amputados, começavam a apodrecer.

Depois de ter visto os mortos e moribundos de Fredericksburg, Whitman se dedicou a ajudar os soldados. Pelos três anos seguintes, se voluntariou para fazer curativos nos feridos nos hospitais da União, assistindo "entre 80 mil e 100 mil feridos e doentes, apoiando o espírito e o corpo dos soldados até onde podia". Ele cuidaria dos homens tanto da União quanto da Confederação. "Não posso largá-los", escreveu. "De vez em quando, alguns jovens se agarram a mim de forma convulsiva e faço o que posso por eles." Whitman segurava as mãos dos soldados, fazia limonada, comprava sorvete, roupas íntimas e cigarros, às vezes até lia poesia para eles. Enquanto os médicos tratavam das feridas, Whitman cuidava das almas.

Por toda a vida, Whitman se lembraria do tempo vivido como voluntário nos hospitais. "Aqueles três anos [de guerra]", lembrava-se mais tarde em *Specimen Days* (*Dias exemplares*), sua autobiografia oral. "considero a lição mais profunda de minha vida". Nunca mais Whitman se sentiria tão útil de novo, "tão constantemente absorvido, até as raízes". "As pessoas costumavam me dizer 'Walt, você está realizando milagres para aqueles companheiros nos hospitais'. Eu não estava. Estava [...] realizando milagres para mim mesmo."

Como sempre, Whitman transformou a experiência em poesia. Contou a Emerson que desejava escrever sobre o tempo passado nos hospitais, pois ele, "de alguma forma, abrira um novo mundo para mim, dando-me insights mais profundos, novas experiências, explorando minas mais profundas do que nunca". Em *Drum Taps* (*Rufar do tambor*), sua sequência de poemas sobre a guerra — a única que nunca revisou —, Whitman descreveu a anatomia torturada que viu todos os dias nos hospitais.

> Do coto do braço, da mão amputada,
> Desfaço o curativo coagulado, removo o sangue empapado, lavo
> [a matéria e o sangue,
> De volta para o seu travesseiro, o soldado inclina-se com o
> [pescoço curvado e a cabeça caindo para o lado,
> Seus olhos estão fechados, sua face está pálida, ele não ousa
> [olhar para o toco ensanguentado.

Whitman olhava de fato para o toco ensanguentado. A carnificina da guerra o chocava. Ao voluntariar-se nos hospitais feitos de tendas de lona, testemunhou a confusão violenta da cirurgia: "o sibilo do bisturi do cirurgião, os dentes roedores de sua serra / chiado da respiração difícil, cacarejo, som de derramamento de sangue". Entre o cheiro forte de soldados morrendo e cadáveres não retirados, Whitman se consolava por lembrar que o corpo não era apenas um corpo. Como enfermeiro, Whitman tentou curar o que o cirurgião não conseguia tocar, chamando a isso de nossos "restos mais profundos".

No segundo ano da guerra, exatamente enquanto Whitman aprendia a enfaixar as feridas da batalha em algodão molhado, os médicos que trabalhavam nos hospitais da Guerra Civil começaram a notar um fenômeno muito estranho. Depois da amputação do membro, não era raro que o soldado continuasse a "sentir" o braço ou a perna faltante. Os pacientes relatavam que era como viver com fantasmas. A própria carne retornava para assombrá-los.

A ciência médica ignorou a síndrome. Afinal, o membro e seus nervos não existiam mais. Não havia mais nada a ser retirado. Mas um médico acreditou nas estranhas histórias dos soldados. Seu nome era Silas Weir Mitchell, um "médico de nervos" do hospital Turner's Lane, na Filadélfia. Era também um grande amigo de Whitman. Durante boa parte de suas vidas, o médico e o poeta escreveram cartas um para o outro, compartilhando o amor pela literatura e pelas histórias médicas. Inclusive foi Weir Mitchell que, em 1878, finalmente diagnosticou Whitman com um vaso sanguíneo rompido no cérebro, prescrevendo o "ar da montanha" como tratamento. Mais tarde, Weir Mitchell sustentou financeiramente o poeta, dando-lhe cinquenta dólares por mês por mais de dois anos.

No entanto, durante a Guerra Civil, enquanto Whitman trabalhava como enfermeiro, Weir Mitchell tentava compreender os membros ilusórios. A batalha de Gettysburg deu a ele um hospital repleto de pacientes amputados, e, em seu caderno de anotações médicas, Weir Mitchell começou a descrever uma grande variedade de "fantasmas sensoriais". Alguns dos membros faltantes pareciam irreais para os pacientes, enquanto outros pareciam genuínos; alguns eram doloridos, outros indolores. Embora alguns amputados ao longo do tempo se esquecessem dos membros faltantes, a vasta maioria retinha "uma sensação da existência do membro perdido que era mais vívida, clara e invasora que a do membro correspondente ainda vivo". A ilusão corporal era mais real que o corpo.

Embora Weir Mitchell acreditasse ser a primeira pessoa a documentar tal fenômeno, não foi. Herman Melville, doze anos antes, dera a Ahab — o velho capitão do navio *Moby Dick* — um fantasma sensorial. Ahab não tem uma perna (Moby Dick a comera), e, no capítulo 108, intima um carpinteiro a criar uma nova perna de pau de marfim. Ahab diz ao carpinteiro que ainda sente a perna amputada "de forma *invisível e não interpenetrável*". O membro imaginário é como um "impostor". "Olhe", diz Ahab, "ponha esta perna viva no lugar onde estava a minha; portanto, agora, aqui só há uma única perna que pode ser vista, embora haja duas para a alma. Onde tu sentes a vida latejante; lá, exatamente lá, eu sinto. É uma charada?"

Weir Mitchell, desconhecendo a presciência de Melville, nunca citou a condição médica de Ahab. Publicou suas observações sobre o mistério em dois compêndios de neurologia. Publicou também um boletim especial sobre o fenômeno, que o consultório do cirurgião-geral distribuiu para outros hospitais militares em 1864. Mas Weir Mitchell se sentiu limitado pela linguagem clínica seca dos relatórios médicos. Ele acreditava que a experiência dos soldados em seu hospital tinha profundas implicações filosóficas. Afinal, os fantasmas sensoriais eram provas vivas da poesia de Whitman: nossa matéria estava emaranhada em nosso espírito. Quando se corta a carne, corta-se também a alma.

E então Weir Mitchell decidiu escrever uma pequena história anônima em primeira pessoa.* Em *The Case of George Dedlow*, publicado em *The Atlantic Monthly* em 1866, Weir Mitchell se imagina um soldado na batalha de Chickamauga, ferido em ambas as pernas e ambos os braços. Dedlow desmaia de dor.

Ao acordar, Dedlow está em uma tenda de hospital. Está sem os membros: todos foram amputados. Descreve-se como um "torso inútil, mais como alguma criatura larval estranha que qualquer imagem de um formato humano". Mas, embora sem membros, Dedlow ainda *sente* todos eles. Seu corpo se tornara um fantasma, e, no entanto, ainda se sente tão vivo quanto antes. Weir Mitchell explica o fenômeno fazendo referência ao cérebro. Devido ao cérebro e ao corpo estarem tão interligados, a mente permanece "mais atenta à parte [corporal] faltante, preservando para o homem, de modo imperfeito, uma consciência de possessão de algo que ele não tem". Weir Mitchell acreditava que o cérebro dependia do corpo para ter sentimentos e identidade. Ao perder os membros, Dedlow descobre "para seu horror que, às vezes, eu estava menos consciente de mim mesmo, de minha existência,

---

* Mais tarde, Weir Mitchell abandonaria a medicina por completo e se dedicaria a escrever romances e poesias. Seu romance *Hugh Wynne* (1897) — sobre as experiências de um Quaker durante a Revolução Americana — foi especialmente popular.

do que costumava estar [...] Então cheguei à conclusão de que *um homem não é seu cérebro, ou parte alguma dele, mas toda sua organização*, e que perder qualquer pedaço deve diminuir a sensação da própria existência".

Nessa curta história, Weir Mitchell imagina uma fisiologia ao estilo de Whitman. Uma vez que alma é corpo e corpo é alma, perder uma parte do corpo é perder uma parte da alma. Como escreveu Whitman em "Song of Myself" [*Canção de mim mesmo*]: "Se falta um, falta o outro...". A mente *não consegue* se desprender da matéria, pois mente a matéria, essas duas substâncias aparentemente opostas, estão inexoravelmente entrelaçadas. Whitman torna nossa unidade clara logo na primeira página de *Folhas de relva*, ao descrever seu assunto poético:

A fisiologia, o que vai da cabeça aos pés, eu canto,
Não apenas a fisionomia, nem o cérebro somente é digno da Musa,
[eu digo que a forma completa é muito mais valorosa

Após a guerra, as observações clínicas de Weir Mitchell caíram na obscuridade. Como os membros fantasmas carecem de explicação material, a ciência médica continuou a ignorar o fenômeno. Somente William James, em seu artigo de 1887, "The Consciousness of the Lost Limbs" [*A consciência dos membros perdidos*], seguiu a hipótese sobrenatural de Mitchell.* Como primeiro

* Infelizmente, foram necessários outros trinta anos — e outra guerra brutal — para que os fantasmas sensoriais fossem redescobertos. Em 1917, confrontado pelos soldados aleijados da Primeira Guerra Mundial, o neurologista J. Babinski descreveu a própria versão dos fantasmas sensoriais sem mencionar Herman Melville, William James ou Weir Mitchell.

professor de psicologia de Harvard, James enviou um pequeno questionário a centenas de amputados fazendo várias perguntas sobre as partes faltantes (por exemplo: "O quanto você sente seu membro amputado? Você consegue, *imaginando* intensamente que ele se move, sentir como se ele realmente se *movesse* para outra posição?"). O resultado da pesquisa de James lhe ensinou somente um fato sobre os fantasmas sensoriais: não havia padrão algum para a experiência de membros perdidos. Cada corpo estava investido do próprio significado individual. "Nunca conseguiremos obter entre esses processos resultados que não sejam variáveis", escreveu James. "Há exceções para toda lei empírica de nossa vida mental, e tais processos só poderão ser tratados como muitas aberrações individuais." Como Henry James, o irmão romancista de William, escreveu certa vez: "Há uma presença do que está faltando." E essa presença faltante é nossa própria presença.

A anatomia da emoção

Embora fosse a fonte de sua censura, a fé de Whitman na carne teve um impacto profundo no pensamento da época. Suas odes de verso livre, que tão eroticamente fundiam o corpo à alma, na prática precipitaram uma descoberta paralela na psicologia. Um entusiasta ávido de Whitman, William James foi o primeiro cientista a perceber que a poesia de Whitman era literalmente verdadeira: o corpo era a fonte dos sentimentos. A carne não era uma parte do que sentíamos, *era* o que sentíamos. Como entoou

Whitman profeticamente: "Note, o corpo contém e é o sentido, a ideia central, e inclui e é a alma."

Durante toda a vida, James adorava ler a poesia de Whitman em voz alta, sentindo a "emoção antológica apaixonada e mística que cobre suas palavras". No poeta, James descobriu um "profeta contemporâneo" capaz de "eliminar as diferenças humanas comuns". De acordo com James, as investigações poéticas do corpo elaboradas por Whitman descobriram "o tipo de fibra [...] que é o material tecido de todas as excitações, alegrias e significados que já existiram ou existirão algum dia neste mundo". Whitman entendeu como sentimos.

As crenças convergentes de James e Whitman não deveriam ser uma novidade. Afinal, elas compartilhavam uma fonte comum: Emerson. Quando Emerson visitou a cidade de Nova York para uma conferência em 1842, sua palestra *The Poet* [*O poeta*] foi elogiada nos jornais pelo jornalista Walter Whitman, que usaria literalmente a fala dele acerca de uma "discussão sobre métrica". Durante a visita à cidade, Emerson também se encontrou com Henry James, um místico e crítico diletante, e foi convidado para ir a sua casa. William James, o filho mais velho de Henry James, acabara de nascer. Diz a lenda que Emerson abençoou William no berço e tornou-se o padrinho da criança.

Falsa ou verdadeira, a história reflete exatamente a história intelectual da América. William James herdou a tradição filosófica de Emerson. O pragmatismo, a filosofia exclusivamente americana inventada por James, era, em parte, uma sistematização do misticismo cético de Emerson. Da mesma forma que Emerson e Whitman, James sempre apreciou rebater as pretensões da ciência do século XIX. Ele achava que as pessoas deveriam parar de pensar nas teorias científicas como espelhos da natureza, ao que chamava "a versão duplicada da verdade". Em vez disso, elas deveriam ver os fatos como instrumentos que "nos ajudam a entrar em uma relação satisfatória com a experiência". A verdade de uma ideia, escreveu James, é sua utilização, seu "valor real". Então, de acordo com o pragmatismo, um poeta prático era tão confiável quanto um experimento bem-feito. Tudo que interessava era a "diferença concreta" que uma ideia produzia na vida real.

Mas antes de se tornar um filósofo, William James foi um psicólogo. Em 1875, fundou um dos primeiros laboratórios de psicologia do mundo, em Harvard. Embora fizesse então parte da escola de medicina, James não tinha intenção alguma de praticar "psicologia do instrumento de sopro", o nome crítico que deu para a nova abordagem científica que tentava quantificar a mente em termos de suas sensações elementares. O que os físicos fizeram para o universo esses psicólogos desejavam fazer para a consciência. Até mesmo o vocabulário foi roubado direto da física: o pensamento tinha "velocidade"; nervos tinham "inércia"; e a mente não era nada além de "ações reflexivas mecânicas". James desdenhava dessa forma tão rudimentar de reducionismo. Acreditava que seus fatos eram imprestáveis.

James também não era muito bom nesse novo tipo de psicologia. "É um tipo de trabalho que agrada particularmente a mentes pacientes e exatas", escreveu em sua obra prima, *Princípios de psicologia*. James entendeu que sua mente não era paciente nem particularmente exata. Gostava mais de perguntas que de respostas; mais da incerteza da fé que da convicção da razão. Desejava chamar o universo de pluriverso. Em suas próprias experiências psicológicas, James se interessou pelo fenômeno que esse reducionismo mental ignorava: quais partes da mente *não podem* ser mensuradas?

A busca do imensurável conduziu James diretamente à questão do sentimento. Nossas emoções subjetivas, disse, eram a "metade não científica da existência".* Por somente experimentarmos o sentimento como um todo consciente — e não como uma soma de sensações separadas — separar as emoções (como a ciência tentava fazer) era torná-las irreais. "A demanda por átomos de sentimento", escreveu James, "parece um capricho absoluto, uma metáfora ilegítima. Racionalmente, vemos quais perplexidades ela traz em cadeia; e, empiricamente, nenhum fato a sugere, pois o conteúdo real de nossas mentes são sempre representações de algum tipo de *conjunto*."

Conjunto é a palavra-chave aqui. Como escreveu Whitman trinta anos antes: "Não farei poemas com referência a partes / Mas farei poemas com referência a conjuntos." Ao

* Por ser pragmático, James também acreditava que os sentimentos — e não algum tipo de razão cartesiana pura — eram a motivação subjacente na maior parte de nossas crenças. Em "A vontade de acreditar", James observou que "esses sentimentos de nossa responsabilidade sobre a verdade ou o erro são em qualquer caso apenas expressões de nossa vida passional [...] A comprovação e a certeza objetiva são, sem dúvida, ótimos ideais com que se brincar, mas onde, neste planeta enluarado e sonhado, elas podem ser encontradas?" Embora o artigo de James estimulasse uma explosão de controvérsias, ele estava na verdade apenas levando a afirmação de David Hume de que a "razão é, e deve ser, a escrava das paixões" a sua conclusão lógica".

refletir, James entendeu que a poesia de Whitman revelava uma verdade essencial: nossos sentimentos emergiam das interações do cérebro *com* o corpo, não de um único lugar em qualquer um dos dois. Essa teoria psicológica, descrita pela primeira vez no artigo *O que é emoção?*"*, de 1884, é Whitman, puro e simples. Como Whitman, James concluiu que se a consciência fosse separada do corpo, "não restaria nada, nenhum 'material da mente' da qual a emoção pudesse ser constituída". Como sempre, a comprovação experimental de James consistia de experiências comuns. Ele estruturou o argumento em torno de exemplos vivos, roubados diretamente da vida real, tais como o encontro com um urso na floresta. "Que tipo de emoção de medo", desejava saber, "restaria [após ver um urso], se não estivessem presentes os sentimentos de aceleração cardíaca, nem os de respiração ofegante, lábios trêmulos, fraqueza nas pernas, arrepios e indícios viscerais? A resposta de James era simples: sem o corpo, não haveria medo, pois uma emoção começa como a percepção de uma mudança corporal. No que diz respeito ao drama dos sentimentos, nossa carne é o palco.

À primeira vista, essa teoria da emoção se parece com o auge do materialismo, uma redução do sentimento a um estado físico. Mas, na realidade, James defendia o oposto. Inspirado pelo senso de unidade poética de Whitman, acreditava que nossas emoções manifestavam-se através da interação constante entre corpo e cérebro. Da

---

* Um ano após a publicação do artigo de James, o psicólogo dinamarquês Carl Lange publicou uma teoria semelhante sobre corpo e emoção, levando os cientistas a se referirem à teoria como a hipótese de James-Lange.

mesma forma que o medo não pode ser separado de suas manifestações carnais, também não pode ser separado da mente, o que dota a carne do corpo de significado. Como resultado, a ciência não pode definir o sentimento sem também levar em conta a consciência — que *é* o sentimento. "Não permitamos que essa visão seja chamada de materialista", adverte James. "Nossas emoções devem sempre ser internamente aquilo que são, seja qual for o fundamento fisiológico para sua aparição. Se são fatos espirituais, profundos e puros, elas não se tornam menos profundas, puras, espirituais e dignas de serem consideradas nesta teoria da sensação, pois carregam a própria medida interna de valor."

O corpo elétrico

A neurociência moderna está descobrindo agora a anatomia subjacente à poesia de Whitman. Partindo de sua hipótese poética — a ideia de que os sentimentos começam na carne — a neurociência moderna descobriu os nervos e as regiões cerebrais exatas que tornavam tal poesia verdadeira. António Damásio, um neurocientista que faz um trabalho abrangente na etiologia do sentimento, chama esse processo de circuito corporal. Na opinião dele, a mente ataca a carne; de nossos músculos roubamos nosso humor.

Como o cérebro gera nossos sentimentos metafísicos a partir do corpo físico? De acordo com Damásio, após ver um "estímulo emotivo" (tal como um urso), o cérebro automaticamente dispara uma onda de mudanças na "víscera física", ao mesmo tempo em que o corpo se prepara para a ação. O coração começa a bater; as artérias, a dilatar; os intestinos se contraem; e a adrenalina flui na corrente sanguínea. Essas mudanças corporais são então detectadas pelo córtex, que os associa às sensações assustadoras que causam as mudanças no primeiro momento. A imagem mental resultante — uma emulsão de pensamento e carne, corpo e alma — é o que sentimos. É uma ideia que passou pelo vaso sanguíneo do corpo.

Durante o curso de sua ilustre carreira, Damásio escreveu crônicas sobre a vida dos pacientes cujos cérebros sofreram sequelas e que, como resultado, não tinham essa intrincada conexão cérebro-corpo. Embora mantivessem completa consciência sensorial, esses pacientes eram incapazes de traduzir as sensações em emoções. O batimento cardíaco nunca se torna um sentimento de medo. Devido à mente estar separada da carne, o paciente vive em um casulo de falta de sensação — dormente até mesmo para a própria tragédia.

A pesquisa de Damásio discorre sobre a necessidade de nossas emoções carnais. Suas conclusões são whitmanianas: "O corpo contribui com mais do que apoio à vida", escreveu Damásio. "Ele contribui com um *conteúdo* que é uma parte e uma parcela dos mecanismos da mente normal." Na realidade, até mesmo quando o corpo literalmente não muda, a mente cria um sentimento, *simulando* uma mudança corporal. Damásio chama a isso de circuito corporal, uma vez que o cérebro atua como se o corpo estivesse experimentando um evento físico real. Ao imaginar um estado corporal específico — como um batimento cardíaco rápido, ou uma descarga de adrenalina — a mente pode induzir as próprias emoções.

Uma das descobertas mais surpreendentes de Damásio é a de que os sentimentos gerados pelo corpo são um elemento essencial do pensamento racional. Embora normalmente suponhamos que nossas emoções interferem na razão, os pacientes que não demonstram emoções provaram ser incapazes de tomar decisões racionais. Após terem sofrido danos cerebrais, todos começaram a mostrar mudanças perturbadoras no comportamento. Alguns fizeram investimentos muito ruins e acabaram falidos, outros se tornaram desonestos e antissociais, e a maioria passava horas apenas ponderando sobre detalhes irrelevantes. De acordo com Damásio, a vida frustrada deles é prova viva de que a racionalidade exige sentimento, e o sentimento exige o corpo. (Como Nietzsche afirma, "há mais razão no corpo do que na melhor sabedoria".)

Certamente, é difícil fazer generalizações sobre o cérebro baseado em poucos pacientes neurológicos. Para compreender como o circuito corporal funciona na mente normal, Damásio inventou uma experiência engenhosa que chamou de jogada arriscada. O experimento era o seguinte: um sujeito — o jogador — recebia quatro maços de cartas, dois pretos e dois vermelhos, e 2 mil dólares em dinheiro para jogar. Cada carta dizia ao jogador se ganhara ou perdera dinheiro. O sujeito era instruído a virar uma carta de um dos quatro maços e a ganhar o máximo de dinheiro possível.

Mas as cartas não eram distribuídas aleatoriamente. Damásio manipulava o jogo. Dois dos maços estavam cheios de cartas de alto risco. Esses maços tinham pagamento alto (US$100), mas também continham perdas monetárias exageradas (US$1.250). Em comparação, os outros dois maços eram moderados e conservadores. Embora tivessem pagamento menor (US$50), raramente puniam o jogador. Se os jogadores tirassem as cartas apenas desses maços, teriam um lucro grande.

Inicialmente, o processo de seleção da carta era totalmente aleatório. O jogador não tinha razão alguma que favorecesse qualquer maço específico e, então, escolhia de cada um, procurando por padrões para fazer dinheiro. Na média, as pessoas tinham de virar aproximadamente cinquenta cartas antes de começarem a retirar somente dos maços rentáveis. Mas eram necessárias cerca de oitenta cartas até que o sujeito experimental médio pudesse explicar *por que* preferia aqueles maços. A lógica é lenta.

Mas Damásio não estava interessado na lógica. Estava interessado no corpo. Colocou eletrodos nas palmas das mãos dos sujeitos para medir a condutividade elétrica da pele. (Como Whitman observara em "I Sing the Body Electric" [*Eu canto o corpo elétrico*], o corpo *é* elétrico, nossos nervos cantam com voltagens pequenas.)* Em geral, a

---

* Na época da escrita de Whitman, havia pouquíssimas provas de que o corpo pulsava com íons carregados. A descoberta de Luigi Galvani, na década de 1780, de que as pernas dos sapos debatiam-se quando levavam um choque continuou calorosamente contestada. Na realidade, só depois de 1875, vinte anos *depois* de Whitman cantar pela primeira vez os corpos elétricos, foi que Richard Caton, um físico de Liverpool, descobriu que Whitman estava certo: o sistema nervoso de fato conduz corrente elétrica. Caton demonstrou esse fato improvável investigando diretamente os cérebros expostos de animais com um galvanômetro de reflexão (um instrumento recentemente inventado à época que era capaz de detectar as voltagens baixas dos neurônios).

condutividade maior da pele é sinal de nervosismo. O que Damásio descobriu foi que após virar apenas dez cartas, a mão do sujeito experimental ficava "nervosa" sempre que pegava dos maços negativos. Enquanto o cérebro ainda tinha de compreender completamente o jogo (e não conseguia antes de mais quarenta cartas), as mãos do sujeito "sabiam" de que maço tirar a carta. Além disso, à medida que as mãos ficavam cada vez mais elétricas, o sujeito começava a tirar com maior frequência dos maços vantajosos. Os sentimentos inconscientes gerados pelo corpo precediam a decisão consciente. A mão conduzia a mente.

Whitman teria adorado esse experimento. No mesmo poema em que declara o corpo elétrico, também exclama sobre "a sensibilidade de se sentir com as mãos". Muito antes de Damásio, Whitman compreendeu que "o espírito recebe do corpo apenas tanto quanto dá ao corpo". É por isso que ele ouviu tão atenciosamente a própria carne: era o lugar onde sua poesia começava.

Mas Whitman também sabia que seus poemas não eram simplesmente odes ao corpo material. Esse foi o erro que os críticos vitorianos cometeram: ao considerarem literalmente as referências de Whitman a orgasmos e órgãos, não entenderam a revelação verdadeiramente impressionante. A moral dos versos de Whitman era que o corpo não era simplesmente um corpo. Exatamente como as folhas de relva crescem na terra, os sentimentos crescem na carne. Whitman desejava mostrar como essas duas substâncias diferentes — a relva e a terra, o corpo e a mente — eram, na realidade, inseparáveis. Não se poderiam escrever poemas sobre um sem reconhecer a presença do outro. Como declarou o poeta: "Farei os poemas de materiais, pois penso que eles serão os poemas mais espirituais."

Essa fé na santidade de tudo, até mesmo das coisas mais inferiores, basicamente conduziu Whitman a contestar os fatos da ciência. Quando os materialistas de sua época anunciaram que o corpo nada era além de uma máquina desenvolvida — não havia alma alguma dentro — o poeta reagiu com ceticismo característico. Acreditava que por mais que soubéssemos sobre a anatomia física, o inefável sempre permaneceria. É por isso que escreveu poesia. "Parabéns à ciência positivista", escreveu. "Senhores, dou-lhes sempre as primeiras honras! / Seus fatos são úteis, no entanto, não são minha morada, / eu apenas os deixo entrar em uma parte de meu mundo."

O que Emerson disse sobre Montaigne é verdade com relação a Whitman também: se suas palavras forem cortadas, sangrarão "pois são vasculares e vivas". A poesia de Whitman descreve nossa realidade anatômica. No espelho de sua arte, vemos o fato absoluto de nossa improbabilidade. Sentimento a partir da carne? Alma a partir do corpo? Corpo a partir da alma? Nossa existência não faz sentido algum. Vivemos em contradição. Whitman expõe essa verdade e, então, na frase seguinte, a aceita. Sua única resposta é que não há resposta. "Eu e esse mistério aqui permanecemos", disse Whitman, e isso basicamente diz tudo.

No entanto, a aceitação da contradição tem consequências. Segundo Randall Jarrell em um ensaio sobre Whitman, "quando se organiza um dos elementos contraditórios da própria obra de arte, estamos nos livrando não apenas desse elemento, mas da contradição da qual foi uma parte; e são as contradições nas obras de arte que as tornam capazes de nos representar — já que as generalizações metodológicas e lógicas não conseguem —, a nosso mundo e nosso ego, os quais também estão repletos de contradições". Ao confiar na própria experiência, por mais paradoxal que parecesse, Whitman descobriu nossa realidade anatômica. Apesar dos constantes pedidos para que fosse censurado, ele nunca duvidou da sabedoria da própria arte. "Agora vejo que é verdade o que conjecturava", escreveu Whitman em "Song of Myself" (*Canção de mim mesmo)*. E ele conjecturava, certamente, que a alma é feita de carne.

Para um homem que se descreve como o poeta do corpo, o corpo de Whitman estava em terrível forma. Embora sempre se vangloriasse sobre "a excelente percepção de sua saúde", na ocasião de sua morte, no começo da primavera de 1892, a saúde de Whitman havia se deteriorado pelos anos de negligência e doença. Os médicos que realizaram a autópsia — iniciada imediatamente após Thomas Eakins terminar de fazer a máscara mortuária de Whitman — ficaram assustados com o estado de suas entranhas. Constataram a falência do pulmão esquerdo e somente um oitavo do direito parecia estar em condições viáveis. A tuberculose que contraíra enquanto serviu como enfermeiro durante a Guerra Civil havia causado inflamações crônicas no estômago, no fígado e nos rins. Tinha pneumonia. O coração estava inchado. Na realidade, o único órgão que ainda parecia funcional era o cérebro. Apenas dois meses antes, terminara de compilar a edição final de *Folhas de relva*, que se tornou a edição do

"Leito de Morte". Como sempre, ele revisara os antigos poemas e continuava a escrever novos.

O que Whitman poderia ter pensado ao sentir que a própria carne — sua musa confiável — o abandonava lentamente? Ele começou esse último *Folhas de relva* com uma nova epígrafe, escrita à beira da morte:

> Vem, disse minha alma,
> Tais versos para meu Corpo vamos escrever, (pois somos um só).

Essas duas linhas comoventes, as primeiras linhas da última versão de seu único livro de poesias, representam a essência purificada da filosofia de Whitman. Somos o poema, seu poema diz, que surge da unidade entre corpo e mente. Aquela unidade frágil — esse breve parêntese da existência — é tudo o que temos. Celebre-a.

Referências bibliográficas da tradução:

1. Whitman, *Walt. Folhas de relva.* Edição bilíngue com tradução e posfácio de Rodrigo Garcia Lopes. São Paulo: Iluminuras, 2005.
2. Whitman, Walt. *Folhas de relva.* Tradução de Luciano Alves Meira. São Paulo: Martin Claret, 2005.

Capítulo 2

George Eliot

A biologia da liberdade

É raro, muito raro, a completa verdade ser totalmente descortinada pelo Homem; é muito raro que qualquer coisa aconteça sem que seja um pouco disfarçada ou um pouco mal-interpretada.

Emma, de Jane Austen*

GEORGE ELIOT FOI uma mulher de muitos nomes. Batizada Mary Anne Evans ao nascer em 1819 (o mesmo ano que a rainha Victoria), em momentos diferentes na vida foi Mary Ann Evans, Marian Evans, Marian Evans Lewes, Mary Ann Cross, e, sempre, em sua arte, George Eliot. Cada um dos nomes representou um período diferente de sua vida, refletindo uma identidade levemente alterada. Embora vivesse em uma época em que as mulheres tinham pouca liberdade, Eliot recusou-se a limitar suas transformações. Não tinha herança alguma, mas estava determinada a escrever. Após mudar-se para Londres em

* Tradução de Terezinha Monteiro Deutsch. 3ª ed. Rio de Janeiro: Editora Best*Seller*, 2008.

1850 para tornar-se uma ensaísta e tradutora, Eliot decidiu, aos 37 anos de idade, tornar-se escritora. Mais tarde, nesse mesmo ano, terminou o primeiro romance, *The Sad Fortunes of the Reverend Amos Barton*. Ela assinou a história com seu novo nome: George Eliot.

Por que escrevia? Após terminar sua obra prima *Middlemarch* (1872), Eliot escreveu em uma carta que seus romances eram "simplesmente um conjunto de experiências na vida — um esforço para ver do que nosso pensamento e nossa emoção podem ser capazes". Não é por acaso a referência a "experiências"; nada do que escrevia era por acaso. O processo científico, com a mistura cuidadosa de empirismo e imaginação, fato e teoria, foi o modelo de seu processo de escrita. Certa vez, Henry James reclamou que os livros de Eliot continham muita ciência e pouca arte. Mas James não compreendia o método de Eliot. Seus romances são a ficção a serviço da verdade, "análise [s] da história do homem" sob as "diversas experiências do tempo". Eliot sempre exigiu respostas de suas tramas cuidadosamente construídas.

E, enquanto sua forma realista mencionava tantos assuntos que poderiam formar uma enciclopédia, seus romances são basicamente relacionados à natureza do indivíduo. Ela desejava "penetrar a obscuridade dos processos diminutos" no centro da vida humana. Crítica do romantismo ingênuo, Eliot sempre levou a sério os fatos frios da ciência. Se a realidade é governada por efeitos mecânicos, então a vida é apenas uma máquina engenhosa? Somos tão somente substâncias químicas e instintos sem direção em um universo indiferente? O livre-arbítrio é apenas uma ilusão elaborada?

Há perguntas épicas e Eliot escreveu romances épicos. Sua ficção vitoriana mescla física e Darwin com política provinciana e histórias de amor melodramáticas. Ela forçou o novo conhecimento empírico do século XIX a confrontar a antiga realidade da experiência humana. Para Eliot, esse era o objetivo do romance: dar-nos uma visão de nós mesmos que fosse "mais certa do que a teoria mutável". Enquanto os cientistas pesquisavam nossas limitações biológicas — eles supunham que éramos prisioneiros de nossa herança hereditária —, a arte de Eliot argumentava que a mente "não era feita de mármore". Ela acreditava que o elemento mais essencial da natureza humana era a maleabilidade, a forma como cada um de nós conseguia "ter força de vontade para mudar". Por mais mecanismos que a ciência descobrisse, a liberdade permaneceria.

Física social

Na época de Eliot, aquela época de racionalidade florescente, a tese da liberdade humana tornou-se o centro dos debates científicos. O positivismo — uma nova filosofia científica desenvolvida por Auguste Comte — prometia uma utopia da razão, um mundo no qual os princípios científicos aperfeiçoavam a existência humana. Exatamente como o mundo teológico dos mitos e dos rituais rendeu-se ao mundo filosófico, também a filosofia acabaria se tornando obsoleta e se renderia aos experimentos e à curva estatística em forma de sino. Finalmente, a natureza seria decifrada.

Era difícil resistir à sedução das promessas positivistas. A elite intelectual adotou essas teorias, os estatísticos se tornaram celebridades e todos procuravam algo para mensurar. Para a jovem Eliot, cuja mente sempre estava aberta a novas ideias, parecia que era chegado o tempo do positivismo. Em um domingo, decidiu de repente que não iria mais à igreja. Decidira que Deus não era nada mais que uma ficção. Sua nova religião seria racional.

Como todas as religiões, o positivismo objetivava explicar *tudo*. Desde a História do universo ao futuro da História, não havia problema que não pudesse ser resolvido, independentemente do tamanho. Mas a primeira questão para os positivistas e, sob vários aspectos, a questão que causaria sua destruição, era o paradoxo do livre-arbítrio. Inspirados pela teoria da gravidade de Isaac Newton, que revelava a razão dos movimentos elípticos dos corpos celestes, os positivistas lutavam para descobrir uma ordem paralela subjacente nas mudanças nos humanos.* De acordo com essa filosofia deprimente, éramos apenas fantoches manipulados por cordas invisíveis.

O fundador dessa "ciência da humanidade" foi Pierre-Simon Laplace. O matemático mais famoso de seu tempo, Laplace também serviu como Ministro do Interior de Napoleão.** Quando Napoleão perguntou a Laplace por que não havia sequer uma menção a Deus em seu tratado de cinco volumes sobre as leis cósmicas, Laplace respondeu

---

* Newton, no entanto, não era tão ingênuo: "Consigo calcular o movimento dos corpos celestiais, mas não a loucura das pessoas", escreveu.

** Napoleão despediu Laplace após apenas seis semanas. Ele disse que Laplace tinha "levado a ideia do infinitamente pequeno para a parte administrativa".

que "não tinha necessidade daquelas hipóteses específicas". Laplace não necessitava de Deus porque acreditava que a teoria da probabilidade — sua invenção particular — resolveria todas as questões dignas de questionamento, inclusive o antigo mistério da liberdade humana.

Laplace desenvolveu a ideia da teoria da probabilidade a partir de seu trabalho sobre as órbitas dos planetas. No entanto, ele não estava nem de longe interessado nas mecânicas celestiais tanto quanto na observação humana daqueles mecanismos. Laplace sabia que as medidas astronômicas raramente alcançavam a mesma importância que as leis de Newton. Em vez de ser previsível como um relógio, o céu descrito pelos astrônomos era consistentemente inconsistente. Laplace, confiando na ordem dos céus mais que no olho do homem, acreditava que essa irregularidade resultava do erro humano. Sabia que dois astrônomos traçando a órbita do mesmo planeta ao mesmo tempo obteriam dados confiáveis bem diferentes. A falha não estava nas estrelas, mas em nós mesmos.

A revelação de Laplace foi que essas discrepâncias poderiam ser anuladas. O segredo era quantificar os erros. Era necessário apenas assinalar as diferenças das observações e, por meio da recém-inventada curva de sino, descobrir a observação mais *provável*. A órbita planetária agora poderia ser rastreada. A estatística vencera a subjetividade.

No entanto, Laplace não se limitou à trajetória de Júpiter ou à rotação de Vênus. No livro *Essai sur les Probabilités*, Laplace tentou aplicar a teoria da probabilidade que inventara para a astronomia em uma ampla gama de outras incertezas. Desejava mostrar que as artes poderiam ser "racionalizadas"; a ignorância resolvida pela lógica da matemática imparcial. Afinal, os princípios que estavam implícitos nos mecanismos celestiais não eram diferentes dos subjacentes nos mecanismos sociais. Exatamente como um astrônomo é capaz de prever o movimento futuro de um planeta, Laplace acreditava que em pouco tempo a humanidade seria capaz de prever fielmente o próprio comportamento. Era apenas uma questão de analisar os dados. Ele chamou essa brava ciência nova de "física social".

Laplace não era apenas um matemático brilhante, era também um vendedor astuto. Para demonstrar como seu novo tipo de numerologia um dia desvendaria tudo — inclusive o futuro —, Laplace inventou uma experiência simples envolvendo o pensamento. E se houvesse um ser imaginário (ele o chamou de "demônio") que "pudesse conhecer todas as forças por meio das quais a natureza é animada"? De acordo com Laplace, tal ser seria onisciente. Uma vez que tudo é simplesmente matéria e esta obedece a uma pequena lista de leis cósmicas (como a gravidade e a inércia), conhecer as leis significava conhecer tudo sobre tudo. O que teria de ser feito era aplicar as equações e decifrar os resultados. Finalmente, o homem veria a si mesmo como "o robô que é". O livre-arbítrio, assim como Deus, se revelaria uma ilusão, e veríamos que nossa vida é, na realidade, tão previsível quanto as órbitas planetárias. Segundo Laplace, "devemos [...] imaginar o estado atual do universo como o efeito de seu estado anterior e como a causa do estado futuro. Aqui, a liberdade não tem vez".

Mas, ao mesmo tempo em que Laplace e seus amigos acreditavam na física como modelo de verdade (já que a física decifrava nossas leis fundamentais), os físicos descobriam que a realidade era muito mais complicada do que já haviam imaginado. Em 1852, o físico britânico William Thomson elucidou a segunda lei da termodinâmica. O universo, declarou, estava destinado ao caos. Toda matéria transformava-se lentamente em calor, deteriorando-se em uma entropia febril. De acordo com as leis da termodinâmica de Thomson, a imperfeição da desordem — justamente o erro que Laplace tentou eliminar — era, na realidade, o nosso futuro.

James Clerk Maxwell, um físico escocês que descobriu o eletromagnetismo, os princípios da fotografia colorida e a teoria cinética dos gases, acrescentou detalhes ao pessimismo cósmico de Thomson. Maxwell percebeu que o demônio onisciente de Laplace, na realidade, violava as leis da física. Uma vez que a desordem era real (estava inclusive *aumentando*), a ciência tinha limites fundamentais. Afinal, a entropia pura não podia ser resolvida. Nenhum demônio podia conhecer tudo.

Porém, Maxwell não parou aí. Enquanto Laplace acreditava que se poderia facilmente aplicar as leis de estatística a problemas específicos, o trabalho de Maxwell com os gases o ensinara algo diferente. Embora a temperatura de um gás fosse totalmente determinada pela velocidade de seus átomos — quanto mais rápido voassem, mas quente seria o gás —, Maxwell percebeu que a velocidade não passava de uma média estatística. A qualquer momento, na verdade, os átomos individuais se movimentavam em velocidades diferentes. Em outras palavras, todas as leis físicas são apenas *aproximações*. Elas não podem ser aplicadas a particularidades com qualquer precisão real. É óbvio que tal constatação opunha-se diretamente à física social de Laplace, que supunha que as leis da ciência eram universais e absolutas. Da mesma forma que a posição de um planeta pode ser deduzida pela fórmula de sua órbita, Laplace acreditava que nosso comportamento poderia ser traçado em termos de nossas forças inflexíveis. No entanto, Maxwell sabia que toda lei tem suas falhas. As teorias científicas eram funcionais, não espelhos perfeitos da realidade. A física social foi fundada com base em uma falácia.

Amor e mistério

A crença de George Eliot no positivismo começou a desaparecer quando ela sofreu uma desilusão amorosa. Eis um sentimento terrível que nenhuma lógica conseguia resolver. A causa de sua tristeza era Herbert Spencer, o biólogo vitoriano que cunhou a frase "sobrevivência dos mais aptos". Depois de se mudar para Londres, onde viveu em um apartamento na Strand Street, Eliot tornou-se íntima de Spencer. Eles faziam longas caminhadas no parque e compartilhavam uma assinatura para a ópera. Ela se apaixonou. Ele, não. Quando começou a ignorá-la — o relacionamento deles provocava os rumores vitorianos usuais — Eliot escreveu para Spencer uma série de cartas de amor melodramáticas, embora assustadoramente honestas. Implorava por sua "compaixão e amor": "Desejo saber se você pode me assegurar que não me abandonará e que sempre estará comigo o quanto puder e compartilhará seus pensamentos e sentimentos comigo. Se decidir se relacionar com outra pessoa, então devo morrer, mas, até que isso aconteça, conseguirei reunir coragem para trabalhar e fazer a vida ter valor, se ao menos o tiver perto de mim." Apesar das confissões de vulnerabilidade de Eliot, a carta termina orgulhosamente com um reconhecimento do próprio valor: "Suponho que nenhuma mulher tenha escrito antes uma carta como esta — mas não tenho vergonha dela, pois estou consciente de que, à luz da razão e do requinte verdadeiros, sou merecedora de seu respeito e carinho."

Spencer ignorou as cartas de Eliot. Ele estava determinado em sua rejeição. "A falta de atração física era fatal", escreveria mais tarde, culpando a famosa feiura de Eliot pela ausência de sentimentos para com ela. Ele não conseguia ignorar a "mandíbula, a boca e o nariz grandes".* Spencer acreditava que essa reação fosse puramente

* Pouco depois de partir o coração de Eliot, Spencer escreveu dois ensaios cruéis sobre "beleza pessoal", nos quais exaltava as virtudes da beleza. Na autobiografia, teve a audácia de alardear sua superficialidade e escreveu, em uma referência velada a Eliot, que "para mim, a beleza física é uma condição *sine qua non*; o que foi provado, infelizmente, com uma pessoa cujos traços intelectuais e emocionais eram os mais altos."

Mas, se Spencer era um homem incapaz de enxergar além da aparência, Henry James acreditava que Eliot era uma prova de que a personalidade podia triunfar sobre a beleza. James descreveu de forma memorável o primeiro encontro com Eliot. "Para começar, ela é magnificamente feia — deliciosamente horrenda. Tem uma testa baixa, olhos cinza sem vida, um grande nariz proeminente, uma boca grande cheia de dentes irregulares e um queixo e maxilar *qui n'en finessent [sic] pas* [...] Porém, nesta vasta feiura reside uma beleza poderosa que a cada minuto transparece e encanta a mente, de modo que, no final, termina-se como eu terminei, apaixonado por ela.

biológica e, portanto, imutável: "Mesmo que minha razão incentivasse fortemente um relacionamento, meus instintos não correspondiam." Ele nunca amaria Eliot.

Com o sonho de se casar destruído, Eliot foi forçada a visualizar um futuro como uma mulher solteira e anônima. Se era para se sustentar, tinha de escrever. Porém, sua desilusão amorosa foi mais que uma dolorosa emancipação; também fez com que pensasse sobre o mundo de formas diferentes. Em *Middlemarch*, Eliot descreveu um estado emocional semelhante ao que deve ter sentido na época: "Ela deve ter comparado a experiência daquele momento à consciência vaga e assustada de que a vida tomava um novo rumo, de que passava por uma metamorfose [...] Seu mundo todo estava em um estado de mudança convulsiva; a única coisa que poderia dizer com clareza para si mesma era que deveria esperar e repensar [...] Esse era o efeito de sua perda." Nos meses seguintes à rejeição sofrida, Eliot decidiu que "alimentaria [um] otimismo elegante". Recusava-se a continuar triste. Em pouco tempo, Eliot estava apaixonada novamente, dessa vez por George Henry Lewes.

Sob vários aspectos importantes, Lewes era o oposto de Spencer. Spencer começara a carreira como um positivista apaixonado, procurando futilmente pela teoria de tudo. Depois do desaparecimento do positivismo, Spencer se tornou um darwinista social ferrenho, e gostava de explicar a existência de tudo — dos vermes à civilização — em termos de seleção natural. Por outro lado, Lewes era um intelectual renomado por sua versatilidade: escreveu ensaios sobre poesia e física, psicologia e filosofia. Em uma época de especialização acadêmica crescente, Lewes permaneceu renascentista. No entanto, sua mente luminosa escondia uma infelicidade desesperadora. Como Eliot, Lewes também sofria de uma desilusão amorosa. Sua esposa, Agnes, estava grávida do melhor amigo dele.

Um encontrou no outro a solução para as respectivas melancolias. Mais tarde, Lewes descreveu que o relacionamento era um profundo mistério romântico. "O amor", escreveu Lewes, "desafia todos os cálculos". "Não somos 'sábios' no amor; não escolhemos aqueles a quem 'devemos' amar, mas aqueles a quem não conseguimos deixar de amar." No final do ano, Lewes e Eliot viajaram juntos para a Alemanha. Ele desejava ser um "poeta na ciência"; ela, "uma poetisa científica".

É muito fácil atribuir ao amor a causa da metamorfose da visão de mundo de Eliot. As narrativas da vida nunca são tão perfeitas. Porém, Lewes tinha, de fato, uma influência indiscutível sobre Eliot. Foi ele quem a encorajou a escrever romances, silenciando suas inseguranças e submetendo o primeiro manuscrito dela a um editor.

Ao contrário de Spencer, Lewes nunca confiou na ciência empolgante do século XIX. Por ser um cético teimoso, Lewes se tornou famoso em 1855 com *Life of Goethe* (*A vida de Goethe*), uma biografia favorável que combina as críticas de Goethe sobre o método científico e a poesia romântica dele. Em Goethe, Lewes descobriu uma figura que resistiu às teorias mecanicistas do positivismo, optando por confiar nos "fenômenos da *experiência*". E, embora admitisse apaixonadamente que uma psicologia experimental decente poderia oferecer um "insight objetivo de nossos órgãos pensantes", Lewes acreditava que a "Arte e a Literatura" não eram menos verdadeiras, pois elas descreviam o "mundo psicológico". Em uma época de experimentos ambiciosos, Lewes continuou sendo um pluralista.

A opinião final de Lewes sobre a psicologia, descrita de maneira mais clara em *Problemas da vida e da mente*, texto que Eliot terminou após a morte de Lewes, insistia que o cérebro sempre seria um mistério, "porque sua unidade é muito complexa". É possível que os positivistas convertam suas visões sombrias, escreveu Lewes, mas "nenhum homem pensante imaginará que algo seja *explicado* por isso. A vida e o ser continuam inacessíveis como sempre". No mínimo, a liberdade é um resultado inevitável de nossa ignorância.

Na ocasião em que escreveu seu último romance, *Daniel Deronda* (1876), Eliot já havia chegado à conclusão de que Laplace, Spencer e o restante dos positivistas estavam errados. O universo não poderia ser condensado em um conjunto perfeito de causas. Embora frágil, a liberdade existe. "Necessitarismo",* escreveu Eliot, "detesto essa palavra feia." Ela lera os artigos de Maxwell sobre as moléculas, até mesmo copiou as palestras dele em seus diários, portanto, sabia que nada na vida poderia ser previsto com perfeição. Para provar seu ponto de vista, Eliot começou *Daniel Deronda* com uma descrição de seres humanos conforme imaginados por Laplace. O cenário é um cassino escuro e turvo, cheio de pessoas mal-humoradas que agiam, escreve ela, "como se tivessem comido da mesma

---

* Necessitarismo é um sinônimo de determinismo. Popular no século XIX, a teoria defende que as ações humanas são "necessitadas" por causas antecedentes, sobre as quais não temos controle.

raiz que por ora obrigava o cérebro de cada uma delas a mesma ação monótona". Esses jogadores são totalmente impotentes, dependem do carteador para lhes dar as cartas. Aceitam passivamente as que lhes são distribuídas. O destino deles é determinado pelas leis insensíveis da estatística.

Na trama elaborada da obra de Eliot, o cassino não é um adereço informal — é uma crítica ao determinismo. Assim que introduz essa visão de vida mecânica, a escritora começa a desconstruir as simplicidades tolas de tal visão. Após entrar no cassino, Daniel vigia uma mulher sozinha, Gwendolen Harleth. "Como os dados jogados", Gwendolen é uma desconhecida. Seu ar de mistério rouba a atenção de Daniel imediatamente: ela transcende a atmosfera deprimente do cassino. Ao contrário dos jogadores que apenas esperam pela oportunidade de moldar o destino, Gwendolen parece livre. Daniel olha fixamente para ela, pensando: "Ela é bonita ou não? E qual era o segredo da forma ou da expressão que deu dinamismo ao seu olhar?"

Eliot usa o cassino para nos fazer lembrar de que também somos misteriosos, um "segredo da forma". E por ser uma pessoa dinâmica, a própria "determinada", Gwendolen decidirá como sua vida se desenvolverá. Mesmo quando mais tarde é enredada em um casamento com o diabólico Grandcourt — "a voz dele tinha o poder e o toque frio de um instrumento de tortura" —, ela consegue se libertar. Eliot cria Gwendolen para nos fazer lembrar que a liberdade humana é inata, pois somos a equação sem uma resposta determinada. Nós nos resolvemos.*

* Certamente, ser livre também nos torna responsáveis por nosso comportamento. Um dos principais problemas de Eliot com a física social era

Embora menosprezasse a física social de sua época, George Eliot saudou a teoria de seleção natural de Darwin como o começo de uma nova "era". Eliot leu *A origem das espécies*, quando foi publicada pela primeira vez, em 1859, e imediatamente percebeu que a história da vida finalmente tinha uma estrutura coerente. Eis uma versão autêntica de nosso começo. E, ao mesmo tempo em que os positivistas acreditavam que o caos da vida era apenas uma ilusão, que por trás de tudo residia uma base de ordem física, o darwinismo afirmava que a aleatoriedade era um fato da natureza. Sob vários aspectos, a aleatoriedade era *o* fato da natureza.* Segundo Darwin, em uma determinada população, o acaso absoluto ditava a variedade. As mutações genéticas (Darwin as chamou de *saltations* ou *variações bruscas*) não seguiam nenhuma lei natural. Essa diversidade criou taxas diferenciadas de reprodução entre os organismos, o que conduziu à sobrevivência dos mais aptos. A vida progrediu *por causa* da desordem, não apesar dela. O problema dos teólogos — o debate sobre por que a natureza continha tanto sofrimento e possibilidades — tornou-se a solução de Darwin.

---

que esta negava à humanidade qualquer interferência moral. Afinal, se toda ação tem uma causa externa, parece cruel punir a crueldade. Em seus romances, ela desejava descrever uma visão mais moralista da natureza humana e, portanto, nos influenciar para que nos tornássemos melhores. Se a física social nos tornou insensíveis, então, é possível que a arte nos torne misericordiosos.

* Darwin reconheceu a profunda aleatoriedade no coração da seleção natural. Embora nunca tenha usado o adjetivo "aleatório", Darwin declarava constantemente que as variações eram "não dirigidas" e "ocorrem sem nenhuma forma determinada".

A adoção estimulante da probabilidade era o que atraía Eliot em Darwin. Eis uma narrativa que era por si só desconhecida, uma vez que foi guiada pela variação aleatória. A evolução da vida dependia de acontecimentos que não tinham causa compreensível. Ao contrário de Herbert Spencer, que acreditava que a teoria da evolução de Darwin poderia resolver *todos* os mistérios biológicos (a seleção natural era a nova física social), Eliot acreditava que Darwin tinha apenas aprofundado o mistério. Como confiou a seu diário: "Portanto, o mundo avança passo a passo na direção da transparência e da honestidade corajosa! Porém, para mim, a *Teoria do Desenvolvimento* [teoria da evolução de Darwin] e todas as outras explicações dos processos pelos quais algo chega a existir produzem uma impressão fraca, se comparadas com o mistério que subjaz no processo." Por não ter nenhum objetivo ou plano — a evolução é simplesmente a soma de seus próprios erros acumulados —, nossa biologia continua impenetrável. "Até mesmo a Ciência, o mensurador rígido", confessou Eliot, "é forçada a começar com uma unidade de medida fictícia."

O mistério intrínseco da vida é um dos temas mais eloquentes de Eliot. Sua arte protestava contra a fanfarrice do positivismo, que supunha que um dia tudo seria definido por algumas equações onipotentes. No entanto, Eliot estava sempre interessada naquilo que não tínhamos como conhecer, naqueles aspectos da realidade que são basicamente irredutíveis: "Se tivéssemos uma visão apurada e um sentimento de *toda* a vida humana normal, seria como ouvir a grama crescer e a batida do coração dos esquilos, e morreríamos desse rugido que existe no lado oposto do silêncio. Atualmente, o mais veloz de nós anda por aí bem abastado de estupidez", nos adverte em *Middlemarch.* Aqueles personagens em seus romances que negam nosso mistério e insistem que a liberdade é uma ilusão e que a realidade é ditada pelas leis abstratas (algo que descobriram por acaso) trabalham contra o progresso da sociedade. Eles são os vilões, confiando em "ideias inadequadas". Eliot gostava de citar *In Memoriam,* de Tennyson: "Existe mais fé nas dúvidas honestas, acredite em mim, do que há na metade das crenças."

Middlemarch, a obra-prima de Eliot, contém dois reducionistas procurando pelo que Laplace chamou de "as leis finais do mundo". Edward Casaubon, o marido arrogante de Dorothea Brooke, passou seus dias escrevendo *Key to All Mythologies* (*Resposta para todas as mitologias*), que promete encontrar a conexão secreta entre as variedades de experiências religiosas. Sua obra está fadada ao fracasso, escreve Eliot, pois ele está "perdido entre pequenos closets e escadas em espiral". Casaubon termina morrendo de uma "degeneração adiposa do coração", uma morte simbólica, se já houve uma algum dia.

Dr. Tertius Lydgate, o ambicioso médico rural, está envolvido em uma pesquisa igualmente fútil, procurando o "tecido primitivo da vida". Sua busca tola é uma alusão às teorias biológicas de Herbert Spencer, das quais Eliot apreciava zombar.* Como Casaubon, Lydgate superestimou

---

* Eliot apreciava contar uma história sobre suas expedições botânicas a Kew Gardens junto com Spencer. Por ser um darwinista devoto, Spencer explicava a estrutura de todas as flores referindo-se a alguma história vaga sobre "a necessidade de desenvolvimento evolutivo". Mas, se uma

o poder explanatório de sua ciência. Porém, a realidade finalmente se intromete e a carreira científica de Lydgate desmorona. Após sofrer alguns contratempos financeiros, Lydgate acaba se tornando um médico que trata de gota, e "se considera um fracasso: ele não fizera o que pretendia fazer". A vida dele tornou-se uma comprovação dos limites da ciência.

Após a morte de Casaubon, Dorothea, a heroína de *Middlemarch* que possui uma assombrosa semelhança com Eliot, se apaixona por Will Ladislaw, meio poeta e um símbolo de livre-arbítrio não muito sutil. (Will tem uma "revolta apaixonante contra seu defeito herdado".) Tragicamente, por causa da vontade final de Casaubon (preste atenção no tema que surge), Dorothea é incapaz de mostrar o seu amor. Se casar com Will, que pertence a uma classe social mais baixa, perderá sua propriedade. Portanto, ela se conforma em viver sem felicidade como viúva. Seguem-se muitas páginas deprimentes. Mas, então, Will retorna a Middlemarch, e Dorothea, estimulada por sua presença, percebe que deseja ficar com ele. Sem liberdade, o dinheiro é simplesmente papel. Ela renuncia aos bens de Casaubon e foge com seu verdadeiro amor. Abraçar Will é o primeiro ato de livre-arbítrio. Eles vivem felizes para sempre, no "reino da luz e do discurso".

Porém, *Middlemarch*, um romance que não permite respostas fáceis, é mais complicado do que seu final feliz sugere. (Virginia Woolf chamou *Middlemarch* de "um dos poucos romances ingleses escritos para pessoas

---

flor não se encaixava nessa sua teoria perfeita, então, era "*tant pis pour les fleurs*" ("azar das flores").

adultas".) Eliot tinha lido Darwin demais para confiar na presença duradoura da alegria. Admite que cada um de nós nasce em uma "Existência difícil e desconfortável". É por essa razão que Dorothea, para o desalento de Eliot, não poderia terminar o romance como uma mulher solteira. Ela ainda estava presa às convenções sociais do século XIX. Como alerta nos parágrafos finais do romance: "Não há criatura alguma cujo ser interior seja tão forte que não seja definido fortemente pelo que reside no exterior."

Nas tramas elaboradas, Eliot desejava demonstrar como o exterior e o interior, nossa determinação e nosso destino, estão, na realidade, emaranhados de modo insolúvel. "Todo limite é um começo e também um fim", confessa Eliot em *Middlemarch*. Nossa situação fornece o material bruto a partir do qual construímos nosso caminho, e, embora seja importante "nunca bater e machucar suas asas contra o inevitável", é sempre possível "empenhar toda a força da alma para alcançar alguma melhoria possível". É sempre possível mudar a vida.

A mente nova em folha

Se a ciência pudesse *enxergar* a liberdade, como ela seria? Se desejasse encontrar a determinação, onde a procuraria? Eliot acreditava que a habilidade da mente para se modificar era a fonte de nossa liberdade. Em *Middlemarch*, é assegurado a Dorothea — um personagem que, como a própria Eliot, nunca parava de mudar — que a mente "não é feita de mármore — não é algo sólido e inalterável.

É algo vivo e mutante". Dorothea encontra esperança nessa ideia, uma vez que ela significa que a alma "pode ser salva e curada". Como Jane Austen, uma antepassada literária, Eliot reservou seu maior louvor para personagens corajosos o suficiente para aproveitar as possibilidades de mudança. Assim como Elizabeth Bennet escapa dos próprios preconceitos, Dorothea também se recupera dos antigos erros. Como escreveu Eliot, "somos um processo e uma revelação".

Até muito recentemente a biologia não compartilhava da fé de Eliot na plasticidade do cérebro. Ao mesmo tempo em que Laplace e os positivistas viam nosso ambiente como uma prisão — não havia salvação de seus confins —, na época posterior a Darwin, o determinismo descobria um novo candidato. Segundo a biologia, o cérebro era pouco mais que um robô governado geneticamente, nossas conexões neurais comandadas por forças além de nosso controle. Como Thomas Huxley declarou com desdém: "Somos robôs conscientes."

A manifestação mais evidente desse tema foi a crença científica de que os humanos nascem com um conjunto completo de neurônios. Essa teoria defende que as células cerebrais — diferentemente de qualquer outra célula em nosso corpo — não se dividem. Ao término da infância, o cérebro está completo, o destino da mente foi selado. Durante o século XX, essa ideia se tornou um dos princípios fundamentais da neurociência.

O defensor mais convincente dessa teoria foi Pasko Rakic, da Universidade de Yale. No início da década de 1980, Rakic percebeu que a ideia de que os neurônios não se dividem nunca fora realmente testada em primatas. A proposição era totalmente teórica. Rakic começou a investigar estudando 12 macacos rhesus. Injetou neles timidina (um aminoácido), o que o permitiu rastrear o desenvolvimento dos neurônios no cérebro. Em seguida, Rakic matou os macacos durante diversos estágios após a injeção da timidina e procurou sinais de novos neurônios. Não havia nenhum. Rakic escreveu no ensaio *Limits of Neurogenesis in Primates*, publicado em 1985: "Todos os neurônios dos macacos rhesus são gerados durante a vida pré-natal e no início da vida após o nascimento". Embora admitisse que sua prova não era perfeita, Rakic defendeu convincentemente o dogma. Chegou ao ponto de construir uma teoria evolucionária plausível para a razão dos neurônios não conseguirem se dividir. Rakic imaginou que, em algum ponto em nosso passado distante, os primatas trocaram a habilidade de gerar novos neurônios pela habilidade de modificar as conexões entre nossos antigos neurônios. Segundo Rakic, o comportamento "social e cognitivo" dos primatas *exigia* a ausência de neurogênese. Seu artigo, com a demonstração completa daquilo em que todos já acreditavam, parecia a palavra final sobre o assunto. Suas experiências nunca foram verificadas por outros pesquisadores.

No entanto, a genialidade do método científico consiste na não aceitação de soluções permanentes. O ceticismo é seu solvente, pois toda teoria é imperfeita. Os fatos científicos são significativos, precisamente porque são efêmeros, porque uma nova observação, uma observação mais honesta, sempre poderá alterá-los. Foi o que correu com a teoria do cérebro fixo de Rakic. Usando o verbo de Karl Popper, era *falsificada*.

Em 1989, Elizabeth Gould, uma jovem pós-doutoranda, trabalhando no laboratório de Bruce McEwen na Universidade de Rockefeller, na cidade de Nova York, investigava o efeito dos hormônios do estresse sobre o cérebro dos ratos. Estresse crônico é devastador para os neurônios, e a pesquisa de Gould concentrou-se na morte das células no hipocampo. Porém, enquanto documentava a degeneração do cérebro, Gould se deparou com algo completamente milagroso: o cérebro também se curava.

Confusa com essa anomalia, Gould foi para a biblioteca. Supunha que estivesse cometendo algum erro experimental simples, porque *os neurônios não se dividem*. Todo mundo sabia disso. Mas, então, examinando um empoeirado periódico científico de 27 anos de idade, Gould descobriu uma pista intrigante. Começando em 1962, um pesquisador do MIT, Joseph Altman, publicou diversos artigos afirmando que ratos, gatos e porquinhos-da-índia adultos, todos formavam novos neurônios. Embora Altman usasse a mesma técnica que Rakic usou mais tarde no cérebro dos macacos — a injeção de timidina radioativa —, seus resultados foram ridicularizados e, em seguida, ignorados.

Como resultado, o campo da neurogêneses, novinho em folha, desapareceu antes mesmo de começar a se desenvolver. Foi necessária outra década para que Michael Kaplan, na Universidade do Novo México, usasse um microscópio eletrônico para retratar neurônios dando origem a novos neurônios. Kaplan descobriu essas células novas em todos os lugares do cérebro dos mamíferos, inclusive no córtex. No entanto, mesmo com essa comprovação visual, a ciência permaneceu obstinadamente devotada a sua doutrina. Após enfrentar anos de desdém e ceticismo, Kaplan, como Altman antes dele, abandonou o campo da neurogênese.

Lendo os artigos de Altman e Kaplan, Gould percebeu que seu erro não era um erro, mas um fato ignorado. A anomalia fora suprimida. Mas a peça final do quebra-cabeça surgiu quando Gould descobriu o trabalho de Fernando Nottebohm, que, por coincidência, também estava em Rockefeller. Nottebohm, em uma série de estudos consideravelmente bem-feitos sobre o cérebro dos pássaros, mostrou que a neurogênese era necessária para o canto deles. Para cantar as melodias complexas, os machos precisavam de novas células cerebrais. Na realidade, até um por cento dos neurônios do centro de canto dos pássaros era renovados todos os dias. "Na época, essa era uma ideia radical", diz Nottebohm. "Pensava-se que o cérebro era um órgão que se tornava bem estável tão logo seu desenvolvimento terminava. Assim, os cientistas presumiram que a mente estava moldada em uma estrutura cristalina. Terminou, você estava feito."

Nottebohm refutou esse dogma ao estudar os pássaros em seu habitat natural. Se os tivesse mantido em gaiolas de metal, privando-os do contexto social natural deles, nunca teria observado a abundância de novas células. Os pássaros teriam ficado estressados demais para cantar, e poucos novos neurônios teriam sido criados. Como disse Nottebohm: "Afaste a natureza e todo seu insight cai em um vácuo biológico." Somente porque os observou *fora* do vácuo do laboratório, ele foi capaz de mostrar que a neurogêneses, ao menos em tentilhões e canários, tinha um objetivo evolutivo verdadeiro.

Apesar da elegância dos dados de Nottebohm, sua ciência foi marginalizada. Cérebros de pássaros eram vistos como irrelevantes em relação ao cérebro dos mamíferos. A neurogênese aviária foi explicada como uma adaptação exótica, um reflexo do fato de que o voo exigia um cérebro leve. Em *Structure of Scientific Revolutions*, o filósofo da ciência Thomas Kuhn escreveu sobre como ela tende a excluir suas contradições: "Até que o cientista aprenda a ver a natureza de uma forma diferente, o fato novo não é mesmo um fato científico de forma alguma". A comprovação da neurogênese foi sistematicamente excluída do mundo da "ciência normal".

No entanto, motivada pela singularidade das próprias observações experimentais, Gould ligou os pontos. Percebeu que Altman, Kaplan e Nottebohm, todos tinham fortes comprovações para a neurogênese dos mamíferos. Defrontada com essa grande quantidade de dados ignorados, Gould abandonou seu projeto anterior e começou a investigar o nascimento dos neurônios.

Passou os oitos anos seguintes quantificando infinitos números de cérebros radioativos de ratos. Mas o trabalho manual cansativo foi recompensado. Os dados de Gould mudaram o paradigma. Mais de trinta anos se passaram desde que Altman vislumbrou novos neurônios pela primeira vez, mas a neurogênese se tornara, finalmente, um fato científico.

Depois de um pós-doutoramento frustrante, em que sua ciência foi atacada continuamente, foi oferecido a Gould um emprego em Princeton. Logo no ano seguinte, em uma série de artigos memoráveis, ela começou a documentar a neurogênese em primatas, em oposição direta aos dados de Rakic. Demonstrou que saguis e macacos criavam novos neurônios durante a vida. O cérebro, longe de ser estável, está, na realidade, em constante estado de reviravolta celular. Em 1998, até Rakic admitiu que a neurogênese era real, e relatou ter visto novos neurônios nos macacos rhesus.* Os compêndios foram reescritos: o cérebro renasce constantemente.

Gould continuou com seu trabalho e mostrou que a quantidade de neurogênese é, em si, regulada pelo ambiente, e não apenas por nossos genes. Altos níveis de estresse podem diminuir a produção de células novas, da mesma forma que pertencer à parte baixa de uma hierarquia dominante também pode fazê-lo (o equivalente primata a ser de uma classe inferior). Na realidade, mães de macacos que vivem em condições estressantes dão à luz bebês com neurogêneses drasticamente reduzidas, mesmo que esses bebês nunca tenham experimentado o estresse. Porém, há esperanças: as cicatrizes do estresse podem ser apagadas. Quando os primatas eram transferidos para áreas cercadas adequadas — com galhos, comida escondida, e um rodízio de brinquedos —, seus cérebros adultos começavam a se recuperar rapida-

---

* Como foi que Rakic cometeu seu erro original? Não há resposta fácil. Rakic é um excelente cientista, um dos neurocientistas mais admiráveis de sua geração. Mas ver neurônios radioativos novos é extremamente difícil. É fácil não perceber essas células, especialmente se elas *não deveriam* estar lá. É necessário procurar por elas para conseguir vê-las. Além disso, quase todos os primatas de laboratório vivem em um ambiente que suprime a neurogênese. Uma gaiola pouco atraente cria um cérebro pouco atraente. A menos que os primatas sejam transferidos para uma área cercada mais adequada, os cérebros adultos produzirão poucos neurônios novos. A compreensão de que as condições laboratoriais típicas são debilitantes para os animais e produzem dados falsos foi uma das descobertas acidentais do campo da neurogênese.

mente. Em menos de quatro semanas, as células desprovidas passavam por renovações radicais e formavam uma abundância de novas conexões. As taxas de neurogênese retornavam aos níveis normais. O que esses dados significam? A mente nunca é irrecuperável, pois nenhum ambiente pode extinguir a neurogênese. Enquanto estivermos vivos, partes importantes do cérebro estarão se dividindo. O cérebro não é de mármore, é de barro, e nosso barro nunca endurece.

A neurociência só está começando a explorar as ramificações profundas dessa descoberta. O hipocampo, parte do cérebro que regula a aprendizagem e a memória, é continuamente abastecido com novos neurônios, o que nos ajuda a aprender e a lembrar de ideias e comportamentos novos. Outros cientistas descobriram que antidepressivos funcionam estimulando a neurogênese (ao menos nos roedores), inferindo que a depressão é basicamente causada por uma diminuição na quantidade de novos neurônios, e não pela falta de serotonina. Está sendo desenvolvida uma nova classe de antidepressivos cujo foco de ação é o caminho da neurogênese. Por alguma razão, as células recém-nascidas nos deixam felizes.

E, enquanto a liberdade continua sendo uma ideia abstrata, a neurogênese é a comprovação celular de que evoluímos para nunca parar de evoluir. Eliot estava certa: estar vivo é recomeçar incessantemente. Como escreveu em *Middlemarch*, "a mente [é] tão ativa quanto o fósforo". Uma vez que cada um de nós começa todos os dias com parte do cérebro renovado, a neurogênese assegura que nunca terminamos nossas mudanças. Na constante agitação de nossas células — na plasticidade incontrolável do cérebro — encontramos nossa liberdade.

O genoma literário

Ao mesmo tempo em que a neurociência começava a revelar a surpreendente estrutura flexível do cérebro, outros cientistas começavam a ficar fascinados com um princípio determinista ainda mais poderoso: a genética. Ao descobrirem a estrutura química do DNA, em 1953, James Watson e Francis Crick deram à biologia uma molécula que parecia explicar a vida em si. Eis nossa fonte desnudada, o encarnado reduzido a algum aminoácido e ligações fracas de hidrogênio. Watson e Crick reconheceram a formosa molécula no momento em que a montaram a partir de seus átomos de plástico. O que construíram era uma hélice dupla, uma estrutura encaracolada composta de dois filamentos trançados. A forma da espiral dupla sugeria como ela poderia transportar as informações genéticas. Os mesmos pares-base que mantinham a espiral junta também representavam seu código, um hieróglifo consistindo de quatro letras: A, T, C e G.

Após Watson e Crick, os cientistas descobriram como a linguagem primitiva do DNA esclarecia as instruções para os organismos complexos. Eles resumiram a ideia em um epíteto simples, o Dogma Central: o DNA produz o RNA, que por sua vez produz a proteína. Uma vez que éramos simplesmente esculturas elaboradas de proteínas, os biólogos presumiram que éramos a soma de nosso DNA. Crick formulou a ideia da seguinte forma: "Uma vez que a 'informação' tenha penetrado a proteína [a partir do DNA], ela *não pode sair novamente*." Do ponto de vista da genética, a vida tornou-se uma cadeia causal perfeita, nosso organismo basicamente redutível a seu texto, essas espirais duplas finas flutuantes nos núcleos celulares. Conforme declarou Richard Dawkins em *O gene egoísta*: "Somos máquinas sobreviventes — veículos-robô cegamente programados para preservar as moléculas egoístas conhecidas como genes."

A extensão lógica dessa ideologia biológica foi o Projeto Genoma Humano. Iniciado em 1990, foi uma tentativa de decifrar a história genética de nossas espécies. Todo cromossomo, gene e par-base seriam sequenciados e compreendidos. Nosso suporte textual seria desnudado de seu mistério, e nossa falta de liberdade seria finalmente exposta. Pela desprezível quantia de US$ 2,7 bilhões, tudo, do câncer à esquizofrenia, seria erradicado.

Essa era a hipótese otimista. No entanto, a natureza escreve uma prosa espantosamente complicada. Se nosso DNA tem um equivalente literário, seria o *Finnegans Wake*. Logo que começou a decifrar nosso substrato, o Projeto Genoma Humano foi forçado a questionar hipóteses aclamadas da biologia molecular. O primeiro fato impressionante que o projeto revelou foi o tamanho estonteante de nosso genoma. Embora tecnicamente necessitemos somente de 90 milhões de pares-base de DNA para codificar as 100 mil proteínas diferentes no corpo humano, na realidade, temos mais de três bilhões de pares-base. A maior parte desse texto em excesso é lixo. Na realidade, mais de 95 por cento do DNA humano é composto do que os cientistas chamam de íntrons: grandes áreas repetitivas de contrassensos que não podem ser traduzidas em proteínas.

No entanto, quando o Projeto completou sua decodificação épica, a linha divisória entre os genes e os pseudogenes começava a ficar obscura. A biologia não conseguia mais definir nem mesmo o que era um gene. A simplicidade fascinante do Dogma Central desmoronou por causa das complicações de nossa realidade genética, na qual os genes são combinados, editados, metilados e, às vezes, pulam cromossomos (estes são chamados de efeitos *epigenéticos*). A ciência descobriu que, como qualquer obra de literatura, o genoma humano é um texto necessitado de comentários, pois o que Eliot afirmou para a poesia também é verdadeiro para o DNA: "todos os significados dependem da chave de interpretação."

O que nos torna humanos e o que faz de cada um de nós nosso próprio humano não são simplesmente os genes que temos encravados em nossos pares-base, mas a forma como nossas células, em diálogo com o ambiente, realimentam nosso DNA, alterando a forma como lemos a nós mesmos. A vida é uma dialética. Por exemplo, a sequência de código GTAAGT pode ser traduzida como as instruções para inserir o aminoácido valina e serina; lida como sendo um espaçador, uma pausa genética que mantém outras partes de proteína a uma distância apropriada umas das outras; ou interpretada como um sinal para cortar a transcrição naquele ponto. Nosso DNA humano é definido pela multiplicidade de significados possíveis, é um código que exige contexto. É por isso que podemos compartilhar 42 por cento de nosso genoma com um inseto e 98,7 por cento com um chimpanzé e, no entanto, ainda sermos tão completamente diferente de ambos.

Ao demonstrar os limites do determinismo genético, o Projeto Genoma Humano acabou se tornando uma afirmação irônica de nossa individualidade. Ao fracassar em nos explicar, ele mostrou que a humanidade não é apenas um texto. Forçou a biologia molecular a se concentrar em como nossos genes interagem com o mundo real. Resulta que nossa natureza é modificada incessantemente por nossa criação. Esta área desconhecida é onde as questões ficam interessantes (e inextricavelmente difíceis).

Considere a mente humana. Se o córtex fissurado — um objeto que, em geral, é considerado como a criação mais complicada no universo conhecido — fosse geneticamente programado, então ele deveria ter muito mais genes do que, digamos, o cérebro do camundongo. No entanto, esse não é o caso. Na realidade, o cérebro do camundongo contém aproximadamente o mesmo número de genes que o cérebro humano. Após decodificar os genomas de numerosas espécies, os cientistas descobriram que há pouca correlação entre tamanho do genoma e complexidade cerebral. (Diversas espécies de amebas têm genomas muito maiores que os humanos.) Isto sugere firmemente que o cérebro humano não se desenvolve de acordo com um programa genético rígido que especifica seu desenho.

Mas, se o DNA não determina o cérebro humano, então o que o determina? A resposta mais fácil é: nada. Embora os genes sejam responsáveis pela anatomia bruta do cérebro, nossos neurônios plásticos são desenhados para se adaptar a nossas experiências. Como o sistema imunológico, que se altera em resposta aos patógenos que encontra na prática (não temos as células B de nossos pais), o cérebro está constantemente se adaptando às condições particulares da vida. É por isso que os cegos conseguem usar o córtex visual para ler em Braile e os surdos conseguem processar a linguagem de sinais no córtex auditivo. Perca um dedo e, graças à plasticidade neural, os outros dedos assumirão o espaço cerebral dele. Em uma experiência especialmente audaciosa, o neurocientista Mriganka Sur literalmente alterou a mente de um furão, para que a informação das retinas dele fosse ligada ao córtex auditivo. Para surpresa de Sur, os furões, ainda assim, conseguiam ver. Além disso, o córtex auditivo agora se assemelhava ao córtex visual do furão típico, incluindo mapas espaciais e neurônios afinados para detectar mudanças de luz. Michael Merzenich, um dos fundadores do campo da plasticidade, chamou esse experimento de "a demonstração mais convincente que se poderia ter de que a experiência molda o cérebro". Como Eliot sempre afirmou, a mente é definida por sua maleabilidade.*

---

* Atualmente, os cientistas estão descobrindo que até mesmo as características mentais com um componente genético forte — como o QI — são incrivelmente sensíveis às mudanças no ambiente. Um estudo francês sobre crianças adotadas entre quatro e seis anos de idade demonstrou claramente a forma como nossa natureza inata depende de como somos criados. Na época em que foram adotadas, essas crianças tinham QIs que variavam em torno de 77, colocando-os próximos do nível de retardamento. No entanto, quando as crianças refizeram o teste de QI, nove anos mais tarde, todas se saíram significativamente melhor.

Isso foi extremamente surpreendente, uma vez que é esperado que o QI seja essencialmente estável durante a vida toda. Além disso, o quanto uma criança melhorava estava diretamente relacionado ao status socioeconômico da família adotiva. As crianças adotadas por famílias de classe

Esse é o triunfo de nosso DNA: ele nos faz sem nos determinar. A invenção da plasticidade neural codificada pelo genoma, permite que cada um de nós transcenda o próprio genoma. *Surgimos*, como um caractere, do alfabeto incerto de nosso texto. Certamente, aceitar a liberdade inerente ao cérebro humano — para saber que o indivíduo *não* é geneticamente predestinado — também é aceitar o fato de que não temos soluções únicas. Todos os dias, a todos nós é dado o presente de novos neurônios e novas células corticais plásticas; somente nós podemos decidir o que nosso cérebro se tornará.

A melhor metáfora para nosso DNA é a literatura. Como todo texto literário clássico, nosso genoma é definido não pela certeza de seu significado, mas por sua instabilidade linguística, pela habilidade para estimular uma multiplicidade de interpretações. O que torna um romance ou um poema imortal é sua complexidade inata, a forma como cada leitor descobre nas mesmas palavras uma história diferente. Por exemplo, muitos leitores acham o final de *Middlemarch*, no qual Dorothea foge com Will, um final feliz tradicional, em que o casamento triunfa sobre o mal. No entanto, alguns leitores — tais como Virginia Woolf — veem a incapacidade de Dorothea de viver sozinha como uma virada na trama "mais melancolia do que tragédia". O mesmo livro consegue

---

média tinham resultados médios de 92; as colocadas em lares de classe alta tinham os QIs aumentados, na média, mais 20 pontos, para 98. Em um tempo relativamente curto, o QI delas havia subido, de forma significativa, de abaixo da média para praticamente normal.

inspirar duas conclusões completamente diferentes. Porém, não há interpretação correta. Todo mundo é livre para encontrar o próprio significado no romance. Nosso genoma funciona da mesma forma. A vida imita a arte.

A bênção do caos

Como nosso DNA inspira tal indeterminação? Afinal, *Middlemarch* teve uma autora, ela produziu um final ambíguo propositalmente. Porém, a vida real não tem um planejador inteligente. Para criar o espaço necessário para a liberdade individual, a seleção natural propôs uma solução engenhosa, porém intimidante. Embora gostemos de imaginar a vida como uma criação perfeitamente projetada (nossas células como pequenos relógios suíços), a verdade é que nossas partes não são previsíveis. Bob Dylan disse: "Eu aceito o caos. Não estou certo de que ele me aceite." A biologia molecular, confrontada com o desgoverno da vida, também é forçada a aceitar o caos. Da mesma forma que a física descobriu o mundo quântico indeterminado — uma descoberta que acabou com as noções clássicas sobre a realidade fixa de tempo e espaço —, a biologia também está revelando a confusão incognoscível em seu centro. A vida é construída sobre uma estrutura de aleatoriedade.

Um dos primeiros insights na desordem natural da vida chegou em 1968, quando Motoo Kimura, o notável geneticista japonês, incluiu a biologia evolutiva em sua "teoria imparcial da evolução molecular". Este é um nome moderado para o que muitos cientistas consideram a revisão mais interessante da teoria da evolução desde Darwin. A descoberta de Kimura começou com um paradoxo. Começando no início da década de 1960, os biólogos puderam medir finalmente a taxa de mudança genética nas espécies que passavam pela seleção natural. Como esperado, a máquina da evolução era a mutação aleatória: as hélices duplas sofriam de uma barragem constante de erros tipográficos. No entanto, oculto nesses dados estava um novo fato desconfortável: o DNA muda demais. Segundo os cálculos de Kimura, o genoma médio mudava cem vezes a taxa prevista pelas equações da evolução. Na realidade, o DNA mudava tanto que não havia como a seleção natural ser responsável por todas aquelas adaptações.

Mas se a seleção natural não conduzia à evolução de nossos genes, então, o que conduzia? A resposta de Kimura era simples: o caos. Pura sorte. O dado da mutação e o pôquer da tendência genética. No nível de nosso DNA, a evolução funciona na maior parte das vezes por acidente.* Seu genoma é um registro de erros aleatórios.

* Embora as conclusões de Kimura tenham provocado uma tempestade de controvérsias — alguns neodarwinistas diziam que ele era apenas um criacionista com matemática sofisticada — isso não deveria ter acontecido. Na realidade, Darwin, provavelmente, teria concordado com Kimura. Na última edição de *A origem das espécies*, publicada em 1872, Darwin se posiciona claramente: "Uma vez que minhas conclusões têm sido interpretadas de forma incorreta ultimamente, e tem sido afirmado que eu atribui a modificação das espécies exclusivamente à seleção natural, sinto-me no direito de esclarecer que, na primeira edição dessa obra e nas subsequentes, coloquei de uma forma muito evidente [...] as seguintes palavras: 'Estou convencido de que a seleção natural tem sido o principal meio de modificação, mas *não o exclusivo*.' Isto tem sido inútil. Grandioso é o poder da constante má interpretação" (Darwin, 1872, p.395).

Mas talvez essa falta de método esteja confinada em nosso DNA. As células, precisas como um relógio, devem restaurar algum sentido de ordem, certo? Certamente, a *tradução* do nosso genoma — a expressão de nossos verdadeiros genes — é um processo perfeitamente regulado, sem nenhum sinal de desordem. De que outra forma poderíamos funcionar? Embora a biologia molecular costumasse presumir que esse era o caso, não é. A vida é desleixada. No interior de nossas células, fragmentos e restos de ácido nucleico e proteína flutuam sem rumo, esperando a interação. Não há orientação alguma, nenhuma garantia de precisão.

Na publicação *Science* de 2002, em um artigo intitulado *Stochastic Gene Expression in a Single Cell* (Modelo estocástico para expressão gênica de uma única célula), Michael Elowitz, do Instituto de Tecnologia da Califórnia, demonstrou que o "ruído" biológico (um sinônimo científico para o caos) é inerente à expressão genética. Elowitz começou inserindo duas sequências diferentes de DNA obtidas dos vaga-lumes no genoma da *E. coli*. Um gene continha uma proteína que fazia as criaturas produzirem luz neon verde. O outro gene fazia a bactéria irradiar a luz vermelha. Elowitz sabia que se os dois genes fossem expressos igualmente na *E. coli* (como a teoria biológica clássica previa), a cor amarela dominaria (para ondas de luz, vermelha mais verde igual a amarela). Em outras palavras, se a vida fosse desprovida de ruído intrínseco, todas as bactérias seriam coloridas pela mesma cor neon.

Mas Elowitz descobriu que, quando os genes de luz vermelha e verde eram expressos em níveis comuns, e não de forma exagerada, o ruído no sistema se tornava visível repentinamente. Algumas bactérias eram amarelas (as obedientes), mas outras células, influenciadas pela desordem intrínseca, irradiavam uma intensa cor turquesa ou laranja. Toda a variação na cor era causada por uma variação inexplicável no nível de proteína fluorescente: os dois genes *não* eram expressos igualmente. A premissa simples, subjacente em toda experiência biológica molecular — de que a vida segue regras formais, que ela transcreve seu DNA fielmente e com precisão — desapareceu na colagem colorida dos procariotos. Embora tecnicamente as células fossem as mesmas, a aleatoriedade inerente ao sistema produzia uma quantidade significativa de variação fluorescente. Essa disparidade na cor bacteriana não era redutível. O ruído não tinha uma fonte única. Simplesmente estava *lá*, uma parte essencial do que torna a vida viva.

Além disso, essa desordem inerente na tradução genética permeia todos os níveis, infectando e influenciando todos os aspectos da vida. As moscas-das-frutas, por exemplo, têm pelos longos nos corpos que servem como órgãos sensoriais. A localização e a densidade dos pelos diferem entre os dois lados da mosca, mas não de uma forma sistemática. Ainda que os dois lados da mosca sejam codificados pelos mesmos genes e tenham se desenvolvido no mesmo ambiente. Essa variação na mosca é uma consequência do choque atômico randômico no interior das células, o que os biólogos chamam de "ruído evolutivo". (É por isso também que nossa mão esquerda e nossa mão direita têm impressões digitais diferentes.)

Esse mesmo princípio está em funcionamento em nosso cérebro. O neurocientista Fred Gage descobriu que os *retrotransposons* — genes de má qualidade que pulam aleatoriamente pelo genoma humano — estão presentes em quantidades surpreendentemente altas nos neurônios. Na realidade, esses pedaços problemáticos de DNA se inserem em quase oitenta por cento de nossas células cerebrais, alterando-lhes arbitrariamente o programa genético. Inicialmente, Gage surpreendeu-se com esses dados. O cérebro parecia intencionalmente destrutivo, inclinado a desmanchar as próprias instruções precisas. Mas, então, Gage teve uma revelação. Percebeu que todas aquelas interrupções genéticas criavam uma população de mentes perfeitamente únicas, uma vez que cada cérebro reagia aos *retrotransposons* de forma própria. Em outras palavras, o caos criava individualidade. A nova hipótese de Gage é que toda essa anarquia mental é adaptativa, uma vez que permite aos nossos genes gerar mentes de diversidade quase infinita.

E diversidade é algo bom, pelo menos do ponto de vista da seleção natural. Como observou Darwin, em *A origem das espécies,* "quanto mais diversificados os descendentes de uma espécie se tornarem na estrutura, na constituição e nos hábitos, mais capacitados estarão para se ajustarem a muitos e amplamente diversificados ambientes do regime da natureza." Nossa psicologia corrobora essa lógica evolucionária. A partir do momento da concepção, nosso sistema nervoso é planejado para ser uma invenção sem precedentes. Até mesmo gêmeos idênticos, com DNA idênticos, têm cérebros visivelmente diferentes. Quando gêmeos desempenharam a mesma tarefa monitorados por uma ressonância magnética, partes diferentes de cada córtex foram ativadas. Se os cérebros dos gêmeos adultos fossem dissecados, os detalhes das células cerebrais seriam completamente únicos. Como Eliot escreveu no prefácio de *Middlemarch*, "a indefinição permanece e os limites da variação são realmente muito mais amplos do que qualquer um poderia imaginar".

Como a descoberta da neurogênese e da plasticidade natural, a descoberta de que a biologia prospera com a desordem é uma mudança de paradigma. Quanto mais a ciência conhece sobre as complexidades da vida, sobre como o DNA constrói de fato as proteínas e como as proteínas de fato nos constroem, a vida menos se parece com um relógio Rolex. O caos está por todo o lado. Como afirmou Karl Popper, a vida não é um relógio: *ela é uma nuvem*. Semelhante a uma nuvem, a vida é "bastante irregular, desorganizada e mais ou menos imprevisível". Nuvens, criadas e carregadas por uma infinidade de correntes, têm vontades obscuras. Elas se agitam e se *viram* no ar e são um pouco diferentes a cada momento. Nós também somos assim. Como aconteceu muitas vezes antes na história da ciência, a *idée fixe* (ideia fixa) de ordem determinista provou ser uma ilusão. Continuamos tão misteriosamente livres como nunca.

O adorável fracasso de toda tentativa reducionista para "esclarecer a vida" provou que George Eliot estava certa. Como escreveu de forma memorável em 1856, "*A arte é o que há de mais próximo à vida*; é uma forma de amplificar a experiência". O realismo abrangente dos romances de Eliot acabou descobrindo nossa realidade. Não somos aprisionados por nenhuma física genética ou social, pois a vida não é de forma alguma semelhante a uma máquina. Cada um de nós é livre, na maior parte, para viver como escolhermos, abençoados e sobrecarregados por nossa natureza elástica. Embora isso signifique que a natureza humana não tenha leis imutáveis, também significa que sempre poderemos melhorar, pois somos obras em desenvolvimento. Do que necessitamos agora é uma nova visão de vida, uma visão que reflita nossa indeterminação. Não somos nem completamente livres nem completamente determinados. O mundo está repleto de limites, mas somos capazes de traçar nosso próprio caminho.

Essa é a existência complicada em que Eliot acreditava. Embora detalhassem as forças impessoais que influenciam a vida, seus romances são essencialmente manifestações de autodeterminação. Eliot criticou todas as teorias científicas que desrespeitavam nossa liberdade e, em seu lugar, acreditou "que as relações dos homens com seus vizinhos poderiam ser resolvidas por equações algébricas". "Mas nenhum desses erros divergentes podem coexistir com um conhecimento verdadeiro das pessoas", escreveu Eliot. O que torna os humanos únicos é que cada um de nós é único. É por essa razão que Eliot sempre afirmou que tentar definir a natureza humana era um empreendimento inútil, perigosamente condenado à autojustificativa. "Recuso-me a adotar qualquer fórmula que para mim não esteja provida de alguma figura humana e alguma experiência individual", escreveu a autora. Ela sabia que herdávamos mentes que nos deixam escapar de nossa herança; sempre podemos impor nossa vontade sobre nossa biologia. Escreveu a um amigo em

1875, "Não ficarei satisfeita com sua filosofia até que tenha conciliado o Necessitarismo [...] com a prática da determinação, da determinação de desejar fortemente, e assim em diante".

Conforme antecipou Eliot, nossa liberdade é inerente a nós. Em seu nível mais fundamental, a vida é muito tolerante, definida por uma plasticidade que desafia qualquer determinismo. Somos apenas cadeias de carbono, mas transcendemos nossa origem. A evolução nos tem dado o dom da individualidade infinita. Há grandeza nessa visão de vida.

Capítulo 3

Auguste Escoffier

A essência do paladar

Acontece que quando escrevo sobre a fome, estou, na realidade, escrevendo sobre a fome e o amor por ela, e a ternura e o amor por ela e a fome por ela [...] e, então, a ternura e a riqueza e a realidade grandiosa da fome satisfeitas [...] e é tudo um só.

M.F.K. Fisher, *The Gastronomical Me*

AUGUSTE ESCOFFIER INVENTOU o caldo de carne de vitela. Outros cozinharam ossos antes, mas ninguém codificara a receita. Antes de Escoffier, a melhor maneira de fazer um caldo de carne de vitela era cercada de mistério. Cozinhar era como a alquimia, um empreendimento quase místico. Mas Escoffier chegou à maturidade durante os últimos estágios do positivismo, uma época em que o conhecimento — alguns verdadeiros, alguns falsos — era disseminado a uma quantidade vertiginosa. As enciclopédias eram os livros do dia. Escoffier levou esse ethos científico para o lado pessoal: desejava fazer para a comida pomposa o que Lavoisier fizera para a química, e substituir as antigas superstições da cozinha por uma nova ciência culinária.

No âmago do insight de Escoffier (e fonte de mais que algumas insuficiências cardíacas) estava seu uso do caldo. Ele o colocava em tudo. Reduziu-o a uma geleia gelatinosa, tornou-o a base para sopas pastosas e o enriqueceu com manteiga e bebida alcoólica para molhos. Embora as mulheres francesas produzissem caldos caseiros há séculos — *pot-au-feu* (carne bovina cozida na água) foi praticamente o prato nacional —, Escoffier deu a esse caldo proteico um estilo profissional. No primeiro capítulo do *Guide Culinaire* (1903), Escoffier ensinou a cozinheiros a importância de extrair sabor dos ossos: "Na realidade, o caldo é tudo na culinária. Sem ele, nada pode ser feito. Se o caldo é bom, o resto do trabalho é fácil; se, por outro lado, for ruim ou simplesmente medíocre, é inútil esperar algo parecido com uma refeição satisfatória". Aquilo que todos os outros chefs jogavam fora — os restos de tendões e o rabo do boi, as copas do aipo, as extremidades das cebolas, e os cantos irregulares das cenouras — Escoffier fervia em fogo brando até a excelência.

Embora tenha apresentado o *Guide Culinaire* com a alegação orgulhosa de que as receitas eram "baseadas em ciência moderna da gastronomia", na realidade, Escoffier ignorou a ciência moderna. Na ocasião, os cientistas tentaram criar uma *nouvelle cuisine* presunçosa baseada em suas noções bizarras e totalmente incorretas do que era saudável. O sangue suíno era bom. Assim como as tripas. Brócolis, por outro lado, causava indigestão. O mesmo valia para pêssegos e alho. Escoffier ignorou essa ciência maléfica (inventou o pêssego Melba), e fritou o quanto quis, apesar do coração, confiando mais nos prazeres da língua que nas abstrações da teoria. Ele acreditava que a maior ameaça à saúde pública era a transformação moderna do jantar, "que deveria ser uma ocasião agradável, em uma obrigação desnecessária".

O formato da enciclopédia de receitas de Escoffier reflete sua tendência romântica. Embora gostasse de chamar os *sauciers* (os cozinheiros responsáveis por fazer os molhos) de "químicos evoluídos", suas receitas raramente especificam quantidades de manteiga, farinha, trufas ou sal. Em vez disso, elas são descrições do processo culinário: derreta a gordura, acrescente a carne, espere ouvir "o som de crepitação", despeje o caldo e dilua. Parece tão fácil: tudo que se deve fazer é obedecer aos caprichos dos sentidos. Não se trata de uma experiência científica; Escoffier parece estar dizendo: isso sim é hedonismo. Deixe o prazer ser seu guia.

A ênfase de Escoffier na língua foi a fonte de sua revolução culinária. Na cozinha dele, um cozinheiro adequado era um homem de sensibilidade apurada, "estudando cuidadosamente os pequenos detalhes de cada sabor em separado, antes de enviar a obra-prima da arte culinária aos clientes". O livro de receitas de Escoffier adverte repetidamente que a experiência do prato — seu verdadeiro sabor — é o que realmente importa: "A experiência sozinha pode guiar o cozinheiro." Um chef deve ser aquele artista para quem nenhum sabor é perdido.

Mas Escoffier sabia que não conseguiria apenas servir um pouco de carne grelhada e dar o dia por encerrado. Seu hedonismo tinha de saber a *haute cuisine*. Afinal, ele era chef em hotéis do César Ritz, e os clientes esperavam que sua comida valesse o ambiente luxuoso e requintado, além da despesa assombrosa. Foi aí que Escoffier se concentrou na coleção preciosa de caldos. Usava os caldos para enobrecer a fritura leve comum, para dar ao prato uma profundidade e densidade de sabor. Depois de ser cozida na panela quente (Escoffier preferia um *poele* pesado de fundo achatado), a carne era retirada para descansar, e a panela suja, cheia de gordura deliciosa e restos de carne, era deglaceada.

Deglacear era o segredo do sucesso de Escoffier. O processo em si é extremamente simples: um pedaço de carne é cozido a uma temperatura muito alta — para produzir a deliciosa crosta tostada de reação *Maillard*, que é uma reação química entre aminoácidos e carboidratos — e então um líquido, tal como um caldo de carne de vitela delicioso, é acrescentado.* Ao evaporar, o líquido desprende o *fronde*, os pedaços de proteína queimados grudados no fundo da panela (deglacear também facilita a limpeza da panela). O *fronde* dissolvido é o que dá aos molhos de Escoffier a intensidade divina, é o que torna o *boeuf bourguignon, bourguignon*. Um pouco de manteiga é acrescentada para dar brilho, e, *voilà*! O molho está completo.

O segredo do deleite

A técnica básica de Escoffier ainda é indispensável. Poucas formas de cultura sobreviveram ao século XX tão ina-

* Escoffier também usava vinho, conhaque, vinho do Porto, vinagre e — se não houvesse nenhuma bebida alcoólica por perto — água.

baladas. Praticamente todo restaurante chique ainda serve variações de seus pratos, reciclando os ossos e as copas dos vegetais para fazerem caldo de carne. Do molho Espagnole ao linguado à Veronique, comemos da forma que ele nos ensinou. E uma vez que o que Brillat-Savarin disse provavelmente é verdadeiro ("A descoberta de um novo prato contribui muito mais para a felicidade da raça humana que a descoberta de uma nova estrela.") é difícil superestimar a importância de Escoffier. Obviamente, há algo sobre seus métodos culinários — sobre caldos, deglacear e os redemoinhos de manteiga de última hora — que torna um pouco de nossa parte primitiva muito, muito feliz.

Os livros de culinária de Escoffier são o lugar para começar a procurar por sua genialidade. A primeira receita que nos dá é de um caldo marrom (*estouffade*), que ele diz ser "a humilde base para todo o resto". Escoffier começa dourando a carne e os ossos de vitela no forno. Depois, diz, frite uma cenoura e uma cebola em uma panela. Adicione água fria, os ossos assados, um pouco de pele de porco e um buquê à garni de salsinha, tomilho, folhas de louro e um dente de alho. Ferva em fogo brando por 12 horas, mantendo o nível de água constante. Assim que os ossos soltarem seus segredos, frite levemente alguns restos de carne em uma frigideira com gordura quente. Deglaceie com a água dos ossos e reduza. Repita. Faça ainda mais uma vez. Agora, acrescente lentamente o resto do caldo. Cuidadosamente, raspe toda a camada de gordura (o caldo deve ficar praticamente sem gordura) e deixe fervendo em fogo brando por mais algumas horas. Coe usando um coador bem fino. Após um dia inteiro fazendo o caldo, pode-se *começar* a cozinhar.

Na trabalhosa receita de Escoffier, parece haver pouco que possa interessar à língua. Afinal, todo mundo sabe que ela pode sentir somente quatro sabores: doce, salgado, amargo e azedo. A receita de caldo de Escoffier parece evitar deliberadamente acrescentar qualquer um desses sabores. Ela contém muito pouco açúcar, sal ou ácido e, a menos que alguém queime os ossos (não se recomenda), não há sabor amargo. Por que então o caldo é tão essencial? Por que ele é a "mãe" de sua culinária? O que sentimos quando comemos um guisado de carne, seus pedaços deglaceados fervidos no caldo em fogo brando até que a carne sólida esteja pronta para ser saboreada com uma colher? Ou, falando no assunto, quando saboreamos uma sopa de galinha, que é apenas outro nome para caldo de galinha? O que torna a proteína desnaturada (desnaturar é o que acontece com a carne e os ossos quando os cozinhamos pelo método de Escoffier) tão inexplicavelmente convidativa?

A resposta é o *umami*, a palavra japonesa para "delicioso". *Umami* é o que você saboreia quando come tudo, de bife a molho de soja. É o que torna o caldo mais que simplesmente água suja, e que faz do deglacear o processo essencial da culinária francesa. Para ser preciso, *umami* é, na realidade, o sabor do L-glutamato ($C_5H_9NO_4$), o aminoácido dominante na composição da vida. O L-glutamato é liberado nas formas vivas pela proteólise (um eufemismo científico para a morte, podridão e o processo de cozinhar). Enquanto os cientistas ainda teorizavam sobre os benefícios de tripas para a saúde, Escoffier estava ocupado em aprender como sentimos o gosto da comida. Sua genialidade consistia em conseguir colocar no prato o máximo de L-glutamato possível. A manteiga emulsificada também ajudou.

A história do *umami* começa aproximadamente na mesma época em que Escoffier inventou o tornedor à Rossini, um filé mignon servido com pasta de fígado de ganso e molho feito de caldo de vitela reduzido, salpicado com trufas pretas. O ano era 1907, e o químico japonês Kikunae Ikeda se fez uma pergunta simples: qual é o gosto do *dashi*? *Dashi* é um caldo clássico japonês feito de *kombu*, uma forma seca de alga marinha. Desde pelo menos 797 d.C., o *dashi* é usado na culinária japonesa da mesma forma que Escoffier usava o caldo: como um solvente universal, uma base para todo prato. Mas para Ikeda, o *dashi* que sua esposa cozinhava todas as noites não tinha nenhum dos sabores parecidos com os quatro sabores clássicos, nem mesmo de uma combinação deles. Era simplesmente delicioso. Ou, como diriam os japoneses, era *umami*.

E assim Ikeda começou sua busca quixotesca por esse sabor desconhecido. Ele destilava campos de algas marinhas à procura da essência que poderia despertar a mesma sensação misteriosa que uma tigela quente de caldo de algas. Explorou também outras culinárias. "Há um sabor", declarou Ikeda, "que é comum ao aspargo, tomate, queijo e carne, mas que não faz parte dos quatro sabores bem conhecidos." Finalmente, após anos de paciência e química solitária, durante os quais tentou destilar o ingrediente secreto que o *dashi* e o caldo de carne tinham em comum,

Ikeda encontrou sua molécula secreta: o ácido glutâmico — o precursor do L-glutamato — e anunciou a descoberta no *Journal of the Chemical Society of Tokyo*.

O ácido glutâmico em si é sem gosto. Somente quando a proteína é decomposta pelo cozimento, pela fermentação ou por um pouco de amadurecimento ao sol é que a molécula degenera em L-glutamato, um aminoácido que a língua *consegue* detectar. Em sua conclusão, Ikeda escreveu: "Esse estudo desvendou dois fatos: o primeiro é que o caldo de algas contém glutamato, e o segundo é que o glutamato dá a sensação de sabor do *umami*."

No entanto, Ikeda ainda tinha um problema. O glutamato é uma molécula instável, pronta para se fundir com várias outras substâncias químicas, sendo que a maioria *não* é deliciosa. Ikeda sabia que tinha que ligar o glutamato a outra molécula estável que agradasse a língua. Sua solução engenhosa? O sal. Após alguns anos pacientemente experimentando, Ikeda conseguiu destilar um sal metálico de algas marrons. O acrônimo químico desse pó branco sem cheiro era MSG ou glutamato monossódico. Era salgado, mas não igual ao sal. Não era doce, nem azedo ou amargo. Mas era realmente delicioso.

Apesar de ser apenas uma descoberta embrionária na fisiologia do sabor, a pesquisa de Ikeda foi completamente ignorada. A ciência acreditava que sabia tudo sobre a língua. Desde que Demócrito surgiu no século IV a.C com a hipótese de que a sensação do paladar dependia do formato das partículas de comida, a língua era vista como um simples músculo. De acordo com Demócrito as comidas doces tinham "átomos redondos e grandes", enquanto que "as azedas tinham átomos grandes, porém ásperos, angulares e não esféricos". As salgadas eram causadas por átomos isósceles, enquanto o gosto amargo era causado "por átomos esféricos, lisos, escalenos e pequenos". Platão acreditou em Demócrito e escreveu no *Timaeus* que as diferenças no sabor eram causadas por átomos na língua que entravam nas veias pequenas que iam até o coração. Aristóteles, por sua vez, acreditou em Platão. Em *De Anima*, os quatro principais sabores descritos por Aristóteles eram os já clássicos doce, azedo, salgado e amargo.

Durante o milênio seguinte, essa teoria antiga permaneceu amplamente incontestada. A língua era vista como um órgão mecânico, em cuja superfície papilar as qualidades das comidas eram impressas. A descoberta no século XIX das papilas gustativas deu uma nova credibilidade a essa teoria. Vistas em um microscópio, essas células pareciam pequenos buracos de fechadura nos quais o alimento mastigado poderia adentrar, ativando assim uma sensação de sabor. No início do século XX, os cientistas começaram a mapear a língua, designando cada um dos quatro sabores a uma região específica na mesma. A ponta da língua adorava comida doce, enquanto os lados preferiam o azedo. A parte de trás era sensível ao amargo, e o salgado era sentido em todos os lugares. A sensação de sabor era simples assim.

Infelizmente para Ikeda, não parecia haver espaço livre algum na língua para seu sabor delicioso. Os cientistas ocidentais diziam que *umami* era uma teoria solitária específica da comida japonesa, uma ideia tola que estava preocupada com algo chamado "deleite", seja lá o que isso fosse. E, assim, enquanto cozinheiros no mundo todo continuavam a basear a culinária em *dashi*, queijo parmesão, molho de tomate, caldo de carne e molho de soja (todos grandes fontes de L-glutamato), a ciência persistia em sua crença ingênua e não científica em quatro, e somente quatro, sabores.

Apesar da ignorância da ciência, a ideia de Ikeda ganhou seguidores. Sua substância branca, salgada, o MSG, um pó que a ciência afirmava que não poderia funcionar, porque não tínhamos meios de saboreá-lo, mesmo assim começou a ser usada em tudo, da comida chinesa barata a cubos de sopas, que usavam o glutamato para simular o gosto de caldo de carne verdadeiro. MSG foi até vendido nos Estados Unidos com as marcas *Super Seasoning* e *Accent*.* À medida que as comidas eram mais processadas e industrializadas, acrescentar uma pitada de MSG era uma forma de criar a ilusão de sabor. Um prato cozido no forno de micro-ondas tinha o mesmo gosto de um cozido no fogão em fogo brando por horas. Afinal, quem tem tempo para fazer o verdadeiro caldo de carne do zero?

Com o tempo, outros pioneiros começaram a pesquisar suas culinárias locais e encontraram as próprias fontes de L-glutamato. Tudo, do queijo envelhecido ao ketchup, era rico desse aminoácido mágico. O *umami* até parecia explicar algumas das mais intrigantes idiossincrasias do mundo da culinária: por que tantas culturas, começando com a Roma antiga, têm um molho de peixe? (Anchovas salgadas levemente apodrecidas são como uma injeção

---

* Muitas vezes, o MSG leva a culpa pela Síndrome do Restaurante Chinês, pois se acreditava que a exposição ao MSG causava dores de cabeça e enxaquecas em alguns indivíduos. Mas, como Jeffrey Steingarten noticiou (*It Must've Been Something I Ate*, p. 85-99 [*Deve ter sido alguma coisa que comi*]), as pesquisas recentes isentaram tanto a comida chinesa quanto o MSG.

de glutamato. São puro *umami*.) Por que mergulhamos o sushi no molho de soja? (O peixe cru, já que está cru, tem um *umami* baixo, uma vez que o glutamato ainda não foi liberado. Um toque de molho de soja dá à língua a explosão de *umami* que desejamos.) O *umami* consegue até explicar (embora não a desculpe) a Marmite, pasta britânica feita de extrato de levedura,* que é simplesmente outro nome para L-glutamato. (A Marmite tem a maior concentração de glutamato dentre todos os produtos industrializados: mais de 1.750 mg em cada cem gramas.)

É claro que o *umami* também é o motivo da carne — que é apenas aminoácido — ter um gosto tão bom. Se cozido adequadamente, o glutamato da carne é convertido para a forma livre e, assim, pode ser saboreado. O mesmo se aplica a carnes defumadas e queijos. No processo de envelhecimento do pernil, o glutamato é o aminoácido que mais aumenta. Entretanto, o parmesão é uma das formas mais concentradas da substância, tendo mais de 1.200 mg para cada cem gramas. (Somente o queijo roquefort tem mais.) Ao acrescentarmos um queijo envelhecido a uma massa, o *umami* no queijo de alguma forma consegue enaltecer o que já está presente nas outras partes do prato. (É por essa razão que o molho de tomate e o parmesão são um par perfeito. O queijo torna os tomates mais tomates.) Um pouco de *umami* vai longe.

---

* Muitas vezes, os fabricantes de alimentos, constrangidos, escondem a adição de MSG nomeando-o nos rótulos como extrato de levedura (outros pseudônimos para o MSG são: sal japonês, caseinato de cálcio e caseinato de sódio).

E é claro, o *umami* também explica a genialidade de Escoffier. Os pedaços de carne queimada no fundo da panela são proteínas decompostas, ricas em L-glutamato. Dissolvidos no caldo, que é um pouco mais que água *umami*, esses restos dourados enchem a boca com uma profunda sensação de deleite, o gosto intenso da vida em um estado de decomposição.

A cultura culinária articulou uma verdade biológica sobre a língua bem antes da ciência, simplesmente porque foi forçada a nos alimentar. Para o ambicioso Escoffier, a língua era um problema prático, e entender como funcionava era uma parte necessária na criação de pratos deliciosos. Cada cardápio para o jantar era uma nova experiência, uma forma empírica de verificar seus instintos culinários. Em seu livro de receitas, ele escreveu tudo que um bom cozinheiro já sabia. As proteínas têm bom sabor, especialmente quando decompostas. Queijo envelhecido não é apenas leite estragado. Ossos contêm sabor. Mas, apesar das muitas comprovações experimentais, a ciência continuava a ignorar a realidade do *umami*. O deleite de um caldo, disseram esses homens de jaleco, estava todo em nossa imaginação. A língua não conseguia saboreá-lo.

O que Ikeda necessitava para que a ciência acreditasse nele eram provas anatômicas de que podíamos sentir o gosto do glutamato. Histórias curiosas tiradas de livros de receitas — de pessoas que acrescentavam molho de peixe ao prato vietnamita, parmesão à massa, e molho de soja ao sushi — não eram suficientes.

Finalmente, mais de noventa anos após Ikeda destilar MSG de alga, sua teoria foi confirmada sem ressalvas. Os biólogos moleculares descobriram dois receptores distintos na língua, os quais sentem somente o glutamato e os aminoácidos L. Em homenagem a Ikeda, foram chamados de receptores *umami*. O primeiro receptor foi descoberto em 2000, quando um grupo de cientistas notou que a língua tinha uma forma modificada de um receptor de glutamato já identificado nos neurônios do cérebro (o glutamato também é um neurotransmissor). O segundo receptor *umami* foi descoberto em 2002. Este é derivado de nossos receptores do sabor doce.*

Essas duas descobertas separadas de receptores de *umami* na língua finalmente mostraram que ele não é fruto da imaginação de um hedonista. Temos de fato um sentido que responde somente à vitela, ao caldo, ao bife e ao *dashi*. Além disso, como sustentou Ikeda, a língua usa o sabor de *umami* como sua definição de deleite. Diferentemente dos sabores doce, azedo, amargo e salgado, que são sentidos um em relação ao outro (essa é a razão de uma pitada de sal ser sempre acrescentada ao chocolate, e por que o melão é enfeitado com presunto), o *umami* é sentido por si só. Ele tem essa importância.

É claro que isso é perfeitamente lógico. Por que não teríamos um sabor específico para as proteínas? Adoramos o sabor de proteínas desnaturadas porque, por sermos nós mesmos compostos de proteínas e água, precisamos delas.

---

* A biologia molecular também revelou como sentimos o sabor de comidas condimentadas. Em 2002, pesquisadores descobriram que a boca contém um receptor de dor modificado — seu nome é VR_1 — que retém capsaicina, o ingrediente ativo da pimenta. Uma vez que o receptor VR_1 também detecta comidas quentes, o cérebro consigna a sensação de calor excessivo a qualquer comida que ativa os nossos nervos VR_1.

Nosso corpo produz mais de quarenta gramas de glutamato por dia, portanto, constantemente desejamos um pouco de aminoácidos. (As espécies naturalmente vegetarianas detestam o sabor de *umami*. Infelizmente, para vegetarianos rígidos, os humanos são onívoros.) Na verdade, somos treinados desde o nascimento para saborear *umami*: o leite materno tem dez vezes mais glutamato que o leite de vaca. A língua adora aquilo de que o corpo necessita.

O aroma de uma ideia

O caldo de carne nem sempre foi o segredo rico em glutamato da comida francesa. Na verdade, a *haute cuisine* nem sempre foi deliciosa, ou até comestível. Antes de Escoffier começar a cozinhar nos novos restaurantes da burguesia (diferente de seus predecessores, ele nunca foi o chef particular de um aristocrata), a culinária sofisticada era sinônimo de ostentação. Desde que o jantar *parecesse* algo ornamentado, o sabor real era irrelevante. A aparência era tudo. Marie-Antoine Carême (1783-1833), o primeiro chef mundialmente reconhecido — ele cozinhava para Talleyrand e para o Czar Alexander I, e foi quem fez o bolo do casamento de Napoleão — representava esse estilo culinário. Embora a invenção da culinária francesa seja muitas vezes creditada a Carême, sua comida era normalmente servida fria e disposta em bufês épicos, compostos por dúzias e, às vezes, centenas de pratos ornamentados. Na Paris de Carême, a comida sofisticada era um tipo de escultura e Carême era famoso por suas *pièces montées* — esculturas feitas de marzipã, gordura de porco ou algodão doce. Embora essas esculturas fossem bonitas, não eram comestíveis. Carême não se importava. "Uma refeição bem apresentada", disse Carême em uma ocasião, "melhora cem por cento perante meus olhos". Esse esbanjamento insípido era característico do *service à la française* do século XIX.

Escoffier considerava ridícula toda essa pompa e circunstância. A comida foi feita para ser comida. Ele preferia o *service à la russe* — o estilo russo. Um sistema no qual a refeição era dividida em etapas numeradas. Diferentemente dos bufês enfeitados de Carême, o *service à la russe* tinha um prato por etapa, servido direto da cozinha. A refeição era inacreditável e se desenvolvia em uma narrativa culinária sem pressa: servia-se sopa, seguida por peixe, seguido por carne. E, embora o chef escrevesse o cardápio, a clientela ditava o ritmo e o conteúdo da refeição. A sobremesa era o final feliz garantido.

Essa revolução no serviço de restaurantes exigia ao mesmo tempo uma revolução na cozinha. Os cozinheiros não podiam mais gastar dias esculpindo marzipã, nem moldando gelatina ou elucubrando um dos cozidos toxicamente ricos de Carême.* Tudo no cardápio agora tinha de ser *à la minute* e cozido na hora. O sabor tinha de ser criado rapidamente. Esse novo nível de velocidade levou Escoffier a elaborar seu mantra: "*Faites simple*" (Faça

* Uma receita típica de Carême — *les petits vol-au-vents à la Nesle* — pedia duas tetas de bezerro, vinte testículos e cristas de galo, quatro cérebros inteiros de carneiro (cozidos em água e cortados em pedaços), dois frangos desossados, dez pâncreas de ovelhas, vinte lagostas e, apenas para juntar tudo, alguns litros de creme grosso.

simples). Cada prato, dizia, deve ser constituído apenas pelos ingredientes essenciais, e esses ingredientes devem ser perfeitos. Um caldo de carne deve conter a quintessência da carne. A sopa de aspargo deve ter gosto de aspargo.

Havia um bônus adicional a esse método culinário baseado em simplicidade e velocidade: a comida era servida *quente*. Enquanto Carême detestava calor (suas esculturas de banha derretiam), Escoffier condicionou a clientela a esperar um prato de sopa escaldante. Os clientes queriam o filé fervendo e o molho direto da frigideira deglaceada. Na verdade, as receitas de Escoffier exigiam essa eficiência: quando as refeições eram servidas mornas, os sabores acabavam ficando desconcertantemente unidimensionais. "O cliente", avisou Escoffier em seu livro de receitas, "acha o prato insosso e insípido a menos que seja servido extremamente quente."

O que Escoffier descobriu sem querer, quando começou a servir comida fresca direto do fogão, foi a importância do olfato. Quando a comida está quente, as moléculas ficam voláteis e evaporam no ar. Um caldo cozido em fogo brando ou um dente de alho levemente frito em azeite de oliva pode encher uma cozinha com um aroma sedutor. A comida fria, ao contrário, é mais física, pois conta quase que exclusivamente com as papilas gustativas; o nariz não é envolvido.

Como qualquer um com o nariz entupido sabe, o prazer da comida depende em grande parte do aroma. De fato, os neurocientistas estimam que até noventa por cento do que percebemos como sabor é, na realidade, olfato. O aroma de algo não só nos prepara para comê-lo (nossas glândulas salivares ficam ativas), mas dá à comida uma complexidade a que nossas cinco sensações de sabor podem apenas aludir. Se a língua é a moldura da comida — fornecendo-nos informações cruciais sobre textura, interação com a boca e princípios do sabor —, as sensações do nariz são as que fazem a comida digna de ser emoldurada em primeiro lugar.

Escoffier foi o primeiro chef a se beneficiar totalmente do nariz muito sensível. Embora sua comida suprisse previamente as necessidades da língua (especialmente o desejo por *umami*), Escoffier aspirava chegar a um nível de arte que a língua não conseguiria entender. Por isso, suas extensas receitas dependiam totalmente das lufadas de sabor que inalamos. Na verdade, todas as nuances culinárias pelas quais ficou obcecado — um leve toque de estragão em medalhões de lagosta, um quê de baunilha em um *crème anglaise,* a folha de cerefólio em uma sopa de cenouras — são exatamente o que a língua não treinada não consegue perceber. O gosto da maioria dos sabores está no olfato.

Quando comemos, o ar circula pela boca e avança até as passagens nasais, onde as partículas gasosas da comida quente se ligam a dez milhões de receptores de odor arrumados em uma área do tamanho de um polegar. Quando uma partícula do aroma se liga ao receptor (ninguém sabe como acontece), uma explosão de energia iônica é criada, viajando pelas passagens do crânio e se conectando direto ao cérebro.

Certamente, os receptores no nariz são apenas o começo de nosso olfato. O mundo é aromático. Seria absurdo acreditar que o nariz teria um receptor diferente para cada um dos 10 mil a 100 mil odores diferentes que conseguimos detectar. Na verdade, o olfato — como todos os nossos sentidos — utiliza pequenos atalhos, trocando a precisão pela eficiência. E, embora possa parecer mesquinha, a evolução tem sido, na realidade, bastante generosa com o olfato: temos mais de três por cento de receptores de odores no genoma humano.

Mas por que o olfato requer tanto DNA? Porque nossas passagens nasais são equipadas com mais de 350 tipos de receptores diferentes, cada um expressando um único gene receptor. Esses neurônios receptores podem ser ativados por muitas fragrâncias diferentes, incluindo aquelas que pertencem a famílias químicas completamente distintas. Como resultado, antes que o cérebro possa gerar a sensação de qualquer aroma específico, os receptores têm de trabalhar juntos. Eles têm de transformar essas informações espalhadas em uma representação coerente.

Para conseguir entender como isso acontece, o laboratório de Richard Axel, ganhador do prêmio Nobel, engendrou uma drosófila (mosca-das-frutas) com um cérebro que brilhava: cada um de seus neurônios era como uma lâmpada de neon. Isso foi feito através da inserção cuidadosa de uma proteína fluorescente nos nervos olfativos do inseto. No entanto, o brilho não era constante. Axel engendrou a mosca de modo que a proteína fluorescente fosse ativada apenas quando o cálcio estivesse presente na célula em doses altas (neurônios ativos apresentam mais cálcio). Usando microscópios com engenhosidade, o grupo conseguiu observar — em tempo real — os modelos de atividade no cérebro da mosca cada vez que ela sentia um cheiro. Conseguiram acompanhar a ascensão do aroma, de que maneira isso começava como uma centelha pequena em um receptor e, em questão de milésimos de segundos, crescia para uma nuvem de células excitadas no sistema nervoso da pequena mosca. Além disso, quando a mosca fluorescente era exposta a odores diferentes, partes diferentes do cérebro acendiam. O aroma de amêndoas ativava uma grade elétrica diferente do aroma de uma banana madura. Axel descobrira o mapa funcional do olfato.

Apesar de toda a glória técnica, esse mapeamento dos insetos ainda deixa o verdadeiro mistério do olfato sem resposta. Usando os neurônios de neon, Axel consegue olhar o cérebro da mosca e, com precisão espantosa, determinar qual é o aroma que a mosca está sentindo. Ele realiza essa leitura da mente olhando para o cérebro da mosca pelo *lado de fora*. Mas como a *mosca* sabe o que está sentindo? A menos que você acredite em uma mosca fantasma dentro da máquina-mosca, reconstruindo o olfato desconstruído, parece impossível desvendar esse mistério. Como Axel observou, "não interessa o quanto entramos no cérebro da mosca ao mapearmos esse circuito sensorial, a pergunta continua: o que dentro do cérebro da mosca desencadeia o processo olfativo? Quem lê o mapeamento olfativo? Esse é nosso problema básico e profundo".

Para ilustrar a seriedade desse paradoxo, vamos analisar um exemplo de nossas experiências pessoais. Imagine-se acabando de inalar o aroma de um *demi-glace*, um caldo de carne de vitela com osso fervido lentamente em fogo brando até ficar viscoso com a gelatina que se desprende dos ossos. Embora quisesse que seu molho fosse a essência destilada da vitela, Escoffier sabia que tal pureza exigiria uma lista de compras extensa. Não se poderia apenas ferver lentamente em água alguns ossos de boi. A ironia subjacente na culinária de Escoffier é que sua procura por um prato não adornado — um molho que tivesse apenas seu gosto — levou-o a adicionar um bocado de outros ingredientes, nenhum tendo nada a ver com a essência da vitela. Como resultado, o *demi-glace* que nossas narinas conhecem é, na verdade, composto por muitos aromas diferentes. Os neurônios em todas as partes do cérebro se ativam, refletindo a mistura de aromas, ativando simultaneamente os nossos receptores olfativos. Há o aroma carnal de carne assada, o amadeirado do buquê à garni e o reconfortante do *roux*, a mistura de farinha e manteiga fritando. Por trás dessas notas proeminentes, o aroma levemente vegetal do *mirepoix,* o aroma penetrante de caramelo da massa de tomate e o vapor amendoado do xerez. Mas como esses diversos ingredientes se tornam o odor do *demi-glace*, com o gosto da essência de vitela? Da perspectiva do sistema nervoso, o desafio é desencorajador. Alguns milésimos de segundos após o *demi-glace* ser servido, a mente tem de juntar a atividade de centenas de receptores de aromas distintos em uma sensação coerente. Este fenômeno é conhecido como o problema da síntese.

Mas espere: fica ainda pior. Esse problema ocorre quando experimentamos uma sensação que é representada de fato por uma rede de neurônios separados distribuídos ao longo do cérebro. Entretanto, no mundo real, os aromas não entram um de cada vez. O cérebro é confrontado constantemente com um pandemônio de aromas diferentes. Por isso, ele não tem apenas de unir as várias sensações: tem de decifrar quais neurônios pertencem a qual sensação. Por exemplo, provavelmente, aquele *demi-glace* foi servido como molho de um filé tenro de carne acompanhado de purê de batata. Esse prato inspirado por Escoffier preenche o nariz imediatamente com um bombardeio de odores distintos, das notas carmim de carne de vitela reduzida ao aroma de amido das batatas amassadas com manteiga. Com uma refeição deliciosa dessas a nossa frente, podemos inalar o aroma do prato como um todo — experimentando os odores sobrepostos como uma sinfonia culinária — ou escolher sentir cada um separadamente. Em outras palavras, podemos separar em partes as informações que nos chegam e, se assim desejarmos, nos concentrar apenas no aroma das batatas, do *demi-glace* ou do pedaço de carne servido ao ponto. Embora esse ato de atenção seletiva possa parecer fácil, a neurociência não tem a mínima ideia de como ele acontece. Este fenômeno é conhecido como o problema da análise.

Os fenômenos da análise e da síntese são problemas justamente porque não conseguem ser explicados de baixo para cima. Por mais detalhados que nossos mapas do cérebro se tornem, eles ainda não conseguirão explicar como uma cacofonia de células é unida na percepção unificada de um molho. Tampouco, como a qualquer momento somos capazes de alternar entre nossas sensações diferentes e separar o cheiro do molho do cheiro do bife. A neurociência se sobressai em dissecar o fundo de nossas sensações. O que o jantar demonstra é que a mente necessita de uma tampa.

Um senso de subjetividade

Para tornar tudo ainda mais complicado, o que experimentamos nunca é limitado às nossas verdadeiras sensações. As impressões são sempre incompletas e exigem uma pitada de subjetividade para que formem um todo. Ao unirmos ou dividirmos nossas sensações, na realidade, estamos fazendo uma crítica sobre o que *achamos* que estamos sentindo. Esse ato inconsciente de interpretação é, em grande parte, induzido por pistas contextuais. Se nos deparamos com uma sensação em uma situação fora do comum — como, por exemplo, o aroma de *demi-glace* em um McDonald's —, o cérebro começa a alterar secretamente o veredicto sensorial. Informações ambíguas são reunidas em uma sensação diferente. O aroma sofisticado de um caldo de carne de vitela torna-se um sanduíche Quarteirão.

Nosso olfato é especialmente vulnerável a esse tipo de influência externa. Já que muitos aromas diferem apenas nos detalhes moleculares — e há muito tempo trocamos a atividade nasal por uma melhor visão colorida —, o cérebro é, muitas vezes, obrigado a decifrar aromas baseado em informações não olfativas. Por exemplo, tanto o queijo parmesão como o vômito estão cheios de ácido butírico, cuja fragrância é pungente, e a permanência, doce. Por isso, pessoas expostas a esses aromas com os olhos vendados muitas vezes confundem os dois estímulos. No entanto, na vida real, tais erros sensoriais são extremamente raros. O bom senso consegue sobrepujar nossos sentidos reais.

Em um nível anatômico, isso acontece porque o bulbo olfatório é inundado com feedbacks de áreas mais altas do cérebro. Esse feedback modula e refina continuamente a informação adquirida pelos receptores do olfato. Um grupo de cientistas em Oxford mostrou que um simples rótulo pode alterar profundamente o que achamos que nosso nariz sente. Ao solicitar a um voluntário que inale ar inodoro e, ao mesmo tempo, informando-lhe que sentirá o cheiro de queijo cheddar, suas áreas olfativas se animarão com antecipação. No entanto, se o mesmo ar tiver o rótulo "cheiro de suor", o voluntário desligará involuntariamente as áreas cerebrais olfativas. Embora a sensação não tenha mudado — continua sendo ar inodoro — a mente revisou por completo a resposta olfativa. Sem perceber, acabamos enganando a nós mesmos.

Escoffier entendeu esse fato psicológico. Seus restaurantes eram puro poder de sugestão. Ele insistia em ter pratos com nomes sofisticados e em servi-los em bandejas de prata com ouro. A porcelana era de Limoges, as taças de vinho, da Áustria e a coleção esplêndida de talheres polidos havia sido comprada em propriedades da aristocracia. Escoffier não servia bife com molho, ele servia *filet de boeuf Richelieu* (que era bife com um molho bem-peneirado). Obrigava os garçons a usarem smoking e ajudava a fazer a decoração do salão de jantar no estilo rococó. Afinal, um prato perfeito exigia um ambiente perfeito. Embora passasse mais de 18 horas à frente do fogão, engendrando molhos especiais, Escoffier percebeu que aquilo que saboreamos é essencialmente uma *ideia* e que nossas sensações são muito influenciadas pelo contexto delas. "Mesmo carne de cavalo", Escoffier gracejou, "pode ser deliciosa quando se está na situação correta para apreciá-la."

Esse é um conceito que soa suspeito. Cheira a solipsismo, relativismo, e todos os outros — *ismos* pós-modernos. Mas é nossa realidade neurológica. Ao sentirmos o aroma de algo, essa sensação é imediatamente analisada em função de experiências passadas. O *demi-glace* fica catalogado em molho, carne e formas de servir um filé mignon. Enquanto o cérebro planeja o que nos informar sobre esse *demi-glace* em particular, aquelas experiências anteriores ajudam-nos a decifrar as informações vindas da língua e do nariz. Esse é um molho bom? Qual a semelhança com nossas lembranças de outros molhos? Sentimo-nos culpados por pedir vitela? Esse prato valeu o preço pedido? O garçom foi rude?

As respostas para essas muitas perguntas inconscientes determinam exatamente o que experimentamos. Mesmo antes de colocar uma segunda garfada na boca, o *demi-gla*ce já foi classificado e avaliado, nossa sensação alterada pela subjetividade. Portanto, o que achamos estar saboreando é apenas parcialmente o pedaço de matéria que está na boca. A soma de experiências passadas e guardadas no cérebro é igualmente importante, pois essas lembranças são o que *emolduram* a sensação.

A prova mais convincente desse conceito vem do mundo do vinho. Em 2001, Fredric Brochet, da Universidade de Bordeaux, conduziu duas experiências independentes e maliciosas. No primeiro teste, Brochet convidou 57 peritos em vinho e pediu que dessem suas impressões sobre o que pareciam ser duas taças de vinho branco e tinto. Na realidade, os dois vinhos eram brancos, sendo que um foi tingido com corante vermelho. Mas isso não impediu que os peritos descrevessem o vinho tingido em termos usados para descrever somente vinhos tintos. Um perito elogiou as "notas de frutas", enquanto outro gostou do "sabor das frutas vermelhas". Nenhum deles notou que, na verdade, era um vinho branco.

O segundo teste de Brochet foi ainda mais avassalador. Ele pegou um vinho tinto de mesa comum e o serviu em duas garrafas diferentes. Uma garrafa tinha um rótulo imponente de um *Grand Cru*. A outra garrafa estava rotulada como vinho de mesa. Apesar de ter sido servida a mesma bebida, os peritos deram às garrafas notas quase que extremamente opostas. O *Grand Cru* era "agradável, amadeirado, complexo, equilibrado e redondo", enquanto que o vinho de mesa era "inexpressivo, conciso, leve, insípido e imperfeito". Quarenta peritos disseram que valia a pena consumir o vinho com o rótulo imponente enquanto apenas 12 disseram o mesmo do com rótulo de vinho barato.

Essas experiências com o vinho demonstram que existe uma grande influência da subjetividade. Quando tomamos um gole de vinho, não sentimos primeiro o gosto da bebida e depois o preço e a cor. Saboreamos tudo ao mesmo tempo, em um único gole *desse vinho-que-é-vermelho* ou *desse vinho-que-é-caro*. Por isso, os peritos acreditavam piamente que o vinho branco era vinho tinto e que o vinho barato era vinho caro. E, embora estivessem errados, os erros não eram totalmente culpa deles. Nosso cérebro foi projetado para acreditar em si mesmo, construído de modo que os preconceitos pareçam fatos e as opiniões não possam ser diferenciadas das verdadeiras sensações. Se *acharmos* que um vinho é barato, ele terá gosto de vinho barato. E, se acharmos que estamos saboreando um *Grand Cru*, *estaremos* saboreando um *Grand Cru*. As instruções fornecidas por nossos sentidos são vagas e nós as analisamos baseados em qualquer outro conhecimento que possamos evocar. Como o próprio Brochet observou, nossas expectativas de como será seu sabor "podem ter muito mais influência na determinação de qual será o sabor do vinho do que suas qualidades físicas propriamente ditas".

A falibilidade de nossos sentidos — a suscetibilidade deles às nossas crenças e preconceitos — apresenta um problema especial para o reducionismo neural. O sabor de um vinho, como qualquer sabor, não é simplesmente a soma de nossas informações, e não pode ser resolvido de baixo para cima. Ele não pode ser deduzido a partir de nossas sensações mais simples e depois extrapolado, porque o que experimentamos não é o que sentimos. Mais exatamente, a experimentação é o que acontece quando as sensações são interpretadas pelo cérebro subjetivo, o que traz para esse momento a biblioteca inteira de lembranças pessoais e desejos idiossincráticos.* Como afir-

---

* A importância do feedback de cima para baixo está aparente também *fora* do cérebro. Por exemplo, analisemos o sabor de um filé bem tostado. Escoffier sempre acreditou que um filé bem tostado à alta temperatura é mais suculento, pois a crosta tostada "prende os sucos naturais da carne." Isso é totalmente falso. (Até mesmo Escoffier errava.) Em termos técnicos, um bife frito em temperatura alta contém menos do próprio suco, pois aquele barulhinho de fritar é, na realidade, o som do líquido da carne evaporando no ar. (Para máxima retenção dos sucos naturais, cozinhe o bife lentamente e a uma temperatura constante e não salgue até o final.) De qualquer forma, o que Escoffier observou é verdade: mesmo que um bife bem tostado seja literalmente mais seco, ainda assim seu *sabor* é mais suculento. A explicação desconcertante dessa ilusão culinária é que um bife bem tostado — sua crosta *Maillard* crespa e crocante,

mou o filósofo Donald Davidson, é basicamente impossível distinguir entre a contribuição subjetiva do conhecimento que vem de nós mesmos (o que chamamos de nosso "esquema") e uma contribuição objetiva que vem do mundo exterior ("o conteúdo"). Na epistemologia influente de Davidson, o "sistema organizador e algo esperando para ser organizado" são irremediavelmente interdependentes. Sem nossa subjetividade nunca conseguiríamos decifrar nossas sensações e, sem as sensações, não teríamos nada a respeito do que ser subjetivo. Antes de poder saborear o vinho, deve-se julgá-lo.

Mas mesmo que conseguíssemos — por algum milagre do tipo da objetividade de Robert Parkeresque — saborear o vinho como ele é (sem as distorções da subjetividade), todos nós ainda experimentaríamos um vinho diferente. Há muito tempo a ciência sabe que nossa sensibilidade a aromas e sabores específicos varia até mil por cento entre indivíduos. Em nível celular, isso ocorre porque o córtex olfativo humano, a parte do cérebro que interpreta as informações da língua e do nariz, é extremamente maleável, livre para se organizar em torno do conteúdo de nossas experiências pessoais. Muito tempo depois dos outros sentidos se acalmarem, nosso paladar e nosso olfato continuam com um fluxo neural total. A natureza nos

---

com o interior macio e sangrento — faz-nos salivar antecipadamente. Por isso, quando comemos um bife mais apetitoso — porém menos suculento — a carne nos *parece* mais suculenta. No entanto, o que estamos sentindo, na verdade, é nossa própria saliva, a qual o cérebro induziu que as glândulas salivares produzissem. Nossa decisão pessoal de salivar distorce a experiência sensorial do bife.

planejou dessa forma: o bulbo olfativo está repleto de neurônios novos. Células novas nascem constantemente, e a sobrevivência dessas células depende da atividade delas. Só sobrevivem as que respondem aos aromas e sabores aos quais somos expostos. Todas as outras definham. O resultado final é que nosso cérebro começa a refletir o que comemos.

O melhor exemplo documentado dessa maleabilidade periférica envolve a substância química androsterona — um esteroide que existe na urina e no suor e tem sido considerado um feromônio humano. Com relação a cheirar androsterona, os humanos se dividem em três categorias distintas. O primeiro grupo sequer consegue sentir o cheiro. O segundo grupo é composto de pessoas de olfato muito sensível que não conseguem detectar mais que dez partes por trilhão de androsteronas e que acham o aroma extremamente desagradável (para eles, tem cheiro de urina). E o terceiro grupo consiste de pessoas menos sensíveis, mas que acham o aroma estranhamente agradável, como um perfume doce e almiscarado. O que torna essas diferenças nas experiências sensoriais ainda mais interessante é que a experiência modula a sensibilidade. Pessoas expostas repetidas vezes à androsterona ficam mais sensíveis a ela graças ao feedback vindo do cérebro. O feedback faz com que as células-tronco nas passagens nasais criem mais receptores sensíveis ao aroma da androsterona. Essa nova abundância de células altera a experiência sensorial. O que foi uma vez um perfume, torna-se xixi.

É claro que no mundo real (ao contrário do laboratório) somos nós que controlamos nossas experiências. Escolhemos o que comer no jantar. Escoffier foi o primeiro a entender isso: ele queria que seus clientes pedissem as próprias refeições precisamente porque nunca se sabia o que poderiam querer. Pediriam um guisado de carne ou um salmão com alcaparras? Um prato de sopa de carne ou um pâncreas com trufas? Embora obrigasse os clientes a obedecer algumas regras básicas (nenhum vinho branco com carne, não fumar entre pratos, nenhum guisado após uma sopa cremosa, e assim por diante), Escoffier percebeu que cada cliente tinha as próprias idiossincrasias. Foi por isso que inventou o cardápio: para que seus convidados pudessem escolher o jantar.

E, todas as vezes que um cliente devorava um dos pratos de Escoffier, escolhendo o filé de carne em vez do filé de peixe, as sensações da língua dessa pessoa eram altera das. Quando Escoffier trabalhava no Hotel Savoy em Londres (um empreendimento com César Ritz), ele tinha a esperança de que poderia educar até o palato dos ingleses. No início, ficou horrorizado com a clientela que desobedecia a seus cardápios bem-planejados. (Ele se recusava a aprender inglês por medo, disse tempos depois, de passar a cozinhar como os ingleses.) Alguns clientes pediam dois pratos cremosos (um verdadeiro *faux pas*), enquanto outros desejavam carne sem molho, ou pediam apenas um prato pequeno de sopa no jantar. Para ensinar os convidados britânicos a comer uma refeição apropriadamente, Escoffier decidiu que a qualquer grupo com mais de quatro pessoas jantando em seu restaurante londrino só seriam servidos os pratos que ele colocasse na frente delas. Ele inventou o cardápio do chef como uma ferramenta educacional, pois estava confiante de que as pessoas poderiam *aprender* a comer corretamente. Com o passar do tempo, os ingleses se tornariam mais franceses. Ele estava certo: por ser bastante maleável, o olfato pode ser moldado por novas experiências. Nunca é tarde demais para ser um gourmet.

Desde a publicação de sua enciclopédia de receitas em 1903, as invenções culinárias de Escoffier serviram para modificar um número incontável de córtices olfativos, narizes e línguas. Suas receitas alteraram, literalmente, nossas sensações, ensinando-nos o que queremos e como nosso prato favorito deve ser servido. Esse é o poder da boa culinária: inventa um novo tipo de desejo. Com Escoffier, aprendemos a adorar as carnes saborosas, os molhos viscosos e todos os acessórios luxuosos da extravagante comida francesa. Ele nos fez ter a expectativa de que a comida contenha o sabor de sua essência, não importa quantos ingredientes a mais isso exija. E, embora seu amor pela manteiga tenha diminuído nossa expectativa de vida, a sabedoria de suas receitas tornou nossa vida curta um pouco mais prazerosa.

Como Escoffier conseguiu juntar uma coleção de pratos tão poderosa? Levando as próprias experiências a sério. Ele sabia que o deleite era muito pessoal e que qualquer análise do sabor deveria começar a partir da perspectiva pessoal. Como Ikeda, ele ouviu não apenas a ciência de sua época, que tratava a língua como uma estranha, mas a diversidade de nossos anseios e as vontades de nossos desejos. Nosso prazer era sua orientação experimental. Como Escoffier avisou no início do seu livro de receitas, "Nenhuma teoria, nenhuma fórmula e nenhuma receita podem tomar o lugar da experiência".

Certamente a individualidade de nossas experiências é o que a ciência nunca será capaz de resolver. A verdade é que cada um de nós habita, literalmente, um cérebro diferente, afinado às tendências de nossos desejos particulares. Esses desejos foram moldados — no nível dos neurônios — por uma vida repleta de refeições. O *Guide Culinaire* de Escoffier tem mais de seiscentas páginas, pois ele sabia que não haveria nem uma única receita, por mais quantidade de *umami* ou de creme que tivesse, que satisfaria a todos. A individualidade do paladar, a qual é, de certa forma, o único aspecto do paladar que realmente interessa, não pode ser explicada pela ciência. A experiência subjetiva é irredutível. A culinária é uma ciência *e* uma arte. Como disse certa vez o chef Mario Batali sobre uma de suas receitas: "se funcionar, é verdadeira"

Capítulo 4

Marcel Proust

O método da memória

Mesmo uma cômoda entulhada com lembranças,
Notas velhas, cartas de amor, fotografias, recibos,
Deposições judiciais, cachos de cabelo em tranças
Esconde menos segredos do que meu cérebro
[poderia produzir.
É como uma tumba, um cemitério de indigentes
[cheio de corpos,
Uma pirâmide onde os mortos deitam-se às
dezenas.
Eu sou um cemitério que a lua abomina.

Charles Baudelaire, LXXVI

O TÍTULO DO romance de Marcel Proust *Em busca do tempo perdido* é literal.* Nessa ficção, Proust procura pelo

---

* O romance épico de Proust *À la Recherche du Temps Perdu*, na realidade, recebeu dois títulos diferentes em inglês. O primeiro, *Remembrance of Things Past (Lembrança de coisas passadas)* foi dado aos romances pelo tradutor C.K. Scott Moncrieff. Não é uma tradução literal (Moncrieff pegou emprestado de um soneto de Shakespeare). Embora evocasse efetivamente o conteúdo do romance de Proust, esse título não conseguia capturar nem a obsessão do escritor com o tempo, nem o fato de que sua ficção era uma procura por algo. Proust tratou do título com muita seriedade, levando em conta tudo, desde *The Stalactites of the Past* (*As estalactites do passado*) a *Reflections in the Patina* (Reflexos na

espaço oculto no qual o tempo para. Obcecado com "a imperfeição incurável na própria essência do momento presente", Proust sentia as horas fluindo por cima dele como água gelada. Tudo estava indo embora. Com uns trinta e poucos anos, Proust nada fizera com sua vida, até então além de acumular sintomas e enviar cartas de autopiedade para a mãe. Não estava preparado para morrer.

E, portanto, procurando por imortalidade, Proust tornou-se um romancista. Privado de uma vida real — a asma o confinava ao quarto —, Proust fez arte a partir do único bem que tinha: a memória. A nostalgia tornou-se seu bálsamo, "pois se a vida é vagabunda, nossa memória é sedentária". Proust sabia que cada vez que se perdia em uma lembrança, perdia também a noção do tempo, o tique-taque do relógio abafado pelos murmúrios refletidos da mente. Seria ali, em sua própria memória, que viveria para sempre. Seu passado se transformaria em uma obra de arte.

Encorajado por essa revelação, Proust começou a escrever. E escrever. E escrever. Sumia dentro dos rascunhos, emergindo apenas, dizia, "quando precisava de ajuda para relembrar". O autor usou a intuição, a devoção desmedida a si mesmo e à arte, para refinar sua fé na memória em um tratado inteiro. No silêncio abafado do escritório de Paris, escutava com tanta intensidade seu cérebro sentimental que terminou descobrindo como funcionava.

---

pátina), *Lingered Over Days* (*Permaneceu durante dias*) e *Visit from a Past That Lingers On* (*Visita de um passado que permanece*). Após alguns meses considerando todos os aspectos, Proust escolheu *À la Recherche du Temps Perdu*. Em 1992, o tradutor D. J. Enright deu ao romance de Proust um título em inglês bem mais literal, *In Search of Lost Time* (*Em busca do tempo perdido*).

Que tipo de verdade Proust descobriu? É clichê dizer que ele descreveu seu meio de maneira muito real, uma fotografia da sociedade parisiense durante os dias gloriosos do glamour. Outros estudiosos literários concentraram-se no estilo e em suas frases, seus ritmos encantadores e cadências tranquilas quando descreviam ainda outro jantar festivo. Ele cobria grandes distâncias no espaço entre dois pontos (uma de suas frases tem 356 palavras) e, muitas vezes, iniciava com um detalhe obscuro (a textura de um guardanapo ou o barulho de água nos canos) para terminar com uma meditação indutiva sobre tudo. Henry James, de forma alguma preguiçoso na verbalização, definiu o estilo de Proust como "um tédio inconcebível associado com o êxtase mais extremo que é possível imaginar".

Porém todas essas crenças na pretensão e na habilidade artística de Proust, embora verdadeiras, ignoram a seriedade de seus pensamentos sobre a memória. Embora tendo como ponto fraco as orações subordinadas e sua "perfumaria", de alguma forma, pela simples força dos adjetivos e da solidão, ele instituiu algumas das mais básicas doutrinas da neurociência moderna. Ao mesmo tempo em que os cientistas dissecam nossas lembranças em uma lista de moléculas e regiões cerebrais, deixam de perceber que estão transmitindo as ideias de um romancista francês recluso. Proust pode não ter vivido para sempre, mas a sua teoria da memória perdura.

Intuições

Proust não se surpreenderia com seus poderes proféticos. Ele acreditava que, embora a arte e a ciência tratassem de fatos ("A sensação está para o escritor como a experimentação para o cientista"), somente o artista era capaz de descrever a realidade como era realmente experimentada. Confiava que cada leitor de seu romance "reconheceria em si mesmo do que o livro trata [...] Essa será a prova de sua veracidade".

Proust aprendeu a acreditar no estranho poder da arte com o filósofo Henri Bergson.* Quando Proust começou a escrever a *Busca*, Bergson já se tornara uma celebridade. O metafísico encheu os salões de ópera para o turista intelectual ouvir com uma atenção ferrenha os seus debates sobre *élan-vital* (a força vital), a comédia e a "evolução criativa".** A essência da filosofia de Bergson era uma resistência feroz à visão mecanicista do universo. As leis da ciência serviam bem para a matéria inerte e para compreender as relações entre átomos e células, mas e quanto a nós? Tínhamos uma consciência, uma memória, um ser. De acordo com o filósofo, essa realidade — a realidade de nossa autoconsciência — não poderia ser reduzida ou dissecada experimentalmente. Ele acreditava que só poderíamos entender a nós mesmos pela *intuição*, um processo que exigia muita introspecção e dias ociosos

---

* Proust assistiu às palestras de Bergson em Sorbonne de 1891 a 1893. Além disso, leu o livro de Bergson, *Matter and Memory* (*Matéria e memória*) em 1909, justamente quando começava a escrever *No caminho de Swann*. Em 1892, Bergson casou com a prima de Proust. No entanto, há apenas uma conversa gravada entre Proust e Bergson, na qual discutiam a natureza do sono. Essa conversa é recontada em *Sodoma e Gomorra*. Entretanto, para o filósofo, Proust permaneceria sendo apenas o primo que comprou para Bergson um excelente par de tampões para o ouvido.

** Sua presença na Universidade de Columbia em 1913 provocou o primeiro engarrafamento na cidade de Nova York.

para contemplar nossas conexões interiores. Basicamente, era meditação burguesa.

Proust foi um dos primeiros artistas a internalizar a filosofia de Bergson. Sua literatura virou uma celebração da intuição, de todas as verdades que podemos conhecer apenas deitados na cama pensando silenciosamente. E, embora a influência de Bergson causasse um pouco de ansiedade em Proust — "Tenho muito que fazer", escreveu em uma carta, "sem ter de tentar transformar a filosofia de M. Bergson em um romance!" —, mesmo assim, não conseguia resistir aos temas bergsonianos. Na realidade, a absorção completa da filosofia de Bergson por Proust levou-o a concluir que o romance do século XIX, que privilegiava a matéria no lugar dos pensamentos, tinha tudo exatamente ao contrário. "O tipo de literatura que se contenta em descrever objetos", escreveu, "dandolhes meramente um miserável esboço de linhas e superfícies, é, de fato, embora se autodenomine realista, o mais longe possível do realismo." Como sustentava Bergson, a realidade é entendida melhor *subjetivamente*, suas verdades acessadas intuitivamente.

Mas como uma obra de ficção poderia demonstrar o poder da intuição? Como um romance poderia provar que a realidade era, como propôs Bergson, "essencialmente espiritual e não física"? A solução de Proust chegou na forma inesperada de um biscoito amanteigado de limão, em forma de concha. Aqui estava um pedacinho de matéria que revelava "a estrutura de seu espírito", uma sobremesa que poderia ser "reduzida a seus elementos psicológicos". Eis como começa a *Busca*: com o famoso biscoito *madeleine*, a partir do qual uma mente inteira desabrocha.

> Mas no mesmo instante em que esse gole, misturado com os farelos do biscoito, tocou meu palato, estremeci e parei, atento ao que se passava de extraordinário em mim. Invadira-me um prazer delicioso, isolado, sem a noção de sua causa. Rapidamente se me tornaram indiferentes as vicissitudes da minha vida, inofensivos seus desastres, ilusória sua brevidade, isso era eu. Já não me sentia medíocre, contingente, mortal. De onde poderia ter vindo essa alegria poderosa? Sentia que estava ligada ao gosto do chá e do biscoito, mas ultrapassava-o infinitamente, não deveria de fato ser da mesma espécie. De onde vinha? Que significaria? Onde apreendê-la?
>
> Bebi um segundo gole no qual não achei nada além do que no primeiro, um terceiro que me trouxe um tanto menos que o segundo. É tempo de parar, a poção vai deixando de ser mágica. É claro que a verdade que busco não está no copo, mas em mim.

Esse parágrafo grandioso captura a essência da arte de Proust, a verdade flutuando como o vapor de um copo límpido de chá. E, enquanto o *madeleine* era o gatilho para a súbita revelação de Proust, essa passagem não é sobre o biscoito. Este é meramente uma desculpa conveniente para que o escritor explore seu assunto favorito: ele mesmo.

O que Proust aprendeu com esses farelos proféticos de açúcar, farinha e manteiga? Na realidade, ele teve muita intuição sobre a estrutura de nosso cérebro. Em 1911, o ano do *madeleine*, os fisiologistas não tinham ideia alguma de como os sentidos se conectavam dentro do crânio. Um dos profundos insights de Proust foi o de que os sentidos do olfato e do paladar possuem uma carga de memória singular:

> Mas, quando nada subsiste de um passado antigo, depois da morte dos seres, depois da destruição das coisas, *paladar e olfato*, mais frágeis porém mais vivazes, mais imateriais, mais persistentes, mais fiéis, permanecem equilibrados ainda por muito tempo, como almas, chamando-se, ouvindo, esperando, sobre as ruínas de todo o resto, levando sem se submeterem, sobre as gotículas quase impalpáveis de sua essência, o imenso edifício das recordações.

Atualmente, a neurociência sabe que Proust estava certo. Rachel Herz, uma psicóloga da Universidade de Brown, mostrou — em um artigo científico sagazmente intitulado de "Testando a hipótese de Proust" — que nossos sentidos de olfato e paladar são exclusivamente sentimentais. Isto porque ambos são os únicos sentidos que se conectam diretamente com o hipocampo — o centro da memória de longo prazo do cérebro. Suas marcas são indeléveis. Todos os outros sentidos (a visão, o tato e a audição) são primeiro processados pelo tálamo — a fonte da linguagem e a porta de entrada para a consciência. É por isso que esses são bem menos eficientes em trazer à tona nosso passado.

Proust intuiu essa anatomia. Usou o sabor do *madeleine* e o aroma do chá para dar vazão a sua infância.*

---

* A. J. Liebling, o hedonista célebre e escritor do *New Yorker*, escreveu: "À luz dos escritos de Proust com um estímulo tão moderado (a quantidade de conhaque em um *madeleine* era muito pequena), é uma perda para o mundo que ele não tivesse um apetite maior."

Liebling ficaria feliz em saber que, na realidade, Proust tinha um excelente apetite. Embora fizesse apenas uma refeição por dia (ordens médicas), o jantar era no estilo de Liebling. Um cadápio padrão incluía dois ovos com molho cremoso, três croissants, meio frango assado, batatas fritas, uvas, cerveja e alguns goles de café.

Apenas olhar para o biscoito não trazia nada de volta à mente. Proust chega ao ponto de culpar em primeiro lugar o sentido da visão por obscurecer suas memórias da infância. "Talvez por ter visto tantas vezes esses *madeleines* sem sentir-lhes o gosto", escreveu, "sua imagem tenha ficado desassociada daqueles dias de Combray." Felizmente para a literatura, Proust decidiu colocar o biscoito na boca.

Certamente, assim que começou a recordar o passado, Proust perdeu todo o interesse no sabor do biscoito. Ficou obcecado por como se *sentia* a respeito do biscoito quanto ao seu *significado* para ele. O que mais esses farelos poderiam ensinar-lhe sobre o passado? Que outras lembranças poderiam surgir desses pedacinhos mágicos de farinha e manteiga?

Nessa visão proustiana, o biscoito é digno de filosofia porque na mente tudo está conectado. Por isso, um *madeleine* pode facilmente se tornar uma revelação. E, embora algumas das subsequentes associações mentais de Proust sejam lógicas (por exemplo, o sabor do *madeleine* e a memória de Combray), outras parecem estranhamente casuais. Por que o biscoito também traz à sua mente "o jogo em que os japoneses se distraem enchendo uma tigela de porcelana de água e depois mergulhando nela pequenos pedaços de papel?" E por que um guardanapo engomado o lembra do oceano Atlântico, que "cresce em ondulações azuis"? Narrador honesto do próprio cérebro, adotou essas estranhas associações precisamente porque não conseguia explicá-las. Entendeu que a idiossincrasia era a essência da personalidade. Somente trazendo à memória meticulosamente o tear de nossas conexões neurais —

por mais absurdas que essas conexões possam ser — é que conseguiremos entender a nós mesmos, *pois somos nosso tear*. Proust tirou toda essa sabedoria de um chá da tarde.

A mentira do ontem

Então existe o tempo e existe a memória. A ficção de Proust, que predominantemente é não ficção, explora como o tempo modifica a memória. Pouco antes de tomar um gole de chá de lima, Marcel dá um aviso tenebroso ao leitor: "É trabalho em vão tentar recapturar a memória, todos os esforços de nosso intelecto serão inúteis." Por que Proust acredita que o passado é tão elusivo? Por que o ato de recordar é um "trabalho em vão"?

Essas perguntas vão direto à essência da teoria de Proust sobre a memória. Em resumo, ele acreditava que nossas lembranças eram falsas. Embora parecessem reais, eram, na realidade, falsificações elaboradas. Por exemplo, o biscoito *madeleine*. Proust percebeu que, assim que terminamos de comer o biscoito, deixando para trás uma coleção de farelos em um prato de porcelana, começamos a distorcer a memória do biscoito para encaixá-la em nossa narrativa pessoal. Distorcemos os fatos para que se ajustem à nossa história, enquanto "nossa inteligência refaz a experiência". Proust nos alerta para tratar a realidade de nossas memórias com cuidado e com um pouco de ceticismo.

Mesmo dentro do texto em si, o narrador proustiano está constantemente alterando as descrições lembradas sobre acontecimentos e pessoas, em particular sobre a amante Albertine. Ao longo do romance, a verruga de Albertine migra do queixo para os lábios e para as bochechas, um pouco abaixo dos olhos. Em qualquer outro romance tal desleixo seria considerado um erro. Mas na *Busca*, a instabilidade e inexatidão da memória é a moral da história. Proust quer que saibamos que nunca saberemos onde a verruga realmente está. "Sou obrigado a retratar erros", escreveu em uma carta para Jacques Rivière, "sem me sentir compelido a dizer que os considero erros". Porque *todas* as memórias estão cheias de erros, não há necessidade de contabilizar.

A estranha reviravolta na história é que a ciência está descobrindo a verdade molecular subjacente nessas teorias proustianas. A memória *é* falível. Nossa lembrança dos eventos passados é imperfeita.

A desonestidade da memória foi cientificamente documentada, sem querer, pela primeira vez, por Freud. Durante as sessões de psicoterapia, Freud lidava com um grande número de mulheres que relacionavam suas histerias nervosas a abusos sexuais na infância. Para explicar as confissões delas, Freud se viu obrigado a confrontar duas alternativas igualmente desalentadoras. Ou as mulheres estavam mentindo, ou o abuso sexual era muito comum entre a burguesia vienense. No final, Freud percebeu que a verdadeira resposta estava muito além do alcance de sua clínica. A psicoterapia nunca descobriria o que realmente acontecera, pois assim que se "lembravam" do abuso sexual, as mulheres também criavam memórias sinceras. Mesmo que as histórias sobre o abuso fossem fabricadas, as mulheres tecnicamente não estavam mentindo, já que elas acreditavam em cada palavra do que diziam. Nossas lembranças são cínicas, projetadas pelo cérebro para sempre se sentirem verdadeiras, independentemente de terem realmente acontecido ou não.

Durante a maior parte do século XX, a neurociência seguiu a indiferença de Freud. Não estava interessada em investigar se a memória era composta de eventos fictícios, ou em como o ato de lembrar poderia alterar a memória. Os cientistas presumiram que as memórias são simplesmente arquivadas no cérebro, como os livros velhos empoeirados de uma biblioteca. Mas essa abordagem ingênua, com o tempo, se exauriu. Para poder investigar a realidade de nosso passado, para poder entender a memória da forma como a experimentamos, os cientistas precisavam confrontar o espectro da mentira da memória.

Toda memória começa como uma conexão alterada entre dois neurônios. Esse fato foi percebido pela primeira vez por Santiago Ramón y Cajal, que ganhou o prêmio Nobel de medicina em 1906. O processo científico de Cajal era simples: observava fatias finas do cérebro em um microscópio, deixando a imaginação fluir. (Cajal chamou sua ciência de uma "brincadeira especulativa.")* Na época, os cientistas presumiram que os neurônios do cérebro estavam interconectados em uma teia reticular sem falhas, semelhante aos fios de um circuito elétrico.

---

* Em *Advise for a Young Investigator (Conselhos para um investigador jovem),* Cajal escreveu: "Ninguém sem um pouco de intuição — um instinto divinatório para a percepção da ideia subjacente no fato e a lei subjacente no fenômeno — descobrirá uma solução razoável, sejam quais forem seus dotes como observador".

No entanto, Cajal acreditava que cada neurônio era, na realidade, uma ilha, totalmente limitada pela própria membrana (ideia que só foi confirmada com os estudos em microscópios eletrônicos da década de 1950). Mas, se os neurônios não se tocavam, como conseguiam criar memórias e trocar informações? Cajal aventou a hipótese de que os espaços vazios entre as células — o que atualmente chamamos de fenda sináptica — eram os meios secretos de comunicação. O que Joseph Conrad dissera sobre os mapas também é verdadeiro para o cérebro: os lugares mais interessantes são os espaços vazios, pois são eles que se transformarão.

Cajal estava certo. Nossas memórias existem devido a mudanças sutis na força das sinapses, o que facilita a comunicação entre os neurônios. O resultado final é que quando Proust saboreia um *madeleine*, os neurônios posteriores aos do sabor do biscoito, aqueles que codificam Combray e Tia Leonie, agitam-se. As células se tornam inextricavelmente entrelaçadas e uma memória foi criada. Se por um lado os neurocientistas ainda não sabem como isso acontece,* por outro, eles têm certeza de que o processo de criação de memórias precisa de proteínas novas. Isso faz sentido: proteínas são os tijolos e o cimento da vida, e uma lembrança necessita de um pouco de construção celular. O momento no tempo é incorporado na arquitetura do cérebro.

---

* Os prováveis suspeitos são um aumento na densidade dos receptores neurotransmissores, uma liberação maior de neurotransmissores a cada evento excitante, algum tipo de mensageiro retrógrado, como o óxido nitroso, ou alguma combinação de todos esses itens.

Mas em um conjunto de experiências extraordinárias realizadas em 2000 na Universidade de Nova York por Karim Nader, Glenn Shafe e Joseph LeDoux, os cientistas demonstraram que *o ato de lembrar* também altera o indivíduo. Provaram tal descoberta condicionando ratos a associarem um barulho alto com um leve choque elétrico. (Quando o assunto é dor, o cérebro aprende rapidamente.) Como previsto, a injeção de uma substância química inibidora da produção de proteínas novas também impediu os ratos de criarem uma memória atemorizante. Já que os cérebros deles eram incapazes de ligar o contexto ao choque elétrico, o choque era sempre uma surpresa.

Mas Nader, LeDoux e Shafe avançaram um pouco mais nessa experiência simples. Primeiro se asseguraram de que os ratos tinham uma clara memória de associação do choque ao barulho. Queriam que os roedores se encolhessem de medo cada vez que ouvissem o barulho. Depois de deixarem essa memória se firmar por até 45 dias, expunham os ratos novamente ao barulho e injetavam um inibidor de proteína em seus cérebros. No entanto, a diferença estava no controle do momento da injeção. Em vez de interromper o processo de criação da memória, interromperam o processo de *lembrança* de uma memória, injetando a substância química nociva no exato momento em que os ratos recordavam o significado do barulho. De acordo com o dogma da memória, nada de mais deveria ter acontecido. A memória de longo prazo deveria existir independente de sua lembrança, arquivada em uma das pastas protegidas do cérebro. Depois que a química era expulsa das células, os ratos deveriam lembrar-se do medo. O barulho deveria continuar a lembrá-los do choque.

No entanto, não foi o que aconteceu. Quando Nader e seu grupo impediram os ratos de se *lembrarem* da memória do medo, a memória original também desapareceu. Após apenas uma única interrupção do processo da recordação, o medo foi apagado. Os ratos ficaram amnésicos.*

À primeira vista, essa observação experimental parece incoerente. Afinal, agrada-nos a ideia de que nossas memórias são impressões imutáveis, separadas do ato de lembrá-las de alguma forma. Mas não são. Uma memória é apenas tão real quanto a última vez em que se lembrou dela. Quanto mais você se lembra de algo, menos precisa se torna essa memória.

A experiência de Nader, embora pareça simples, requer que a ciência repense completamente as teorias sobre a memória. Ela revela também que a memória é um processo contínuo, não um depósito de informações inertes. Mostra que cada vez que nos lembramos de algo, a estrutura neural da memória é delicadamente transformada, um processo chamado de reconsolidação. (Freud o chamou de *Nachtraglichkeit*, ou "retroatividade".) A memória é alterada na ausência do estímulo original, tornando-se menos sobre o que se lembra e mais sobre você. Por isso, a memória puramente objetiva, aquela "fiel" ao sabor

* Atualmente, os neurocientistas estão considerando a reconsolidação como um tratamento possível para a desordem do estresse pós-traumático (DEPT) e o vício em drogas. Ao bloquearem as memórias destrutivas à medida que são lembradas, os cientistas esperam apagar completamente as ansiedades e os vícios.

original do *madeleine,* é a única que jamais se conhecerá. O momento em que nos lembramos do sabor do biscoito é o mesmo em que nos esquecemos de como o sabor realmente era.

Proust antecipou profeticamente a descoberta da reconsolidação da memória. Para ele, as memórias eram como as frases: algo que nunca paramos de alterar. Por isso, Proust não era somente um sentimentalista ávido, era também um redator insuportável. Rabiscava nas margens dos rascunhos e depois, quando as margens ficavam cheias, ele acrescentava *paperoles* às páginas, pequenos pedaços de papel que ele colava no manuscrito original. Nada do que escrevia era permanente. Não era incomum ele parar as prensas às próprias custas.

Proust acreditava nitidamente no *processo* da escrita. Ele nunca esboçava as histórias antes. Achava que o romance, como as memórias nele descritas infielmente, devia se desenrolar naturalmente. Embora a *Busca* tenha começado como um ensaio contra o crítico literário Charles Augustin Sainte-Beuve — Proust argumentava que a literatura não podia ser interpretada em termos da vida literal do artista —, rapidamente cresceu, tornando-se um romance épico sobre a infância, o amor, o ciúme, o homossexualismo e o tempo. Então, a Primeira Guerra Mundial interveio; as prensas para fabricação de livros foram transformadas em tanques; e o romance de Proust, sem meios de distribuição comercial, transformou-se de um formidável meio milhão de palavras em uma bíblia de 1.250.000 palavras. Ao mesmo tempo, o avião em que estava o amor da vida de Proust, Alfred Agnostelli, tragicamente se espatifou no mar. Proust despejou a tristeza em uma nova trama na qual a personagem Albertine, o alter ego de Alfred no romance, também morre.

Para um romance sobre a memória, a plasticidade da narrativa era um dos elementos mais realistas. Proust sempre refinava suas frases fictícias à luz de um novo conhecimento, alterando as palavras anteriores para que refletissem suas atuais circunstâncias. No último dia de vida, prostrado na cama, enfraquecido pela dieta de sorvete, cerveja e barbitúricos, Proust chamou sua amada empregada Celeste para fazer um ditado. Queria alterar uma parte de seu romance que descrevia a morte lenta de um personagem, já que agora sabia um pouco mais sobre como era morrer.

A realidade inquietante é que nos lembramos da mesma forma que Proust escrevia. Enquanto tivermos memórias para lembrar, as margens delas são modificadas para se adequarem a nosso conhecimento *atual*. Sinapses são eliminadas, dendritos são ajustados e o momento memorizado que parece tão honesto é totalmente revisado. Até o final da vida, Proust nunca viu a *Busca* completa impressa. Para ele, a obra permaneceria sempre maleável, exatamente como a memória.

Antes de Nader criar os ratos desmemoriados em 2002, os neurocientistas evitaram a área obscura da lembrança e da reconsolidação. Em seu lugar, concentraram-se em descrever meticulosamente as moléculas responsáveis por *armazenar* a memória. Presumiram que a memória era como uma fotografia, um instantâneo fotográfico fixo de um momento, portanto, não fazia diferença como essa memória era lembrada de fato. Se ao menos tivessem lido Proust [...]

Uma das morais da história da *Busca* é que toda memória é inseparável do momento de sua lembrança. Essa é a razão de Proust dedicar 58 páginas enfadonhas ao estado mental do narrador *antes* de comer um único *madeleine*. Queria mostrar como sua condição atual distorcia a consciência do passado. Afinal, quando Marcel era criança em Combray, comendo biscoitos *madeleine* à vontade, tudo que queria era fugir de sua cidade pequena. Mas assim que o fez, passou a sonhar incessantemente em recuperar a infância preciosa que desperdiçara futilmente. Essa é a ironia da nostalgia proustiana: lembrar dos acontecimentos como sendo bem melhores do que realmente foram. Mas, pelo menos, Proust estava bastante ciente da própria fraude. Sabia que a Combray de que tinha saudades não era a Combray que existira. (Como ele mesmo disse, "o único paraíso é o paraíso perdido".) Não era culpa dele: simplesmente não havia como descrever o passado sem mentir. Nossas memórias não são *como* a ficção. Elas *são* ficção.

Os romances de Proust brincam tentadoramente com a imaginação da memória de uma forma pós-moderna: o narrador que se identifica como Marcel começa uma frase com a palavra "eu" somente uma vez nas 3 mil páginas do romance.* Como Proust, o narrador interpretou Ruskin, metido em festas da alta sociedade e, agora, um recluso doente escrevendo *Em busca do tempo perdido*. E alguns personagens, embora ele negasse até o fim amargo, são

---

* Aqui está uma parte do texto que confirma que Proust era o narrador: "'Meu ____' ou 'Meu querido' seguido pelo meu nome de batismo, que, se dermos ao narrador o mesmo nome que o autor deste livro, seria 'Meu Marcel', ou 'Meu querido Marcel.'"

seus conhecidos disfarçados. Em seus livros, a ficção e a realidade estão irremediavelmente entrelaçadas. Porém, Proust, sempre envergonhado, negava essa verossimilhança:

> Neste livro, onde não há um fato que não seja inventado, nem uma só personagem; onde tudo fora criado por mim segundo as necessidades do que pretendia demonstrar, devo confessar, em louvor de minha terra, que só os parentes milionários de Françoise, renunciando ao descanso para ajudar a sobrinha sem arrimo, só eles são pessoas reais existentes.

Essa passagem está perto do final de *Tempo recuperado*, o último livro da *Busca*. Não é uma negação do espelhamento da realidade no romance tanto quanto uma tentativa de destruir qualquer investigação sobre ela. Proust fornece um ponto de interseção sarcástica (os parentes milionários de Françoise) como o único lugar de encontro entre a realidade e a literatura, a verdade e a memória. Aqui, Proust está sendo um pouco mais que insincero. O romance e a vida, o jornalista e o contador de fábulas são, na realidade, indistintos. Proust gosta dessa forma porque é assim que a memória realmente é. Como preveniu no final de *No caminho de Swann*: "[...] a contradição que existe em procurar a realidade nos quadros da memória... [...] a recordação de uma certa imagem não é mais que a saudade de um determinado instante; e as casas, os caminhos, as avenidas, infelizmente são fugitivos como os anos."

Nesse paradigma proustiano, as memórias não representam diretamente a realidade. Ao contrário, elas são cópias imperfeitas do que realmente ocorreu, uma cópia de outra cópia de um mimeógrafo da fotografia original.

Proust sabia intuitivamente que nossas memórias exigiam esse processo transformativo. Se impedirmos a memória de se alterar, ela deixa de existir. Combray se perde. Esse é o segredo culpado de Proust: temos de nos lembrar incorretamente de algo para que possamos nos lembrar.

Proteínas sentimentais

Algumas memórias existem fora do tempo, como tapetes mágicos dobrados delicadamente em nossa mente. A lembrança inconsciente está no coração do modelo da memória de Proust porque, ao mesmo tempo em que nos definem, nossas memórias parecem existir sem nós. No início de *No caminho de Swann*, Proust esqueceu completamente das massas doces de sua infância. Combray é apenas mais um subúrbio parisiense. Mas, ao comer um biscoito *madeleine* que o lembra da Tia Leonie, e o aroma do chá conspira com a textura do guardanapo, a memória retorna para assombrá-lo como um fantasma. O tempo perdido é encontrado. Proust venerava essas revelações repentinas do passado porque pareciam mais verdadeiras, menos corrompidas pelas mentiras do processo de lembrar. Marcel é como o garoto descrito por Freud, que gostava de perder os brinquedos porque adorava achá-los depois.

Mas como é que essas memórias inconscientes persistem? E como nos lembramos delas quando esquecidas? Como é que um romance inteiro, ou seis deles, simplesmente se escondem no cérebro, esperando por um *madeleine*?

Até alguns anos atrás, a neurociência não tinha explicação alguma para os *moments bienheureux* ("momentos afortunados"), essas revelações espantosas quando a lembrança surge como uma aparição de Proust. O modelo científico padrão para a memória girava em torno de enzimas e genes que exigiam muito reforço para poderem ser ativados. Os pobres animais usados nessas experiências tiveram de ser treinados repetidamente, seus neurônios forçados a alterarem as conexões sinápticas. A repetição sem sentido parecia ser o segredo da memória.

Infelizmente para a neurociência, não é dessa forma que a maioria das memórias é formada. A vida acontece apenas uma vez. Proust se lembra do *madeleine* em *No caminho de Swann* não porque comera muitos. Na realidade, ocorrera o oposto. A memória de Proust é espantosamente específica e completamente inesperada. A lembrança de Combray, ativada por alguns farelos casuais, interrompe sua vida, intrometendo-se sem uma razão lógica, "sem nenhuma sugestão sobre a origem". Proust é surpreendido por seu passado.

Essas memórias literais são exatamente o tipo de lembrança que os modelos científicos antigos não conseguiam explicar. Aqueles modelos não parecem sintetizar a característica randômica e estranha da memória em que vivemos. Não descrevem sua totalidade, a forma como as memórias aparecem e desaparecem, a forma como mudam e flutuam, afundam e crescem. Nossas memórias nos preocupam exatamente porque desobedecem a qualquer lógica, porque nunca sabemos o que vamos reter e o que vamos esquecer.

No entanto, o que torna a ciência tão maravilhosa é a propensão de se corrigir. Como Proust, que aperfeiçoava as frases até o momento da impressão do texto, os cientistas nunca estão satisfeitos com o modelo atual de qualquer descoberta. No mais recente esboço sobre a ciência da memória, as teorias deram uma guinada incrível. Há rumores científicos de que possam ser desvendados os detalhes moleculares de como nossas memórias perduram mesmo quando esquecemos tudo sobre elas.

Essa teoria, publicada em 2003 na revista *Cell*, permanece controversa. De qualquer forma, a elegância de sua lógica é tentadora. Dr. Kausik Si, um ex-pesquisador do laboratório do vencedor do prêmio Nobel, Eric Kandel, acredita que encontrou a "marca sináptica" da memória, o grão possante que persiste nos longínquos domínios elétricos dos neurônios.* A molécula que ele e Dr. Kandel descobriram pode bem ser a solução da busca de Proust para a origem do passado.

Si começou sua pesquisa científica tentando responder à pergunta proposta pelo *madeleine*. Como é que as memórias duram? Como escapam dos ácidos debilitantes do tempo? Afinal, como toda célula, as do cérebro estão em constante fluxo. A vida média de uma proteína cerebral é de apenas 14 dias. Um pequeno subconjunto de nossos neurônios do hipocampo morre e renasce; a mente está em constante estado de reencarnação. Mas mesmo assim Si sabia que o passado parece imutável. Si concluiu que nossas memórias devem ser compostas de um material muito forte, algo mais durável até do que nossas células.

Porém, uma memória neuronal não pode simplesmente ser forte: também tem de ser específica. Embora tenha apenas um único núcleo, cada neurônio tem uma massa abun-

* Momento-revelação: trabalhei muitos anos para o Dr. Si.

dante de ramos de fibras neurais. Esses ramos se espalham em todas as direções, conectando-se com outros neurônios em sinapses dos dendritos (imagine duas árvores cujos galhos se tocam em uma floresta cerrada). É nesses cruzamentos pequenos que nossas memórias são construídas: não no tronco da árvore neuronal, mas em sua copa.

Como uma célula altera uma parte remota dela? Si percebeu que nenhum dos modelos convencionais da memória poderia explicar tal fenômeno.* Tinha de haver algo mais, algum ingrediente desconhecido, que *marcava* um ramo específico como uma memória. A grande questão era: qual molécula fazia a marcação? Qual segredo molecular se escondia em nossas densas fibras neuronais, esperando silenciosamente por um biscoito?

Si começou a pesquisa refletindo sobre o problema. Sabia que qualquer marca sináptica teria de ser capaz de ativar RNAS mensageiros (RNAm), já que este ajuda a produzir proteínas, e memórias novas necessitam de proteínas novas. Além do mais, sendo o RNAm regulado no mesmo lugar onde as memórias são reguladas — dentro das fibras neuronais —, ativar o RNAm permitiria a um neurônio alterar seletivamente seus itens. Esse insight levou Si a estudar os ovos de rãs. Ele ouvira falar de uma molécula que era capaz de ativar partes específicas de RNAm durante o desenvolvimento dos ovos. Essa mesma molécula também estava presente no hipocampo, o cen-

---

* Antes do Dr. Si, a explicação convencional para a memória de longo prazo girava em torno do CREB, um gene ativado nos neurônios durante o condicionamento de Pavlov. No entanto, os efeitos dos CREBs limitam-se às células e, portanto, não poderiam explicar a formação da memória em fibras neuronais específicas.

tro da memória do cérebro. O nome infame em inglês era CPEB (*cyptoplasmic polyadenylation element binding protein)* ou, em português, Proteína de união de elementos Poliadenilação Citoplásmico.

Para ver se a CPEB era realmente importante para a memória (e não somente para os zigotos das rãs), Si começou pesquisando nudibrânquios, uma das espécies experimentais favorita entre os neurocientistas. Para sua grata surpresa, a CPEB estava presente nos neurônios desses animais. Além disso, a CPEB estava presente exatamente onde *deveria estar* uma marca sináptica: escondida nos ramos das fibras neurais.

Si e Kendal ficaram intrigados. Agora tentariam entender a CPEB bloqueando-a. Se a CPEB fosse removida, o neurônio conseguiria formar uma memória? Ainda assim a célula conseguiria marcar uma sinapse? Embora quase não conseguissem acreditar nos dados, a resposta era evidente: sem a CPEB, os neurônios dos nudibrânquios não eram capazes de se lembrar de *nada*.

Mas mesmo assim ele não conseguia entender como a CPEB funcionava. Como essa molécula poderia existir fora do tempo? O que a fazia tão forte? Como conseguia sobreviver no clima inóspito do cérebro? A primeira pista surgiu quando Si decodificou a sequência de aminoácidos da proteína. A maioria das proteínas conseguia ser lida como uma lista randômica de letras, as estruturas eram uma mistura saudável de diferentes aminoácidos. No entanto, a CPEB parecia totalmente diferente. Um lado da proteína tinha uma série estranha de repetições de aminoácidos, como se seu DNA tivesse um acesso de gagueira (Q está no lugar do aminoácido glutamina.)

QQQLQQQQQBQLQQQQ

Imediatamente, Si começou a procurar por outras moléculas com repetições estranhas semelhantes. No processo, acabou entrando por acaso em uma das mais controversas áreas da biologia. Encontrou o que parecia ser um príon.

Os príons já foram considerados os patogênicos de uma classe das piores doenças da terra: vaca louca, insônia familiar fatal (cujas vítimas perdem a capacidade de dormir e, após três messes, morrem de falta de sono), e uma série de outras doenças neurodegenerativas. Os príons ainda são a causa dessas mortes terríveis, mas os cientistas começam a perceber que os príons estão em todos os lugares. São definidos, *grosso modo*, como uma classe de proteínas que pode existir em dois estados funcionalmente distintos (todas as outras proteínas têm apenas um estado natural). Um desses estados é ativado e o outro é desativado. Além disso, os príons podem trocar de estado (ativar-se ou desativar-se) sem qualquer supervisão. Eles trocam de estado proteômico sem alterar o DNA. E, uma vez ativado, o príon pode transmitir a nova estrutura infecciosa para células adjacentes sem qualquer transferência de material genético.

Em outras palavras, os príons quebram a maioria das regras sagradas da biologia. São uma das lembranças inoportunas de como sabemos tão pouco. Apesar disso, é provável que os príons no cérebro guardem a chave que pode mudar nossa compreensão científica sobre a memória. A proteína CPEB, além de ser forte o suficiente para resistir aos efeitos do tempo — os príons têm fama de serem praticamente indestrutíveis —, também mostra uma grande plasticidade. Livres do substrato genético, os príons da CPEB são capazes de alterar suas formas com relativa facilidade, criando ou apagando uma memória. A estimulação com serotonina ou dopamina — dois neurotransmissores liberados pelos neurônios quando pensamos — altera a própria estrutura da CPEB mudando a proteína para o estado de ativado.

Após ser ativada, a CPEB marca um ramo neural específico como uma memória. Na nova conformação, ela pode recrutar o RNA-m necessário para manter uma lembrança a longo prazo. Não é preciso outro estímulo ou alteração genética. A proteína aguardará pacientemente, passando o tempo nas sinapses. Não seria necessário comer outro *madeleine*, e Combray ainda estaria lá, perdida no tempo. Somente quando o biscoito é mergulhado no chá e a memória é chamada para a superfície é que a CPEB é ativada de novo. O sabor do biscoito ativa uma enxurrada de neurotransmissores novos para os neurônios que representam Combray, e, dependendo das condições, a CPEB ativada infecta a fibra neuronal adjacente. A partir desse tremor celular, nasce a memória.

Porém, como sustentou Proust, as memórias não perduram estoicamente: elas invariavelmente se alteram. A CPEB confirma essa hipótese de Proust. Toda vez que chamamos nosso passado, os ramos de nossas lembranças ficam maleáveis novamente. Embora os príons que marcam as memórias sejam praticamente imortais, os detalhes dos ramos neurais estão sempre se alternando entre os polos da lembrança e do esquecimento. O passado é perpétuo e efêmero ao mesmo tempo.

Esse esboço simples sobre a teoria tem implicações profundas para a neurociência da memória. Primeiro, é uma prova de que os príons não são um tipo estranho e apócrifo da biologia. Na realidade, os príons são um ingrediente essencial da vida e têm uma série de funções intrigantes. Alguns cientistas suíços, seguindo a pesquisa de Si e Kandel, conseguiram até descobrir uma ligação entre o gene príon que provoca a doença da vaca louca e um aumento na memória de longo prazo. Essencialmente, quanto mais capazes forem os neurônios de formar príons que não se enovelam, melhor a memória. Outras experiências ligaram a falta de CPEB no hipocampo do rato às deficiências na memória de longo prazo. Embora os detalhes permaneçam em sua maior parte obscuros, parece haver uma conexão estreita entre os príons e as lembranças.

Mas o modelo baseado na CPEB também requer que transformemos nossas metáforas em memórias. Não podemos mais imaginar a memória como um espelho perfeito da vida. Como sustentou Proust, a lembrança do passado não é necessariamente a lembrança de como ele era realmente. Os príons refletem esse fato, já que têm um elemento de aleatoriedade embutido na estrutura. Eles não se importam com mentir. Embora a CPEB possa mudar para um estado ativo através de certas circunstâncias experimentais (como injetar um pouco de serotonina), os experimentos de Si mostram também que a proteína pode ficar ativa sem razão alguma aparente, já que sua transformação é regida em grande parte pelas leis inescrutáveis de enovelamento de proteínas e estequiometria. Como a memória em si, a CPEB alegra-se com a sua contingência.

Essa indeterminação faz parte do projeto da CPEB. Mesmo sendo uma proteína, os príons são singularmente livres. São capazes de ignorar tudo, das instruções de nosso

DNA aos ciclos de vida de nossas células. Embora existam dentro de nós, eles são uma entidade à parte, obedecendo às próprias regras. Como afirmou Proust: "O passado está escondido, em algum objeto material do qual não temos indicação alguma."

E, embora nossa memória continue inescrutável, a molécula de CPEB (se a teoria estiver correta) é o detalhe sináptico que persiste livre do tempo. A concepção do Dr. Si é a primeira hipótese que começa a explicar como as ideias sentimentais perduram. É por isso que Combray pode existir em silêncio por baixo da superfície um pouco atrás da cortina da consciência. É por essa mesma razão que Marcel se lembra de Combray na página 58 e não na página 1. É uma teoria molecular sobre a memória explícita que *parece* correta. Por quê? Porque adota nossa aleatoriedade essencial, porque os príons são, por definição, imprevisíveis e instáveis, porque a memória não obedece a nada, a não ser a si mesma. Era isso que Proust sabia: o passado nunca é passado. Enquanto estivermos vivos, nossas memórias permanecem maravilhosamente voláteis. No espelho mercurial delas, vemos a nós mesmos.

Referências bibliográficas da tradução:

1. Proust, Marcel. *Em busca do tempo perdido*. Tradução de Fernando Py. Rio de Janeiro: Ediouro. 2002.

Capítulo 5

Paul Cézanne

O processo da visão

> Como alguém pode aprender a verdade apenas pensando? Já que se aprende a enxergar melhor um rosto se o desenhamos.
>
> Ludwig Wittgenstein

No ENSAIO *CHARACTER in fiction* (*Personagens na ficção*), Virginia Woolf declarou com grandiosidade que "foi em dezembro de 1910 ou por volta dessa data que a natureza humana mudou". Estava apenas sendo um pouco irônica. Essa data aparentemente arbitrária era uma alusão à primeira exposição de pinturas pós-impressionistas.* Paul Cézanne era a estrela do show. Seus quadros revolucionários eram na maior parte pinturas de objetos modestos: frutas, crânios, a paisagem árida da Provença. Esses objetos humildes destacavam apenas a forma

* Woolf também estava fazendo alusão à publicação *Principia Mathematica* de Bertrand Russel. Essa obra épica sobre lógica provocou uma enxurrada de debates sobre a possibilidade de a realidade ser redutível aos fundamentos da lógica. Para mais detalhes, consulte *The Phantom Table*, de Anne Banfield.

de pintar de Cézanne, o abandono óbvio do que Roger Fry, na apresentação da exibição, classificou como "o clichê da representação". Fry declarou que "a arte nunca mais almejaria uma fidelidade pseudocientífica com a aparência. Esta é a revolução que Cézanne inaugurou... Suas pinturas não almejam a ilusão ou a abstração, mas a realidade."

Não é fácil mudar a definição de realidade. Na exposição de 1910, as pinturas de Cézanne foram denunciadas como sendo "apenas do interesse do estudante de patologia e do especialista em anormalidades". Os críticos declararam que Cézanne era literalmente louco, que sua arte não passava de inverdade feia, uma deliberada distorção da natureza. O estilo acadêmico de pintar, com ênfase em detalhes exatos e verossimilhança de granulação fina, se recusava a desaparecer.

Essa estética conservadora tem fundamentos científicos. A psicologia da época continuava a enxergar nossos sentidos como reflexões perfeitas do mundo exterior. O olho era como uma câmera: coletava pixels de luz e os mandava passivamente para o cérebro. O fundador dessa psicologia era o eminente experimentalista William Wundt, o qual insistia que cada sensação poderia ser dividida em dados sensoriais mais simples. A ciência poderia descascar as camadas da consciência e revelar o verdadeiro estímulo subjacente.

Cézanne inverteu esse ponto de vista sobre a visão. Suas pinturas eram sobre a subjetividade da visão, a ilusão das superfícies. Cézanne inventou o pós-impressionismo porque os impressionistas simplesmente não eram estranhos o suficiente. "O que estou tentando traduzir é mais misterioso; está entrelaçado nas próprias raízes do ser", disse Cézanne. Monet, Renoir e Degas acreditavam que a visão era simplesmente a soma de suas luzes. Nas belas pinturas, queriam descrever os fótons passageiros absorvidos pelo olho, para descrever a natureza inteiramente em função de sua iluminação. Porém, Cézanne acreditava que a luz era apenas o início da visão. "O olho não é suficiente. É preciso também pensar", declarava. Esse insight de Cézanne afirmava que as nossas impressões exigem uma interpretação: enxergar é criar o que se vê.

Atualmente, sabemos que Cézanne estava certo. Nossa visão começa com fótons, mas é apenas o começo. Sempre que abrimos os olhos, o cérebro se engaja em um ato de imaginação surpreendente, para transformar os resíduos de luz em um mundo de forma e espaço que possamos compreender. Através da sondagem de nosso crânio, os cientistas conseguem ver como as sensações são criadas, como as células do córtex visual constroem a visão lentamente. A realidade não está lá fora esperando para ser testemunhada, a realidade é criada pela mente.

A arte de Cézanne expõe o processo da visão. Embora suas pinturas fossem criticadas por serem desnecessariamente abstratas — até os impressionistas ridicularizavam a técnica —, na verdade, elas nos mostram o mundo como ele aparece inicialmente para o cérebro. Uma pintura de Cézanne não tem fronteiras ou linhas pretas marcantes delimitadoras. Em seu lugar, há apenas pinceladas de tinta e lugares na tela onde uma cor, nodosa na superfície, parece se transformar em outra cor. Esse é o começo da visão: é como se parece a realidade antes de ser resolvida pelo cérebro. A luz ainda não foi transformada em uma forma.

Porém, Cézanne não parou por aí. Isso seria simples demais. Até a arte dele celebra a própria estranheza, mantendo-se leal ao que representa. Portanto, sempre conseguiremos reconhecer uma pintura de Cézanne. Por ele fornecer ao cérebro justamente informação suficiente, os observadores de suas pinturas são capazes de decifrá-las e de resgatar a figura da margem da obscuridade. (As formas podem ser frágeis, mas nunca incoerentes.) As camadas de pinceladas, tão precisas nas próprias ambiguidades, tornam-se uma tigela de pêssegos, ou uma montanha de granito, ou um autorretrato.

Essa é a genialidade de Cézanne: ele nos força a ver, na mesma tela estática, o começo e o fim de nossa visão. O que começa com um mosaico abstrato de cores acaba se tornando uma descrição realista. A pintura surge não da tinta ou da luz, mas de algum lugar em nosso cérebro. Entramos na obra de arte: a estranheza dela é nossa própria estranheza.

Cézanne não viveu o suficiente para ver a cultura e a ciência alcançarem seu vanguardismo. Ele era pós-impressionista antes do impressionismo ser totalmente aceito. Mas, para Fry e Woolf, o estilo de Cézanne parecia profeticamente moderno. No outono de 1912, seis anos após Cézanne morrer sozinho na Provença, Fry montou a segunda exposição pós-impressionista na Galeria Grafton. As pinturas de Cézanne eram então vistas como o início de um movimento sério, suas experiências artísticas não estavam mais solitárias. As paredes brancas mostravam também telas de Matisse, os Novos Russos e a irmã de Virginia, Vanessa Bell. A abstração tornara-se o novo realismo.

A invenção da fotografia

A história da pintura abstrata começa com a fotografia, que significa literalmente "escrita de luz". A fotografia é isso: uma imagem escrita em luz congelada. Desde a Renascença, os artistas usam câmaras escuras para condensar os três planos da realidade em duas dimensões. Leonardo da Vinci descreveu esse instrumento em suas anotações como uma metáfora para o olho. Giovanni Battista Della Porta, no tratado de 1558, *Magia Naturalis* (*Magia Natural*), defendia a câmera como uma ferramenta para os pintores em dificuldades.

Mas, somente após o século XIX, com a descoberta de materiais fotossensíveis, é que a pintura perdeu o monopólio sobre a representação. A verossimilhança era então uma tecnologia. Louis Daguerre, um pintor comercial, foi o inventor da chapa fotográfica. Ao tratar com iodo as chapas de cobre cobertas com prata, Daguerre criou uma superfície plana sensível à luz. Em seguida, expôs essas chapas em uma câmera primitiva (uma caixa preta com um furo) e revelou as imagens com o veneno quente do vapor de mercúrio. Os pixels surgiam como fantasmas precisos. Ao submergir a placa em uma solução salina, Daguerre tornou os fantasmas permanentes. A luz fora capturada.

Os pintores que ainda copiavam manualmente a realidade viram a nova tecnologia como uma tremenda ameaça. Como a mão humana poderia competir com os fótons? Soube-se que J. M. W. Turner comentara estar feliz por ter tido dias de glória, uma vez que a era da pintura chegara ao fim. Mas nem todos os pintores acreditavam no triunfo inevitável da máquina fotográfica. O poeta simbolista Charles Baudelaire, cético contumaz da ciência, fez uma crítica a uma exposição fotográfica em 1859 proclamando os limites desse novo meio. "A precisão é decepcionante: nada mais que uma representação falsa sobre o que realmente estava ali", disse. O fotógrafo era até um *materialista* — e Baudelaire usava esse insulto somente para assuntos importantes. Na visão romântica do poeta, o verdadeiro dever da fotografia era "ser a serva das ciências e das artes, porém uma serva bem humilde, como a impressão ou a estenografia, que nem criavam nem suplementavam a literatura. Se for permitido à fotografia invadir o domínio do imaginário ou outro domínio cujo valor dependa unicamente do acréscimo de algo da alma humana, então acabará sendo bem pior para nós". Baudelaire queria que o artista moderno descrevesse tudo que a fotografia ignorava: "o transiente, o fugaz, o contingente."

Inspirado pelos escritos de Baudelaire e pelo realismo provocativo de Édouard Manet, um grupo variado de jovens pintores franceses decidiram se rebelar. Eles acreditavam que a máquina fotográfica era uma mentirosa. Sua precisão era falsa. Por quê? Porque a realidade não consistia de imagens estáticas, porque a máquina fotográfica parava o tempo que não pode ser parado, porque coloca tudo em foco tudo quando nunca está em foco, porque o olho não é uma lente e o cérebro não é uma máquina.

Esses rebeldes se autoproclamavam os impressionistas. Como o filme na máquina fotográfica, o idioma deles era a luz. Porém, os impressionistas perceberam que a luz era tanto um ponto quanto um borrão. Se a máquina fotográfica capturava o ponto, os impressionistas representavam o borrão. Queriam capturar o *tempo* nas pinturas, mostrando como um fardo de feno muda nas sombras da tarde, ou como a fumaça de um trem partindo da estação Saint-Lazare esvai-se lentamente no ar. Como Baudelaire insistira, eles pintavam o que a máquina fotográfica deixava de fora.

Olhe, por exemplo, para um Monet precoce, *Impression: Soleil Levant* (*Impressão: nascer do sol*). Monet pintou essa cena nebulosa do porto de Le Havre na primavera de 1872. Um sol laranja está pendurado no céu cinza, um pescador solitário veleja em um mar feito de pinceladas ondulantes. Há pouco aqui para o olho ver. Monet não está interessado nos navios, nem nas velas infladas pelo vento, nem na água cristalina. Ele ignora as imagens estáticas que a fotografia revelaria. Pelo contrário, Monet está interessado no momento, na transição, em sua impressão sobre a transição do momento. Seu humor está misturado à tinta, a subjetividade desnorteada com os fatos de suas sensações. Isso, ele parece estar dizendo, é uma cena que nenhuma fotografia poderia capturar.

Com o tempo, os impressionistas se tornaram mais radicais. Em parte por problemas de visão: Monet ficou cego (mas não parou de pintar as pontes de Giverny). Vincent Van Gogh, consumidor de querosene, terebentina e absinto, provavelmente achava que as coroas que pintava em torno de estrelas e postes de luz eram reais. Edgar Degas ficou seriamente míope, o que o levou a fazer mais e mais esculturas ("Agora tenho de aprender uma ocupação para cegos", disse). Auguste Renoir, envenenado pelas tintas, tornou-se um reumático inválido.

Mas, quer a abstração tenha sido motivada pela psicologia ou pela filosofia, ficou cada vez mais evidente que os impressionistas romperam com as ditas tradições do realismo acadêmico.* Não pintavam heróis religiosos nem batalhas épicas ou retratos da família real. Ao contrário, continuaram pintando o que sempre pintaram: os piqueniques de domingo da burguesia, mulheres no banho e lírios violetas flutuando em água levemente manchada. Quando os críticos ridicularizavam as obras como frívolas e falsas, eles apenas ignoravam. Afinal, a arte impressionista era uma celebração de técnica; onde quer que houvesse luz, eles criariam pinturas.

Está é a razão de os impressionistas se sentirem modernos (embora Delacroix, Ingres e Bouguereau não se sentissem assim): eles perceberam que simplesmente não havia um tema que o pintor tinha a obrigação moral de representar. O pintor era um artista, e os artistas tinham ideias, as quais se sentiam obrigados a *expressar*. Nas telas invendáveis — o Louvre não as aceitava nem como presente —, os impressionistas inventaram a ideia da abstração ao estilo do pintor. A cor tornou-se simbólica. A opacidade era chique. O olhar fixo estava fora, o olhar furtivo estava na moda.

Mas o interessante sobre os movimentos de arte é que eles estão sempre em evolução. Ao libertar o artista dos limites rígidos da verossimilhança, o impressionismo

* As inovações estilísticas dos impressionistas também dependiam do desenvolvimento da tecnologia da tinta. Por exemplo, o violeta cobalto que Monet usava muitas vezes para pintar o céu e o oceano fora inventado apenas alguns anos antes por químicos industriais. Monet percebeu rapidamente que esse novo pigmento tinha um potencial enorme para descrever os efeitos de luz. “Finalmente, descobri a cor da atmosfera. É violeta”, declarou Monet.

estava destinado a ir a lugares onde aqueles lírios jamais imaginariam. E se Monet e Degas, incentivados pelas máquinas fotográficas, mostraram o caminho para o impressionismo, Paul Cézanne mostrou o caminho para as consequências. Como declarou, sem modéstia, no início da carreira: "Quero fazer do impressionismo algo sólido e duradouro, como a arte nos museus."

Muitas vezes, Cézanne passava horas contemplando uma pincelada. Ao ar livre, olhava fixamente para o objeto de sua pintura até que derretesse de tanto olhar, até que as formas do mundo se desintegrassem em uma massa sem forma. Ao fazer sua visão se desintegrar, Cézanne estava tentando retornar ao início da visão, para se tornar apenas "uma chapa de gravação sensível". A lentidão desse método forçou Cézanne a concentrar-se em objetos simples, como algumas maçãs verdes colocadas em uma mesa, ou uma montanha vista de longe. Mas ele sabia que o objeto em si era irrelevante. Olhe fixamente por tempo suficiente, suas telas imploravam, e as leis do universo conhecido surgirão de quase qualquer objeto. "Com uma maçã, vou surpreender Paris", disse Cézanne certa vez.

O fundador do pós-impressionismo aprendeu a pintar com o impressionista mais representativo do movimento: Camille Pissarro. Os dois fizeram um par incongruente. Pissarro era um judeu crioulo francês das Índias Ocidentais, enquanto Cézanne era um provençal grosseiro — algumas pessoas diziam que era rude. A amizade deles baseava-se no sentimento de isolamento compartilhado. Ambos estavam exilados do estilo acadêmico da época, que fazia de Ingres um deus de talento, sinônimo de resolução fina. Pissarro e Cézanne não tinham o temperamento nem a paciência para esse tipo de arte. Pissarro era um anarquista amistoso e recomendava queimar o Louvre, enquanto Cézanne — falando sobre os primeiros instrutores — declarou: "Os professores são todos bastardos castrados e imbecis. Eles não têm tutano."

Sozinhos, porém juntos, Pissarro e Cézanne se entregaram aos próprios estilos. Cézanne copiaria metodicamente as pinturas de Pissarro para entender a técnica impressionista. "O olho deve absorver tudo. Não siga as regras e princípios, mas pinte o que vê e sente. E não fique acanhado com a natureza", Pissarro ensinava-o. Cézanne escutava Pissarro. Em pouco tempo, os carmins queimados e o mogno das pinturas iniciais (ele adorava Courbet) tornaram-se as camadas de pastel típicas do impressionismo. Uma das primeiras obras de Cézanne, *Rochas em L'Estaque*, mostrando sua paisagem favorita da Provença, tem claramente a influência de Pissarro. Pinceladas staccato predominam, as cores são básicas, porém em tons diversos. A profundidade e a estrutura, até mesmo a hora do dia, tudo é definido pelas diferenciações minúsculas no matiz da tinta. No entanto, *Rochas em L'Estaque*, apesar de todo o esplendor impressionista, também mostra Cézanne inventando o próprio vanguardismo.

Essa foi a razão de Cézanne ter parado de idolatrar a luz. Ele considerava o projeto impressionista — a descrição de luzes dançando no olho — insubstancial demais. ("Monet é apenas um olho", disse Cézanne certa vez com pouco mais que uma ligeira condescendência.) Na pintura *Rochas em L'Estaque*, o mar distante não brilha como Pissarro teria feito brilhar. O granito não cintila na luz do sol, e nada projeta uma sombra. Cézanne não estava interessado, como os impressionistas estavam, em reduzir tudo a superfícies de luz. Parou de discutir com a máquina fotográfica. Em vez disso, em suas pinturas pós-impressionistas, queria revelar como o momento é *mais* que a sua luz. Se os impressionistas refletiam o olho, a arte de Cézanne era como um espelho na frente da mente.*

O que ele via no espelho? Cézanne descobriu que as formas visuais — as maçãs em uma natureza-morta ou as montanhas em uma paisagem — são invenções mentais que inconscientemente impomos a nossas sensações. "Tentei copiar a natureza, mas não consegui. Procurei, virei, olhei por todos os lados, mas em vão", confessou Cézanne. Por mais que tentasse, Cézanne não conseguia fugir das interpretações astutas de seu cérebro. Nas pinturas abstratas, ele queria revelar esse processo psicológico, para nos tornar cientes da forma específica como o cérebro cria a realidade. Sua arte nos mostra o que não podemos enxergar, que é a forma como vemos.

Os limites da luz

Entender como começa a visão, como o globo ocular transforma a luz em um código elétrico, é uma das desco-

* Émile Bernard, um pintor francês, foi uma das poucas pessoas que realmente observou as técnicas de pintura de Cézanne. Enquanto o observava construir as telas, Bernard ficava impressionado com como ele se separara totalmente das regras do impressionismo: "Seu método não era nada daquilo... Cézanne interpretava apenas o que via, não tentava copiar. Sua visão centrava-se mais no cérebro que no olho." (Doran, pág. 60).

bertas mais prazerosas da neurociência moderna. Nenhum outro sentido foi tão dissecado. Atualmente, sabemos que a visão começa com uma perturbação atômica. Partículas de luz alteram a estrutura molecular delicada dos receptores na retina. Esse tremor celular ativa uma reação em cadeia que termina com um relâmpago de voltagem. A energia do fóton foi transformada em informação.*

Porém, aquele código de luz, como Cézanne já sabia, é apenas o começo da visão. Se a visão fosse simplesmente os fotorreceptores da retina, então as telas de Cézanne seriam apenas massas de cores indistintas. As paisagens da Provença consistiriam-se em alternâncias sem sentido das cores oliva e ocre, e as naturezas mortas seriam cheias de tinta e nenhuma fruta. Nosso mundo seria amorfo. Ao invés disso, em nosso sistema desenvolvido, o mapeamento da luz no globo ocular é transformado repetidamente até que, milésimos de segundos depois, a descrição da tela entra em nossa consciência. Entre o redemoinho de cores, vemos a maçã.

O que acontece durante essa piscada de atividade inconsciente? O primeiro vislumbre científico sobre como o cérebro processa os dados que chegam aos olhos surgiu no final da década de 1950, em um conjunto de experiências feitas por David Hubel e Torsten Weisel. Na época, a neurociência não tinha ideia alguma sobre quais informações visuais estimulavam o córtex. A luz estimula a

---

* A mensagem elétrica de fotorreceptores é, na realidade, a ausência de uma mensagem elétrica, já que os fótons fazem com que os canais de íon de sódio em nossos fotorreceptores se fechem, o que faz com que a célula seja hiperpolarizada. Os olhos falam.

retina, mas que tipo de informação estimula a mente? Os experimentos que tentavam responder a essas perguntas eram relativamente simples: pontos de luz eram emitidos na retina de um animal (normalmente usavam um pobre gatinho) enquanto uma agulha galvânica gravava a eletricidade celular de uma região do cérebro conhecida como V_1, que é o primeiro estágio do córtex visual. Se fosse detectada alguma voltagem, então a célula estava vendo algo. Antes de Hubel e Weisel, os cientistas presumiram que o olho era semelhante a uma máquina fotográfica e que o campo visual do cérebro era composto de pontos de luz, arrumados em ordem no tempo e espaço. Assim como uma fotografia é composta de uma matriz de pixels, da mesma forma, o olho cria uma representação bidimensional da luz refletida que é transmitida sem interferência para o cérebro. No entanto, quando os cientistas tentaram achar essa máquina fotográfica dentro do crânio, tudo o que encontraram foi o silêncio, o estupor elétrico de células indiferentes.

Esse foi um paradoxo frustrante. Obviamente o animal podia ver, no entanto, ao serem isoladas com um feixe de luz, as células ficavam inativas. Era como se a visão do animal emergisse de uma tela branca. Hubel e Weisel aventuraram-se corajosamente nesse mistério. No início, os resultados apenas confirmaram a impossibilidade de ativar neurônios corticais com lampejos individuais de luz. Mas, então, acidentalmente, descobriram uma célula estimulada, um neurônio interessado em um pedaço do mundo que enxergara.

A que essa célula estava respondendo? Hubel e Weisel não tinham a mínima ideia. O neurônio ficou ativo no exato momento em que deveria ficar em silêncio: no intervalo entre as experiências. Não havia a luz para estimulá-lo. Somente depois de refazer os passos exatos é que Hubel e Weisel conseguiram decifrar o que acontecera. Enquanto colocavam uma lâmina de vidro no projetor de luz, inadvertidamente, jogaram uma "sombra fraca, porém nítida", na retina do gato. Era apenas um brilho passageiro de claridade — uma luz reta apontada em uma única direção —, mas era exatamente o que a célula queria.

Hubel e Weisel ficaram estupefatos com a descoberta: vislumbraram a matéria crua da visão e era completamente abstrata. As células cerebrais eram estranhas, fascinadas não por pontos de luz, mas por ângulos de linhas.* Esses neurônios preferiam contraste em vez de brilho, bordas em vez de curvas. No artigo de 1959, "Receptive Fields of Single Neurons in the Cat's Striate Cortex [Campos receptivos de neurônios individuais no córtex estriado do gato], Hubel e Weisel foram os primeiros cientistas a descrever a realidade da forma como ela aparece para as primeiras camadas do córtex visual. Eles descreveram como o mundo aparecia antes de ser enxergado, quando a mente ainda está criando o sentido da visão.

As pinturas de Cézanne refletem essa geometria secreta de linhas sentida pelo córtex visual. É como se ele separasse o cérebro em partes e visse como a visão ocorre. Por

---

* As primeiras partes de nosso córtex visual são estimuladas por informações visuais muito parecidas com uma pintura de Piet Mondrian. Mondrian era um pintor muito influenciado por Cézanne, tendo passado a vida pesquisando o que chamou de "as verdades constantes das formas". Consequentemente, se satisfez com a linha reta como a essência de sua arte. Ele estava certo, pelo menos na perspectiva do V_1.

exemplo, *The Rocks Above the Caves at Château Noir* (*As rochas acima das cavernas em Château Noir*), de 1904-1906. Cézanne escolhera um assunto simples e típico, apenas algumas rochas circundadas por árvores esparsas. Pedaços de céu azul apareciam por entre a folhagem. Porém, a pintura de Cézanne não é sobre o céu, as rochas ou as árvores. Ele desmontou cada um desses elementos em partes sensoriais, desconstruindo a cena de modo a nos mostrar como a mente a reconstrói.

Com relação à tinta propriamente dita, Cézanne representou a paisagem tão somente como uma colcha de pinceladas, cada uma de uma cor diferente. Abandonou o pontilhismo de Seurat e Signac, no qual tudo é dissecado em pontos discretos de luz. Em seu lugar, perseguiu um caminho bem mais surpreendente, criando a pintura toda com manchas e pinceladas, *les tâches* e *les touches*. A tinta empastada chama a atenção para si mesma, forçando-nos a ver a tela como um processo criativo e não como uma imagem fixa. Como o historiador de arte Meyer Schapiro comentou, em uma pintura de Cézanne, "é como se não existisse um objeto pré-determinado, independente e terminado para o pintor representar, mas apenas uma multiplicidade de sensações sondadas sucessivamente". Em vez de nos dar uma cena com formas totalmente concretas, Cézanne fornece-nos camadas de contornos sugestivos, de onde as formas se desenrolam lentamente. Nossa visão é composta de linhas, e Cézanne tornou essas linhas visíveis de forma dolorosa.

Essa é a realidade abstrata representada pelos neurônios do V_1. Como as superfícies das pinturas de Cézanne comprovam, nosso nível mais elementar de sensação é repleto de contradições e confusão. As células do córtex visual, inundadas com rumores de luz, veem linhas se estendendo para todas as direções possíveis. Os ângulos se cruzam, as pinceladas divergem e as superfícies irremediavelmente se juntam em um borrão. O mundo continua amorfo, nada mais que uma colagem de blocos cromáticos. Porém, essa ambiguidade é uma parte essencial do processo da visão, já que dá lugar para as interpretações subjetivas. O cérebro humano é projetado de modo que a realidade não consiga se resolver. Antes de podermos construir o sentido da paisagem abstrata de Cézanne, a mente deve intervir.

Até agora, a história da visão tem sido sobre o que realmente sentimos: as luzes e linhas detectadas pela retina e os estágios iniciais do córtex visual. Essas são nossas projeções, as quais representam o mundo externo de fótons refletidos. E, embora comece com essas impressões, a visão se move rapidamente para além das sugestões vagas. Afinal, o cérebro humano prático não está interessado em uma verdade parecida com a de uma máquina fotográfica, ele deseja apenas que a cena faça sentido. Desde os primeiros níveis do processo visual no cérebro até a imagem tratada final, são enfatizados a coerência e o contraste, muitas vezes à custa da precisão.

Atualmente, os neurocientistas sabem que o que acabamos enxergando é muito influenciado por algo conhecido como processamento de cima para baixo, um termo que descreve a forma como as camadas cerebrais do córtex se projetam para baixo e influenciam (corrompem, algumas pessoas poderiam dizer) nossas reais sensações. Depois de entrarem no cérebro, as informações do olho são imediatamente encaminhadas ao longo de dois percursos separados, um rápido e outro lento. O percurso rápido transmite logo uma imagem não refinada e embaçada para o córtex pré-frontal, uma região do cérebro envolvida em pensamento consciente. Enquanto isso, o percurso lento segue por uma rota vagarosa através do córtex visual, que começa a analisar meticulosamente e a refinar as linhas de luz. A imagem lenta chega ao córtex pré-frontal aproximadamente cinquenta milissegundos após a imagem rápida.

Por que a mente vê tudo em dobro? Porque o córtex visual necessita de ajuda. Depois que o córtex pré-frontal recebe a imagem imprecisa, a parte de "cima" do cérebro rapidamente decide o que a parte de "baixo" viu e começa a manipular os dados sensoriais. Uma forma é imposta sobre os escombros amorfos do V_1; o mundo exterior é obrigado a corresponder às nossas expectativas. Se essas interpretações fossem removidas, nossa realidade seria irreconhecível. A luz em si simplesmente não é suficiente.

O neurologista Oliver Sacks teve um paciente, Dr. P., que residia em um mundo semelhante a uma pintura de Cézanne. Devido a uma lesão no córtex, os olhos do Dr. P. não recebiam quase informação alguma do cérebro. Ele via o mundo unicamente na forma não processada, como labirintos de luz e grandes quantidades de cores. Em outras palavras, ele via a realidade exatamente como era. Infelizmente, isso significava que as sensações dele eram totalmente surrealistas. Para investigar a doença do paciente, Sacks pediu ao Dr. P. que descrevesse algumas fotografias na revista *National Geographic*:

"As respostas dele [do Dr. P.] foram bastante curiosas. Os olhos pulavam de um objeto para outro, captando pequenas características, individuais, como haviam feito com o meu rosto. Um brilho extraordinário, uma cor, uma forma chamaria a atenção dele e provocaria um comentário, mas, em nenhum caso, ele conseguiu entender a cena em sua totalidade. Ele não tinha percepção alguma de uma paisagem ou cena."

O problema do Dr. P. residia no que acontecia com a luz depois de passar pela retina. Os olhos estavam bem, absorviam os fótons perfeitamente. Era apenas porque o cérebro não conseguia interpretar as sensações que ele via o mundo como uma comoção incorrigível de fragmentos. Uma fotografia lhe parecia abstrata. Não conseguia reconhecer o próprio reflexo. Sacks descreve o que aconteceu quando o Dr. P. se levantou para sair do escritório: "Ele começou procurando o chapéu. Esticou o braço e pegou a cabeça da esposa tentando arrancá-la para colocá-la na cabeça dele. Aparentemente, confundira a cabeça dela com o chapéu! A esposa parecia acostumada com aquilo."

Essa vinheta tragicômica de Sacks expõe um elemento essencial do processo de visão. Uma das funções do processo de cima para baixo é o reconhecimento do objeto. As instruções do córtex pré-frontal permitem-nos assimilar os diferentes elementos de um objeto — todas aquelas linhas e contornos vistos pelo V_1 — em uma *ideia* unificada sobre o objeto. Era isso que o Dr. P. não conseguia fazer. As impressões sobre a luz nunca se cristalizavam em um objeto. Por isso, antes de conseguir "enxergar" uma luva, o pé esquerdo ou a esposa, ele tinha de decifrar dolorosamente as próprias sensações. Cada forma precisava ser analisada meticulosamente, como se estivesse sendo vista pela primeira vez. Por exemplo, ao receber uma rosa, Dr. P. descreveu para Sacks o processo consciente por que tinha de passar. "Parece ter 15 centímetros de altura. Uma forma vermelha enrolada a um apêndice verde linear." No entanto, esses detalhes precisos nunca despertaram a ideia de que era uma rosa. Ele tinha que cheirar a flor antes de poder identificar sua forma. Como comentou Sacks, "Dr. P. não via nada como familiar. Visualmente estava perdido em um mundo de abstrações sem vida".

Olhar as pinturas de Cézanne é tornar-se extremamente ciente daquilo que o Dr. P. não consegue identificar. Ao olharmos fixamente para a arte pós-impressionista do pintor, sentimos o processo de cima para baixo em ação. Foi por saber que a impressão não era suficiente — que a mente tem de *completá-la* — que Cézanne criou um estilo mais abstrato e ao mesmo tempo mais verdadeiro que os impressionistas. E, embora o estilo pós-impressionista dele fosse visto como desnecessariamente radical — Manet referiu-se a Cézanne como "um pedreiro que pinta com uma trolha", na verdade, não era. Cézanne abstraía a natureza por perceber que *tudo* que vemos é uma abstração. Antes de podermos nos dar conta de nossas sensações, temos de imprimir nelas nossas ilusões.

Cézanne tornou esse processo mental bem óbvio em sua arte. Embora desconstruísse as pinturas até que estivessem na iminência de se desenredarem, isso não acontecia. Esse era o seu segredo. Ou seja, elas tremem na margem da existência, cheias de fraturas e fissuras que têm de ser compreendidas. Um ato de equilíbrio tão requintado não é fácil. Até o momento da venda de uma obra de arte — e Cézanne raramente vendia alguma —, ele continuava editando as pinceladas, tentando se aproximar cada vez mais da realidade delicada que queria descrever. A obra ficava grossa de tanta tinta, com várias camadas de cor cuidadosamente aplicadas. Em seguida, a tinta se rachava, quebrada pelo próprio peso.

Por que a pintura era um esforço tão grande para Cézanne? Porque ele sabia que uma simples pincelada em falso arruinaria a tela. Diferente dos impressionistas que queriam que as pinturas refletissem a atmosfera casual de estar *ao ar livre*, a arte de Cézanne era determinantemente difícil. Em suas telas, ele queria dar ao cérebro somente o suficiente para conseguir decifrar, nenhuma pincelada a mais. Se as representações fossem precisas demais ou abstratas demais, tudo se desintegraria. A mente não seria forçada a entrar na obra de arte. Suas linhas não teriam sentido.

Cézanne e Zola

O ano era 1858. Cézanne estava com 18 anos. O melhor amigo dele, Émile Zola, acabara de partir para Paris, deixando-o em Aix-em-Provence. Zola já tinha decidido se tornar escritor, mas Cézanne, seguindo as exigências do pai autoritário, estava na escola de Direito e à beira de um fracasso. Zola estava furioso com Cézanne: "Será que a pintura é apenas um capricho seu?", perguntou com raiva.

"Será apenas um passatempo, um assunto para conversar? Se for esse o caso, então entendo sua conduta: você tem razão em não criar problemas com sua família. Mas, se a pintura é sua vocação, então, você é um enigma para mim, uma esfinge, alguém impossível e obscuro." No verão seguinte, Cézanne fugiu para Paris. Decidira se tornar um artista.

A vida na cidade era muito difícil. Cézanne estava solitário e pobre. Ser um boêmio era algo supervalorizado. Durante o dia, entrava furtivamente no Louvre, onde copiava pacientemente as obras de Titian e Rubens. À noite, todos entravam no bar local e discutiam embriagados sobre política e arte.

Cézanne se sentia um fracassado. As primeiras incursões na abstração foram descartadas como erros acidentais, o trabalho medíocre de um realista sem talento. Ele transportava suas pinturas pela cidade em um carrinho de mão, mas nenhuma galeria as aceitava. O único consolo de Cézanne residia na cultura em geral: o pomposo mundo da arte parisiense começava finalmente a mudar. Baudelaire começava a atacar Ingres. Manet estudava Velázquez. As pinturas corajosas de Gustave Courbet — seu mantra era "Deixe-nos ser verdadeiros, mesmo se formos feios" — ganhavam respeito lentamente.

Em 1863, toda essa nova "feiura" não podia mais ser reprimida. Havia simplesmente muitas delas. Por isso, o Imperador Napoleão III decidiu exibir as pinturas rejeitadas para a exposição anual da Academia de Belas Artes. Foi nessa galeria — o Salão dos Recusados — que Cézanne deu a primeira espiada no *Le Déjeuner sur l'Herbe* [*O almoço na grama*] de Manet — uma pintura escandalosa de uma mulher nua em um parque, mas que não parece estar ciente disso. Cézanne ficou impressionado. Começou uma série de pinturas nas quais imaginava o piquenique pornográfico de Manet. Diferente de Manet, que pintara a mulher com um senso de desapego irônico, Cézanne se colocou no meio do trabalho de arte. A barba esparsa e a careca logo o denunciavam. Os mesmos críticos que haviam menosprezado Manet agora eram cruéis com Cézanne. "O público zomba dessa arte", escreveu um crítico. "O Sr. Cézanne dá a impressão de ser um louco que pinta em *delirium tremens*. Ele tem que parar de pintar."

Vinte anos mais tarde, tudo tinha mudado. O imperador sumira, derrotado em uma batalha da guerra franco-prussiana. Claude Monet, que tinha fugido de Paris para evitar servir ao exército, vislumbrara, quando em Londres, as aquarelas profeticamente abstratas de J.M.W. Turner. Voltou à Paris com nova inspiração. Em 1885, o impressionismo de Monet era um genuíno vanguardismo. Os pintores de luz nebulosa agora tinham os próprios salões.

Os anos também foram bons para Zola. Os romances de Rougon-Macquart o tornaram uma celebridade literária, certamente controversa. Ele era o fundador orgulhoso do naturalismo, uma nova escola de literatura que aspirava escrever "o romance científico". O romancista deve se tornar literalmente um cientista", declarou, "empregando o método experimental nos estudos sobre o homem".

Junto com o sucesso, Zola decidiu escrever um livro sobre um pintor, que chamou de *L'Oeuvre* [*A Obra-prima*], confessando que assim o chamou por não conseguir pensar em nada melhor. De acordo com a exigência do método,

Zola baseou a ficção em uma história roubada diretamente da vida real. A vida que roubara desta vez era a do melhor amigo. Depois da publicação do romance na primavera de 1886, Cézanne e Zola nunca mais se falaram.

O protagonista de *L'Oeuvre* é Claude Lantier. Bem como Cézanne, ele é um provençal barbudo e calvo, um pintor cujas obras são estranhas demais para serem expostas. Zola conseguiu incluir até as mesmas aflições: tanto Paul quanto Claude sofriam de doenças incuráveis nos olhos, eram ridicularizados pelo pai, e obrigados a trocar as pinturas por comida no mercado local. Enquanto Claude é o estereótipo do artista batalhador, seu melhor amigo, o escritor claramente dissimulado Pierre Sandoz, conseguiu aclamação literária, escrevendo uma série de vinte romances documentando "a verdade da humanidade em miniatura".

Mas o verdadeiro insulto veio quando Zola descreveu a arte de Claude. As pinturas abstratas, escreveu, não passavam de "uma atividade mental selvagem... o terrível drama de uma mente se devorando". Por outro lado, os romances de Sandoz "descrevem o homem como ele realmente é". São uma "literatura nova para o século de ciência vindouro".

Estava claro que Zola traíra os amigos impressionistas. Monet, Pissarro, e o poeta simbolista Stéphane Mallarmé fizeram reuniões para denunciar o livro. "Nossos inimigos farão uso de seu livro para nos atacar até desmaiarmos", Monet escreveu para Zola. Mas Zola não se importava. Havia se voltado contra a abstração. Se as pinturas de Cézanne fizeram de nossa subjetividade o assunto da pintura, os romances de Zola estavam determinados a tornar o homem apenas outro objeto. "O artista", disse o escritor, deve "desaparecer e simplesmente mostrar o que viu. A intervenção sensível do escritor enfraquece o romance e introduz um elemento estranho aos fatos que destrói seus valores científicos."

O estilo de Zola não durou muito tempo. Os romances, autoproclamados como científicos, com a fé ingênua na hereditariedade e no determinismo biológico, envelheceram deselegantemente. Sua obra não era a "enciclopédia imortal de verdades humanas" que ele esperava que fosse. Como Oscar Wilde declarou, "Zola senta-se para nos dar um retrato do Segundo Império. Quem se importa com o Segundo Império atualmente? Está ultrapassado. A vida passa mais rápido que o Realismo". Pior ainda, o vanguardismo que Zola traiu com *L' Oeuvre* estava então em ascensão. O movimento estava sendo usurpado pelo pós-impressionismo. Em 1900, Zola foi forçado a admitir que julgara mal a arte abstrata de Cézanne. "Tenho um entendimento melhor da pintura dele", confessou, "que me escapou por um longo tempo porque a achava exagerada, mas, na realidade, é inacreditavelmente sincera e verdadeira."

No final, não foi *L' Oeuvre* que separou Zola e Cézanne. Zola nunca se desculpou, mas foi melhor assim: nenhum pedido de desculpas poderia cicatrizar a fissura em suas filosofias. Eram dois amigos de infância que chegaram a conclusões conflitantes sobre a natureza da realidade. Se Zola tentou escapar de si mesmo através da própria arte — fugindo para o reino frio do fato científico —, Cézanne buscou a realidade se aventurando para *dentro* dele mesmo. Ele sabia que a mente faz o mundo, da mesma forma que um pintor faz a pintura.

Com essa revelação assustadora, Cézanne inventou a arte modernista. Suas telas eram propositalmente novas; ele quebrou as leis da pintura para revelar as leis da visão. Se deixou alguns detalhes de fora foi apenas para nos mostrar aquilo que inserimos. É claro que dentro de algumas décadas, Paris estava repleta de uma nova geração de pintores modernos que gostavam ainda mais de quebrar as leis. Os cubistas, liderados por Pablo Picasso e Georges Braque, levariam as técnicas de Cézanne a sua finalização incongruente. (Picasso declarou certa vez que Cézanne e Buffalo Bill foram as duas pessoas que mais o influenciaram.) E, embora os cubistas gostassem de brincar de antecipar os fatos estranhos da física quântica, nenhum outro pintor entendeu a mente humana como Cézanne. As suas abstrações revelam a nossa anatomia.

A tela branca

À medida que Cézanne envelhecia, suas pinturas ficavam cada vez mais cheias de tela sem tinta, o que ele chamou com eloquência de *nonfinito*. Ninguém fizera isso antes. A pintura estava nitidamente incompleta. Como poderia ser considerada arte? No entanto, o pintor ficava inabalado com as críticas. Sabia que suas pinturas eram vazias apenas literalmente.* Na realidade, a incompletude

* Conforme disse Gertrude Stein sobre uma dessas paisagens de Cézanne: "Completa ou não, era sempre o que parecia: a essência de uma pintura a óleo, porque tudo estava presente."

era uma metáfora para o processo da visão. Nessas telas inacabadas, ele tentava entender como o cérebro as completaria para ele. Por isso, as ambiguidades dele eram deliberadamente excessivas, a incerteza baseada na precisão. Se Cézanne queria que preenchêssemos os espaços vazios, então, ele tinha de fazer os vazios precisamente certos.

Por exemplo, olhe para a aquarela de Cézanne da Mount Sainte-Victoire. Nos últimos anos de vida, Cézanne caminhava todas as manhãs até o cume das colinas Les Lauves, de onde uma vista extensa das planícies da Provença se abria diante dele. Ele pintava na sombra de uma árvore. Cézanne dizia que daquele ponto conseguia enxergar os padrões escondidos da terra, a forma como o rio e os vinhedos estavam dispostos em planos sobrepostos. No fundo da paisagem, estava sempre a montanha, aqueles isósceles de rochas pontudas que pareciam conectar a terra seca ao céu infinito.

É claro que Cézanne não estava interessado em fazer retratos fiéis dessa paisagem. Nas descrições do vale, queria pintar somente os elementos essenciais, o esqueleto necessário da forma. E, assim, ele resumiu o rio a uma única curva de azul. As alamedas de castanheiras viraram pouco mais que salpicos de verde sem brilho ocasionalmente interrompidos por uma pincelada sutil de carmim. E, então, havia a montanha. Com frequência, Cézanne condensava essa massa sinistra da Mount Sainte-Victoire em uma única linha de tinta diluída, prolongada pelo céu vazio. Essa fina linha cinza — a silhueta sombria da montanha — é completamente cercada por espaço negativo. É um arranhão frágil contra o vasto vazio.

No entanto, a montanha não desaparece. Ela está *ali*, uma presença implacável e firme. A mente inventa facilmente a forma que a pintura de Cézanne apenas insinua. Embora a montanha esteja quase literalmente invisível — ele apenas insinua sua presença — é a sua gravidade ameaçadora que ancora a pintura. Não sabemos onde a pintura termina e nós começamos.

A adesão de Cézanne à tela branca — a decisão de deixar o vazio transparecer — foi sua invenção mais radical. Diferentemente do estilo acadêmico, que louvava a claridade e os detalhes decorativos acima de tudo, o objeto de suas pinturas pós-impressionistas era a própria ambiguidade. Com sua confusão cautelosa de tudo e nada, as pinturas *nonfinito* de Cézanne questionam a própria essência da forma. As paisagens incompletas eram prova de que mesmo quando não havia sensação alguma — a tela estava vazia —, ainda assim podíamos enxergar. A montanha ainda estava lá.

Quando o pintor começou seus estudos no uso da tela branca, a ciência não tinha meios de explicar por que as pinturas pareciam menos vazias do que realmente estavam. A simples existência do estilo *nonfinito* de Cézanne, o fato de que o cérebro podia encontrar sentido a partir do nada, parecia refutar qualquer teoria sobre a mente que reduzisse nossa visão a pixels de luz.

Os psicólogos da Gestalt do início do século XX foram os primeiros cientistas a confrontar as ilusões das formas que Cézanne manipulava com tanta eloquência. *Gestalt* significa literalmente "forma", e aquilo era o que interessava àqueles psicólogos. Fundado por Carl Stumpf, Kurt

Koffka, Wolfgang Köhler e Max Wertheimer no início do século XX, o movimento da Gestalt alemão começou como uma rejeição à psicologia reducionista da época, que ainda estava fascinada pelas teorias de Wilhelm Wundt e seus colegas psicofísicos. Wundt argumentava que a percepção visual é fundamentalmente redutível às sensações primárias. Assim como um espelho, a mente refletia a luz.

No entanto, a mente *não* é um espelho. Os gestaltistas se empenharam em provar que o processo da visão altera o mundo que observamos. Seguindo o precursor filosófico Immanuel Kant, eles argumentavam que muito do que se achava que estava *do lado de fora* — em nossas sensações sobre o mundo exterior —, na realidade, vinha *de dentro*, de dentro da mente. ("A imaginação é um ingrediente necessário da percepção em si", escreveu Kant.) Como comprovação para as teorias da percepção, os gestaltistas usavam ilusões óticas. Estas variavam da ilusão de movimento aparente em um cinema (o filme na realidade é composto por um conjunto de fotografias estáticas, mostradas 24 vezes por segundo) até desenhos que parecem oscilar entre duas formas diferentes (o exemplo clássico é o vaso que também pode ser visto como duas faces em silhueta). De acordo com os gestaltistas, essas ilusões comuns eram a prova de que tudo que víamos era uma ilusão. A forma é imposta de cima para baixo. Diferentemente dos seguidores de Wundt, que começaram com nossos fragmentos sensoriais, os gestaltistas começaram com a realidade como de fato a experimentamos.

Os estudos neurocientíficos modernos sobre o córtex visual confirmaram as intuições de Cézanne e dos gestaltistas: a experiência visual transcende as sensações visuais.

A montanha de Cézanne surge de uma tela vazia porque o cérebro, em uma tentativa insolente de dar sentido à pintura, preenche os detalhes. Esse é um instinto importante. Se a mente não se impusesse aos olhos, então, nossa visão estaria cheia de vazios. Por exemplo, já que não há cones sensíveis à luz onde o nervo ótico se conecta à retina, todos temos literalmente um ponto cego no centro do campo visual. No entanto, somos cegos para esse nosso ponto cego: o cérebro registra infalivelmente um mundo sem interrupções.

Essa habilidade em fazer sentido a partir de nossos sentidos incompletos é um resultado da anatomia cortical humana. O córtex visual é dividido em áreas distintas, numeradas de um a cinco de modo ordenado. Se acompanharmos os reflexos de luz desde o V_1 — a área neural onde a informação da retina aparece pela primeira vez como uma coleção de linhas — até o V_5, poderemos observar a cena visual adquirir sua criatividade inconsciente. A realidade é refinada constantemente até a sensação original — aquela tela incompleta — ser engolida por nossa subjetividade.

A primeira área no córtex visual, onde os neurônios respondem tanto a imagens ilusórias quanto a imagens reais, é o V_2. É aqui, na parte de cima da mente, onde esta começa a alterar os níveis mais baixos da visão. Por isso, começamos a enxergar uma montanha onde só há uma fina linha preta. Desse ponto em diante, não conseguimos separar nossas próprias invenções mentais do que é real. Os mesmos neurônios respondem quando realmente vemos uma montanha e quando apenas a imaginamos. Não existe algo como uma percepção imaculada.

Após ser rapidamente processado pelas outras áreas do córtex visual — a cor e o movimento estão agora integrados dentro da pintura —, o dado flui para dentro do lóbulo temporal medial (também conhecido como V_5), região do cérebro onde surgem as percepções conscientes. Nessa área, perto do fundo da cabeça, pequenos subconjuntos de células respondem primeiramente a estímulos complexos, como à pintura de Cézanne de uma montanha ou a uma montanha real. Quando esses neurônios específicos se ativam, todo o processo visual é finalmente completado. A sensação está agora pronta para a consciência.

E uma vez que os neurônios no córtex temporal são muito específicos em suas representações, pequenas lesões nessa região do cérebro podem apagar categorias inteiras de formas. Essa síndrome é chamada de agnosia visual associativa. Algumas vítimas dessa síndrome podem não perceber maçãs, rostos ou pinturas pós-impressionistas. Mesmo que haja uma consciência dos vários elementos que compõem o objeto, a vítima é incapaz de juntar esses fragmentos em uma representação coerente. O fato é que nosso mundo de formas existe apenas nesse estágio final do processamento neural, dentro de dobras saliências cranianas muito distantes da luz do mundo exterior.

Além disso, os nervos que alimentam a consciência são eles mesmos modulados por ela. Uma vez que o córtex pré-frontal acha que viu uma montanha, começa a ajustar a entrada das próprias informações, imaginando uma forma na tela branca. (Parafraseando Paul Simon: "Um homem vê o que deseja e descarta o resto.") Na realidade, no núcleo geniculado lateral (NGL) — o nervo grosso que conecta o globo ocular ao cérebro —, dez vezes mais fibras se projetam do córtex até o olho que do olho até o córtex. Nós obrigamos nossos olhos a mentir. Como escreveu William James em *Pragmatismo*: "Uma sensação é bastante semelhante a um cliente que entrega seu processo a um advogado e depois tem de ouvir passivamente durante o julgamento a qualquer explicação de seus atos que o advogado ache mais conveniente fornecer."

Qual a moral da história de todas essas aulas de anatomia? A mente não é uma máquina fotográfica. Como entendeu Cézanne, ver é imaginar. O problema é que não há como quantificar o que *pensamos* ver. Cada um de nós está trancado dentro de nossa visão peculiar. Se removêssemos nossa autoconsciência do mundo, se enxergássemos com a honestidade impessoal de nossos globos oculares, então não veríamos nada mais que pontos solitários de luz, brilhando em um espaço amorfo. Não haveria uma montanha. A tela estaria simplesmente vazia.

O movimento pós-impressionista iniciado por Cézanne foi o primeiro estilo a fazer de nossa subjetividade desonesta um tema. As pinturas de Cézanne criticam pinturas: elas chamam a atenção para a própria irrealidade. Uma pintura dele admite que a paisagem seja feita de espaço negativo e que a tigela de frutas seja uma coleção de pinceladas. Tudo foi manipulado para caber na tela. Três dimensões foram achatadas para duas, a luz foi trocada pela tinta, a cena inteira foi conscientemente composta. Cézanne nos lembra que a arte é cercada de artifícios.

O fato chocante é que a visão é como a arte. Aquilo que vemos não é real. Foi manipulado para caber em nossa tela, que é o cérebro. Quando abrimos os olhos, entramos em um mundo ilusório, uma cena despedaçada pela retina e recriada pelo córtex. Assim como um pintor interpreta uma imagem, nós interpretamos nossas sensações. Mas não importa o quanto nossos mapas neurais se tornem precisos, eles nunca resolvem a questão do que realmente enxergamos, pois a visão é um fenômeno particular. A experiência visual transcende os pixels da retina e as linhas fragmentadas do córtex visual.

É arte, não ciência. Esse é o meio pelo qual expressamos o que vemos do lado de dentro. Nesse sentido, a pintura é mais próxima da realidade. É o que nos aproxima da experiência. Ao observarmos atentamente as maçãs de Cézanne, estamos dentro da cabeça dele. Por tentar representar as próprias representações mentais, ele mostrou à arte como transcender o mito da realidade. Como escreveu Rainer Maria Rilke, "Cézanne fez a fruta tão real que ela deixou totalmente de ser comestível. Isso é o quanto de real e parecido com um objeto elas ficaram, simplesmente indestrutíveis em sua existência persistente". As maçãs se tornaram aquilo que sempre foram: uma pintura criada pela mente, uma visão tão abstrata que parece real.

Capítulo 6

Igor Stravinsky

A origem da música

> Só os que se arriscam a ir longe demais são capazes de descobrir o quão longe se pode ir.
>
> T.S. Eliot

O BALÉ COMEÇOU às oito. O dia todo fora quente e úmido na cidade de Paris e a noite continuava desconfortável. O interior do teatro estava sufocante. À medida que diminuía a iluminação, a plateia, um pouco inebriada pelos drinques tomados antes de chegar ao teatro, colocava de lado os programas e parava de sussurrar. Os homens tiravam os chapéus e enxugavam as testas. As damas desenrolavam os xales. A cortina subia vagarosamente.

Suando, vestido em um smoking na quarta fileira, Igor Stravinsky estava ficando nervoso. O balé *A sagração da primavera*, para o qual compusera a música, estava prestes a começar sua estreia pública. Stravinsky, um compositor jovem e ambicioso, estava ansioso para proclamar sua genialidade ao público cosmopolita. Desejava que sua nova obra musical o tornasse famoso, que fosse tão chocantemente nova que não poderia ser esquecida. Os tempos modernos exigiam sons modernos e Stravinsky queria ser conhecido como o mais moderno dos compositores.

A primeira dança da noite não seria *A sagração*. Sergei Diaghilev, empresário do Ballets Russes e o homem que encarregou Stravinsky de fazer a composição, escolhera começar a tarde com a célebre *Les Sylphides*. Com música de Chopin escrita para piano e a coreografia do sempre gracioso Michel Fokine, essa dança polonesa representava tudo contra o que Stravinsky se rebelava. Fokine se inspirava nas harmonias oníricas de Chopin e transformava o balé em um devaneio romântico, uma obra de pura abstração poética. Sua única trama era a beleza.

Não havia intervalo. Após terminarem os aplausos, o auditório ficou completamente silencioso. Alguns percussionistas a mais entraram no fosso. Os instrumentos de corda foram cuidadosamente afinados. Ao terminar a afinação, o maestro Pierre Monteux posicionou a batuta para iniciar a música. Apontou para o músico do fagote. *A sagração* começara.

No início, *A sagração* é sedutoramente tranquila. O fagote tremulando, tocado em seu registro mais agudo (soava como um clarinete quebrado), ecoa uma antiga melodia folclórica da Lituânia. Para o ouvido inocente, essa melodia saltitante soa como uma promessa de calor. Terminou o inverno. Podemos ouvir a terra morta cedendo a um arpejo de brotos verdes.

Porém, como ressaltou T.S. Eliot, a primavera também é uma das épocas mais cruéis. Tão logo os lilases emergem, a dissonância da obra orquestral de Stravinsky começa como “a imensa sensação que todas as criaturas experimentam quando a Natureza renova suas formas". Em uma das mais brutais transições da música, Stravinsky abre a segunda parte da obra com um mal-estar monstruoso de sons. Embora a música tivesse apenas começado, Stravinsky já saboreava a total rejeição de nossas expectativas. Stravinsky chamou esta parte de "Os augúrios da primavera".

Os "Augúrios" não auguraram bem. Em segundos, as melodias floridas e folclóricas do fagote são atropeladas pelo ritmo alucinante, as cornetas colidem assimetricamente contra o ostinato. De repente todas as criações da primavera estão gritando por atenção. A tensão cresce cada vez mais, porém não há saída. A força irregular é cruel como a trilha sonora de um apocalipse, a batida crescendo para um *fortissimo* fatal.

Foi nesse momento que a plateia começou a gritar. *A sagração* iniciara um tumulto.

Assim que começou a gritaria, não havia mais como impedir. Após serem golpeados pelos acordes "Augúrios", a burguesia começou a brigar nos corredores. Senhoras mais velhas atacavam jovens estetas. Insultos foram lançados às bailarinas. O tumulto ficou tão barulhento que Monteaux não podia mais ouvir o que estava regendo. A orquestra se desintegrou em uma cacofonia de instrumentos confusos. A dissonância musical foi substituída pela dissonância real. Esse entrevero inflamou Stravinsky. Sua arte estava sendo destruída por um público idiota. O rosto se encheu de raiva e Stravinsky saiu da cadeira, correndo para os bastidores.

Nos bastidores estava Diaghilev, freneticamente ligando e desligando as luzes do teatro. O efeito estroboscópico serviu apenas para aumentar a loucura. O coreógrafo Vaslav Nijinsky estava em pé em uma cadeira um pouco fora do palco berrando a batida para os dançarinos. Eles não conseguiam ouvi-lo, mas não importava. Afinal, essa dança representava justamente a ausência de ordem. Exatamente como a música, a coreografia de Nijinsky era uma rejeição consciente de sua arte. As formas tridimensionais refinadas do balé acadêmico, o posicionamento discreto dos braços e das pernas, o ballon, os abraços sensuais, os pés virados para fora, os tutus — todos os movimentos tradicionais dos bailarinos foram ridicularizados. Sob a direção de Nijinsky, a plateia via apenas as silhuetas dos dançarinos, os corpos curvados, as cabeças baixas, os pés para dentro martelando o palco de madeira. Mais tarde, os dançarinos relataram que a dança chacoalhou os órgãos internos. Fora um balé tão furiosamente novo quanto a música.

Finalmente a polícia parisiense apareceu, conseguindo apenas aumentar o caos. Gertrude Stein descreveu a cena assim: "Não conseguíamos ouvir nada. A dança estava indo bem, podíamos perceber isso embora nossa atenção fosse desviada constantemente por um homem no balcão ao lado, que sacudia a bengala e que, finalmente, em uma disputa violenta com um entusiasta no balcão próximo ao dele, acabou com ela esmagando o chapéu que o outro tinha colocado em desacato. Foi tudo incrivelmente feroz." O furor não terminou até que a música parou.

A publicidade foi o único consolo pela violência daquela noite. No dia seguinte, a obra orquestral de Stravinsky estava na boca do povo. De repente, ele era melhor que Colette. Mais tarde, Stravinsky se lembraria daquela noite com amargura. Ninguém ouvira sua arte antes, porém se tornara uma celebridade genuína, um ícone de vanguarda. Quando a apresentação terminou e o teatro ficou vazio, Diaghilev disse apenas uma frase para Stravinsky: "Foi exatamente o que eu queria."

Por que a multidão se rebelou naquela noite? Como poderia uma música incitar uma multidão a cometer atos de violência? Esse é o segredo de *A sagração*. Para a plateia, a nova obra de Stravinsky tinha o som da originalidade sem remorso. O público esperava uma música mais parecida com a de Chopin. Em vez disso, receberam o sanguinário nascimento da música moderna.

A fonte dessa dor está literalmente visível na partitura. Rabiscos de anotações enchiam página após página. Manchas pretas, pedaços de som. Sonoridade pura e dolorosa interrompida apenas por um clarinete sombrio ao longe. Até mesmo a instrumentação de *A sagração* insulta a tradição sinfônica. Stravinsky ignorou os instrumentos de corda — o burro de carga do compositor romântico. Considerava o som frágil desses instrumentos muito parecidos com a voz humana. Queria um som sinfônico sem pessoas, o som apenas da música "antes do surgimento da Beleza".*

Stravinsky criou esse efeito sem conceder nada à plateia. Desfigurou a tradição e desmantelou as ilusões.

* Quão dolorosa é *A sagração*? Zelda e F. Scott Fitzgerald costumavam fazer seus convidados escolherem entre ouvir uma gravação arranhada de *A sagração* ou olhar para fotografias de soldados mutilados. Aparentemente, eles consideravam as duas experiências basicamente equivalentes.

Enquanto o público da estreia presumia que a beleza era imutável — alguns acordes eram mais agradáveis que outros —, Stravinsky sabia que não era. Por ser um modernista instintivo, reconheceu que nossa percepção de beleza é maleável e que as harmonias que admiramos e os acordes tônicos em que confiamos não são sagrados. Nada é sagrado. A natureza é ruído. A música não passa de um fragmento de som que aprendemos a ouvir. Com *A sagração*, Stravinsky anunciou que já era tempo de ouvir algo novo.

Essa fé na plasticidade de nossa mente — a habilidade para nos adaptarmos a novos tipos de música — foi o insight eterno de Stravinsky. Quando estava na Suíça compondo *A sagração*, experimentando os acordes dissonantes no piano, um garoto vizinho tinha o hábito de gritar da janela: "Está errado!". Stravinsky apenas ignorava. Sabia que o cérebro com o tempo corrigiria sua incorreção. A plateia se adaptaria às notas difíceis e descobriria a beleza contida em sua arte. Como a neurociência atualmente sabe, nossa percepção de sons é uma obra em constante progresso. Os neurônios no córtex auditivo se alteram constantemente pelas canções e sinfonias que escutamos. Nada permanece difícil para sempre.

O nascimento da dissonância

Igor Stravinsky nasceu em 1882, o terceiro filho de nobres modestos. O pai era um cantor na ópera de São Petersburgo. Embora a família insistisse para que entrasse na faculdade de Direito, Stravinsky detestava essa área. O sistema legal representava tudo que ele achava entediante: regras, formas, juízes. Assistindo às aulas com sofrimento, o jovem Igor se imergiu em angústia. Mais tarde, descreveria sua juventude como "um período de espera pelo momento em que poderia mandar tudo e todos para o inferno".

Esse momento chegou com a morte do pai. Estava livre então para desistir de estudar Direito. Rapidamente se matriculou na academia de música de Nikolai Rimsky-Korsakov, o único professor realmente importante que teria. Como Stravinsky em sua fase madura, que compunha sinfonias modernas reciclando antigas melodias folclóricas, Korsakov era um compositor definido pelas contradições. Era um nacionalista russo que adorava música alemã, um czarista com uma queda para o *fin-de-siècle*.

No conservatório de São Petersburgo, Korsakov doutrinou Igor na ansiedade do compositor moderno. O professor dizia que o problema enfrentado pela música moderna era bem simples: a música orquestrada se tornara maçante. A ambição pomposa de Wagner foi, em grande parte, substituída por pastiches, a maioria escrita para o balé. (De seu jeito típico, Wagner culpou os judeus por essa tendência.) Ainda mais preocupante, a revolução modernista parecia estar deixando compositores para trás. Os pintores estavam constantemente ocupados tentando descobrir abstrações, porém a música já era abstrata. Os poetas celebravam o simbolismo, mas a música sempre foi simbólica. A música não conseguia ficar mais magnífica que *The Ring Cycle* de Wagner e nem mais precisa que Bach. O compositor moderno estava aprisionado pelo passado. Por essa razão, a revolução no som teria de começar com um ato de desconstrução. Como Wagner declarara meio século antes ao se envolver em sua própria renovação violenta do estilo musical, "as obras de arte não podem ser criadas no momento, podem apenas ficar preparadas por meio de atividades revolucionárias, destruindo e esmagando tudo que vale à pena destruir e esmagar".*

O golpe de estado modernista ocorreu em 1908, quando Arnold Schoenberg decidiu abandonar a estrutura da música clássica. Como um ato de revolta estética, tal atitude era equivalente a um romancista ignorar a trama. Antes de Schoenberg, toda sinfonia seguia algumas regras simples. Primeiro, o compositor introduzia a tríade tônica, um acorde de três notas.** Esse acorde era o centro invisível da música, a força gravitacional que comandava a abertura. Em seguida, o compositor cuidadosamente se afastava da tríade tônica, sem se afastar demais. (Quanto maior a distância acústica da tônica, maior a dissonância, e muita dissonância era considerada rude.) A música sempre terminava com a volta triunfante da tônica, o som feliz de um final harmônico.

---

* Na época, dizia-se que o ocorrido com *A sagração* fora o pior tumulto musical desde 1861, ano em que a plateia vaiou *Tannhäuser*, de Wagner. Após o desastre na noite de sua estreia, Stravinsky se consolou com o seguinte fato: "Eles vaiaram Wagner aos 45 anos de idade. Tenho apenas 35. Eu também verei meu triunfo antes de morrer" (Kelly, 299).

** Uma tríade consiste numa nota central, uma nota que está um terço acima da central e uma nota que está um terço acima daquela nota. Por exemplo, a tríade de C consiste das notas C-E-G. Isso segue diretamente da oitava da escala C maior, que é **C**-D-**E**-F-**G**-A-B-C.

Schoenberg considerava essa forma sufocante. Desejava que a estrutura de sua música refletisse as necessidades expressivas dele e não a idiossincrasia de um "compositor de obras de arte medíocres". Começou a fantasiar com "o dia em que a dissonância se emanciparia", em que a sinfonia se libertaria dos clichês fáceis da escala de oito notas. Schoenberg afirmou: "Se devo cometer suicídio artístico, então devo viver de acordo com essa norma."

Esse suicídio por atonalidade finalmente aconteceu no meio do segundo quarteto de cordas em F sustenido menor, composto por Schoenberg em 1908. O quarteto é um estudo de entropia tonal no qual ouvimos a lenta decadência do acorde F sustenido menor. No terceiro movimento do quarteto de cordas, aproximadamente no momento em que um soprano começa a cantar "Eu sou apenas um murmúrio da voz sagrada", a estrutura tonal foi totalmente destruída. Nenhuma harmônica resiste mais que alguns poucos segundos. A obra como um todo é guiada apenas por suas partes. A música clássica foi desconstruída.

No programa daquela noite, Schoenberg tentou explicar a lógica subjacente em seu "pandemônio". Ele precisava se libertar da forma, porque a forma musical não tinha mais significado. "A quantidade imensa de dissonâncias," não podia mais ser contida nem censurada. Schoenberg estava farto de seguir as regras dos outros. Estava na hora de escrever as suas próprias.

Ao ouvir Schoenberg pela primeira vez, Stravinsky imediatamente reconheceu a importância daquele músico. Uma etapa fora vencida. O compositor estava então livre para expressar *algo*, mesmo que fosse feio. Stravinsky escreveu em uma de suas primeiras cartas: "Schoenberg é um dos mais preeminentes espíritos criativos de nossa era."

O público vienense não concordou. Mesmo antes de Schoenberg abandonar por completo a tonalidade, suas composições ultrapassavam os limites do bom gosto. Seu refrão sobre Wagner, *Verklärte Nacht* (*Noite transfigurada*), composto na década de 1890, foi banido pela sociedade musical vienense, porque continha uma dissonância desconhecida. Essa sociedade formal não percebera que Schoenberg estava interessado *apenas* em sons desconhecidos. Se um som dissonante era conhecido, então não era dissonante o suficiente. Ele gostava de usar a química como uma metáfora para a música, uma ciência na qual pequenas alterações podem criar substâncias químicas excessivamente potentes. Dizia: "Um átomo de hidrogênio a mais, um a menos de carbono, transforma uma substância desinteressante em um pigmento ou até mesmo em um explosivo."

Até 1913 — o ano de *A sagração* —, Schoenberg descobrira como fazer dinamite musical. Sua arte não era apenas atonal, era *dolorosamente* atonal. Durante uma apresentação da primeira sinfonia de câmara, opus 9, apenas dois meses antes da estreia de *A sagração*, o relacionamento frágil entre o compositor e seu público finalmente implodiu. O público se rebelou contra a novidade, gritando para o palco e obrigando a polícia a intervir e cancelar a programação.* Os médicos declararam, em prol dos

* Reclamavam também do *Altenberglieder* e *Über Die Grenzen* (*Além dos limites*) de Alban Berg, em que os 12 tons da escala cromática eram emitidos simultaneamente. Berg era aluno de Schoenberg, e este regeria a música naquela noite.

ouvintes traumatizados, que essa atonalidade causava distúrbios físicos e emocionais. A imprensa marrom estava repleta de manchetes sobre processos e brigas. Schoenberg não se arrependeu: "Se é arte, não é para todos, e se for para todos, não é arte."

Petrushka foi a primeira grande obra de Stravinsky seguindo o descarado vanguardismo de Schoenberg. Porém, diferente dele, Stravinsky não sabotou a tonalidade eliminando-a. Estava preocupado se a atonalidade era muito sufocante e se Schoenberg, com todas as suas "regras e racionalismo", acabaria se tornando apenas um "Brahms embelezado". Em vez disso, Stravinsky decidiu atormentar o público dando uma *overdose* de tonalidade. No balé *Petrushka* de Diaghilev sobre um boneco que ganha vida, Stravinsky colocou em confronto duas antigas melodias folclóricas, como bonecos de corda. Consequentemente, a música é bitonal, se desdobrando em dois tons (F sustenido maior, que é composto quase somente de teclas pretas, e C maior, que é composto somente de teclas brancas) simultaneamente. O resultado é uma ambiguidade mal resolvida, a dissonância irônica de consonância demais. O ouvido tem de escolher o que ouvir.

Ondas de ruído

Nossa percepção do som começa quando a onda sonora, viajando a 340,29 m/s, colide com o tímpano. Esse choque movimenta os três menores ossos do corpo humano — um esqueleto preso dentro do ouvido —, comprimindo-os contra as membranas da cóclea cheia de líquido. Esse líquido transforma as ondas de ar comprimido em ondas de líquido salgado que, por sua vez, movimenta as células ciliadas (assim chamadas porque se parecem com cílios microscópicos). Esse movimento microscópico abre canais de íon que enchem as células de eletricidade. Se as células ficarem curvadas por tempo suficiente em um ângulo agudo, disparam um impulso elétrico para o cérebro. O silêncio está quebrado. O som começa.

A cóclea é coberta por 16 mil desses neurônios. Em um mundo cheio de ruídos, as células ciliadas ficam constantemente curvadas. O ar é repleto de vibrações e cada vibração reverbera dentro dessa câmara de eco do ouvido. (As células ciliadas são sensíveis a sons até de dimensões atômicas. Literalmente, podemos ouvir o movimento browniano, o choque aleatório dos átomos.) Porém, como conseguimos ouvir um som coerente com essa cacofonia elétrica?

A resposta está na anatomia. As células ciliadas estão agrupadas como as teclas de um piano. Em uma extremidade, estão sintonizadas para responder a altas frequências de sons, enquanto na outra extremidade, são curvadas pelas frequências baixas. Quando se toca uma escala, as células ciliadas espelham as notas crescentes. Elas ondulam em ritmo com a música, traduzindo com maestria a energia do ruído em códigos elétricos.

E, embora todo som comece com uma disposição temporária de células ciliadas, trata-se apenas do começo da audição. No intervalo de tempo que leva para tocar a 16ª nota, os rumores sensoriais percebidos pelo ouvido são ensaiados continuamente dentro do cérebro. Por fim, o som chega ao córtex auditivo primário, em que os neurônios são projetados para detectar frequências específicas. Em vez de representar o espectro total de ondas sonoras vibrando dentro do ouvido, o córtex auditivo se concentra em encontrar a nota entre o ruído. Deixamos de sintonizar a cacofonia que não conseguimos entender. (Esta é a razão de conseguirmos reconhecer uma única frequência musical tocada por diferentes instrumentos. Embora um trompete e um violino produzam ondas sonoras bem diferentes, somos projetados para ignorar essas diferenças. Tudo que nos interessa é a frequência.) Quando esses neurônios seletivos no córtex auditivo ficam excitados, o leve estremecer do ar finalmente se torna uma nota musical.

Porém, uma obra musical não é simplesmente um arranjo de notas musicais individuais. A música começa de fato quando frequências separadas são fundidas em um arranjo. Essa é uma consequência da própria limitação do cérebro. A música é uma abundância agradável de informações. A mente desiste sempre que um ruído excede nossa capacidade de processá-lo porque não conseguimos decifrar todas as diferentes ondas sonoras que atingem nossas células ciliadas. Ela para de tentar entender as notas individuais e procura entender a relação *entre* as notas. O córtex auditivo humano consegue essa façanha utilizando a própria memória de curto prazo para os sons (no hemisfério posterior esquerdo) para descobrir padrões no nível mais alto da expressão, tema e movimento. Essa nova avaliação nos permite extrair *ordem* de todas essas notas voando pelo espaço aleatoriamente — e nosso cérebro é obcecado por ordem. Necessitamos que nossas percepções façam sentido.

A origem da música é esse instinto psicológico — essa desesperada procura neural por um padrão, qualquer padrão. Ao prestar atenção a uma sinfonia, ouvimos um ruído em movimento, cada nota se mesclando com a próxima. O som parece *contínuo*. Certamente, a realidade física é que cada onda sonora é uma entidade separada, tão discriminada quanto as notas escritas na partitura. Entretanto, não é assim que sentimos a música. Constantemente abstraímos as informações que recebemos, inventando padronizações de modo a conseguir manter o ritmo com a enxurrada de ruídos. E, quando o cérebro encontra uma padronização, imediatamente começa a fazer previsões imaginando qual nota virá a seguir. Ele projeta uma ordem imaginária no futuro, transpondo a melodia que acabamos de ouvir para a melodia que esperamos ouvir. Ao tentar descobrir as padronizações interpretando cada nota em termos das expectativas, tornamos os retalhos de sons em altos e baixos de uma sinfonia.

A tensão da emoção

A estrutura da música reflete a atração do cérebro humano por padrões. A música tonal (isto é, a maioria das músicas barrocas, clássicas e românticas) começa por estabelecer um padrão melodioso através da tríade tônica. Esse padrão estabelece o tom que estruturará a canção. O cérebro precisa desesperadamente dessa estrutura, já que fornece uma forma de organizar o tumulto de notas subsequentes. Um tom ou tema é expresso em um padrão mnemônico para, em seguida, ser ignorado e depois retornar em um momento de descanso consonante.

Entretanto, antes que possa ser desejado pelo cérebro, um padrão deve se fazer de difícil. A música somente nos excita quando obriga o córtex auditivo a se esforçar para descobrir a sua ordem. Se for óbvia demais, se os padrões estiverem sempre presentes, a música será enfadonha. Essa é a razão dos compositores introduzirem a nota tônica no começo da canção para, em seguida, ignorá-la até o final. Quanto mais tempo nos for negado o padrão que esperamos, maior a descarga emocional quando ele volta, são e salvo. O córtex auditivo se alegra, pois encontrou a ordem pela qual procurava.

O musicólogo Leonard Meyer, para demonstrar esse princípio psicológico, analisou o quinto movimento do Quarteto de Cordas de Bach em C sustenido menor, opus 131, em seu clássico livro, *Emotion and Meaning in Music* (1956) [*Emoção e sentido na música*]. Meyer queria mostrar como a música é definida pelo flerte *com* (mas sem se submeter) as expectativas de uma ordem. Ele dissecou cinquenta medidas da obra-prima de Beethoven mostrando como o compositor começa com uma declaração óbvia de um padrão rítmico e harmonioso para, em seguida, através de uma dança tonal complexa, cuidadosamente evitar repeti-la. Beethoven sugere então variações do padrão. Ele é a sombra evasiva. Se E maior é a tônica, ele toca versões incompletas do acorde E maior, tendo sempre o cuidado de evitar a expressão direta. Preserva um elemento de incerteza em sua música, obrigando o cérebro a implorar pelo único acorde que se recusa a tocar. Beethoven guarda esse acorde para o final.

De acordo com Meyer, a tensão repleta de suspense da música (que surge a partir de nossas expectativas não-realizadas) é a origem de nosso sentimento por ela. Embora as teorias anteriores se concentrassem na forma como um ruído pode se referir ao verdadeiro mundo de imagens e experiências (seu significado conotativo), Meyer afirmava que as emoções que encontramos na música provêm dos eventos em desenvolvimento da música em si. Esse "significado incorporado" aparece a partir dos padrões que a sinfonia invoca e depois ignora, e da ambiguidade que cria na própria forma. Meyer escreveu: "Para a mente humana, tais estados de dúvida e confusão são abomináveis. Quando confrontada por elas, a mente tenta decompô-las em clareza e certeza." Portanto, esperamos a resolução do E maior, para que o padrão estabelecido por Beethoven seja completado. A antecipação nervosa, diz Meyer, "é a razão de ser do trecho, pois seu propósito é exatamente adiar a cadência na tônica". A incerteza provoca o sentimento. A música é uma forma cujo significado depende de sua profanação.

A música de Stravinsky é *pura* profanação. Embora o público culto achasse que a música era apenas uma coleção de acordes consonantes tocados em um ritmo perfeito, Stravinsky percebeu que estavam enganados. Ruídos bonitos são enfadonhos. A música só é interessante quando nos confronta com tensão, e a origem da tensão é o conflito. O insight de Stravinsky foi que o que público realmente queria ser negado aquilo que queria.

A sagração foi a primeira obra sinfônica a expressar essa filosofia antagônica. Stravinsky antecipou as expectativas de seu público e negou cada uma delas. Apropriou-se da canção primaveril comum e fez arte com seu oposto. A dissonância nunca se submete à consonância. A ordem não derrota a desordem. Há uma quantidade imoral de tensão, mas ela nunca se resolve. Tudo apenas piora. E, em seguida, termina.

Para nossos nervos sensíveis, uma obra musical como essa nos parece uma afronta. O cérebro — um órgão de hábitos sinápticos — fica totalmente frustrado. Começamos a nos identificar com a violenta dança sacrificial no palco. Era essa a intenção de Stravinsky: sua música era uma provocação flagrante. Desnecessário dizer que funcionou. Mas por quê? Como Stravinsky conseguiu engendrar tanta agonia em sua arte?

A resposta a essa pergunta nos faz voltar à questão da ordem. Embora a música comece com nossa predileção por padrões, o *sentimento* da música, como observou Meyer, se inicia quando o padrão que imaginávamos começa a desmoronar. Naturalmente, *A sagração* é um único e longo desmoronamento. Stravinsky não inventou apenas alguns padrões musicais novos: ele insistiu em destruir os antigos. Introduziu fragmentos de canções folclóricas para, em seguida, destruí-las com um tiro de balas cromáticas. Pegou as grandes e sonoras pinceladas dos acordes principais e as colocou em uma máquina cubista. Strauss é transformado em punk, Wagner é invertido, Chopin é ridicularizado. O classicismo é visto como cínico.

A novidade sádica dos padrões de *A sagração*, a recusa teimosa em se adaptar às nossas expectativas aprendidas é o segredo sujo de seu descontentamento. Por desobedecer a toda regra que acreditamos conhecer, Stravinsky nos obriga a confrontar o fato de que *temos* expectativas, que a mente antecipa certos tipos de ordem, seguidos de certos tipos de liberações. No entanto, em *A Sagração* essas expectativas são inúteis. Não sabemos que nota virá a seguir. E isso nos deixa zangados.

As emoções geradas pela tensão musical — uma tensão levada a limites absurdos por Stravinsky — pulsam por todo o corpo. Assim que a orquestra começa a tocar, nosso corpo começa a sofrer alterações. As pupilas se dilatam, a pressão arterial e a pulsação sobem, a condutividade da pele cai e o cerebelo, uma região do cérebro associada ao movimento corporal, torna-se estranhamente ativo. O sangue é até redirecionado para os músculos das pernas. (Consequentemente, começamos a bater os pés no ritmo da música.) O som provoca-nos em nossas raízes biológicas. Como escreveu Schopenhauer: "Nós é que somos torturados pelas cordas."

É claro que Stravinsky sabia exatamente como aumentar nossa pressão arterial. À primeira vista, isso pode parecer uma façanha duvidosa. A arte moderna tem de ser tão cruel? O que aconteceu com a beleza? Mas a maldade de Stravinsky estava enraizada em um profundo conhecimento da mente humana. Ele percebeu que a força motriz da música é o conflito, não a consonância. A arte que nos faz sentir é a arte que nos faz sofrer. E nada dói mais que uma sinfonia sem piedade.

Por que a música tem a capacidade de nos infligir tanta dor? Porque age diretamente em nossos sentimentos. Nenhuma ideia interfere nas emoções dela. Essa é a razão de "toda arte aspirar à condição de música". A sinfonia nos dá a emoção da incerteza — a ansiedade prazerosa na procura por um padrão —, porém sem os riscos da vida real. Ao ouvirmos música, ficamos comovidos pela abstração. Sentimos, porém, não sabemos por quê.

Stravinsky, o hipster

Originalmente, Stravinsky compôs em um piano a seção "Augúrios" — o som terrível que iniciou o tumulto. Uma mão tocava o acorde E maior e a outra tocava o sétimo acorde E bemol maior. Ele golpeava esses sons nas teclas brancas e pretas, com um ritmo tão insistente quanto a batida de um relógio. A essa dor de cabeça acrescentou algumas inflexões sincopadas. O terror tinha então um esquema. Ao ouvir pela primeira vez essa seção, Diaghilev fez apenas uma pergunta a Stravinsky: "Por quanto tempo continua assim?" A resposta de Stravinsky foi: "Até o final, meu querido." Diaghilev ficou estarrecido.

A ironia é que a beleza espantosa do acorde "Augúrios" não é realmente dissonante. O som, na verdade, é composto por conjuntos de acordes tonais clássicos, colocados uns contra os outros em uma *conjunção* dissonante. Stravinsky funde dois polos harmônicos distintos, o que tem o mesmo efeito de um curto-circuito. O ouvido ouve fragmentos de harmonia (E, E bemol, C), porém o cérebro não consegue juntar esses fragmentos. Por quê?

Porque o som é *novo*. Stravinsky eletrificou o conhecido. Nunca antes na história da música um compositor ousou nos confrontar com essa vibração particular do ar comprimido, tocado com esse tipo de staccato bruto. O cérebro fica confuso, suas células desnorteadas. Não temos a menor ideia de *que* som é esse e para *onde* levará, ou qual a *próxima* nota. Sentimos a tensão, mas não conseguimos imaginar o escape. Esse é o choque do novo.

Stravinsky adorava o novo. Mais tarde se gabaria de que "muito pouca tradição está presente em *Le Sacre Du Printemps*. E não há teoria. Tive apenas meu ouvido para me ajudar". Stravinsky acreditava que a música, assim como a natureza, exigia uma constante agitação. Se não fosse original, não era interessante. Por isso, passou a carreira se reinventando constantemente, dividindo a vida em períodos de estilo distintos. Primeiro, há o Stravinsky modernista, o equivalente musical de Picasso. Quando se enfadou, se autonomeou um satirista barroco. Desse ponto em diante, aventurou-se no minimalismo, que se transformou no neoclassicismo, que se tornou, ao final de sua vida, um serialismo schoenbergiano. Não houve quase *-ismo* algum que não tivesse explorado.

Por que Stravinsky não permaneceu o mesmo? Como Bob Dylan, outro camaleão musical, comentou: "Aquele que não está se dedicando a nascer, está se dedicando a morrer." O maior medo de Stravinsky era morrer da morte lenta da previsibilidade. Desejava que cada uma de suas notas vibrasse de forma inesperada, para manter o público tenso. Acreditava que a pura ousadia — ao contrário da beleza ou da verdade — era "a força motriz dos melhores e maiores artistas. Eu aprovo a ousadia, não coloco limite algum nela".

O atrevimento de Stravinsky se manifestou por toda parte em sua música. Nunca conheceu um ritmo que não desejasse sincopar, nem uma melodia que não ficasse compelido a ridicularizar. Porém, a compulsão de instabilizar era mais evidente pela rejeição aos padrões musicais do passado. Sabia que, ao longo do tempo, a dissonância de algo novo se transformaria em uma consonância. A mente acabava aprendendo a interpretar o ruído obscuro. Como resultado, a sinfonia deixou de ser assustadora.

Stravinsky não tinha nada contra os acordes principais ou os padrões charmosos do passado. De fato, *A sagração* está cheia de frequências consonantes e alusões a velhas melodias folclóricas russas. No entanto, ele necessitava de tensão. Desejava que sua música fervilhasse de estresse, com o Sturm und Drang de originalidade. E a única forma de criar esse tipo de música era criar um novo tipo de música, um som dissonante que o público não conhecia. Em uma introdução de *A sagração*, Stravinsky escreveu: "Contei à minha orquestra sobre o grande medo que pesa em cada alma sensível confrontada pelas *potencialidades.*" Era esse som — o som temeroso de novidades sem limites, uma forma que potencialmente poderia adquirir *qualquer* forma — que Stravinsky ouvia na inspiração púbere da primavera.

É claro que o problema no equilíbrio é ser *au courant* sem ser incoerente, difícil sem ser impossível. Embora *A sagração* tivesse sido descrita em sua estreia como um exemplo de puro ruído, um caos incessante, na realidade, é uma teia intricada de padrões. Stravinsky era meticuloso. Porém, os padrões que teceu em *A sagração*, não eram os padrões normais da música ocidental. O cérebro não conhecia esses padrões. O compositor rejeitou todas as convenções e em sua obra sinfônica, criou um sistema próprio de harmonia e ritmo. A batida do acorde "Augúrios", por exemplo, é um ritmo que normalmente é descrito como aleatório e arbitrário. Na realidade, é tudo menos isso. Stravinsky usa esse momento para suspender a melodia e a harmonia, de modo que tudo que ouvimos são as punhaladas dissonantes. Ele deseja que nos concentremos na origem de nossa dor.

E embora a batida repreensora da seção pretenda aparecer abruptamente, Stravinsky nos preparou cuidadosamente para o pulsar rítmico. Dentro das muitas melodias folclóricas da introdução, Stravinsky coloca os violinos para delinear o acorde (D bemol, B bemol, E bemol, B bemol) e a batida (2/4 de tempo), de modo que quando o "Augúrios" realmente começa, ouvimos as inflexões em cadência dentro ou fora do tempo. Essa aleatoriedade é estruturada, o que (ironicamente) apenas serve para enfatizar sua própria aleatoriedade. E, embora esteja ocupado em desestabilizar a batida, usando o acorde "Augúrios" para desmantelar o padrão que acabou de criar, Stravinsky está ao mesmo tempo fazendo com que nós — o público — mantenhamos a batida constante. Ele nos força a projetar seu padrão particular para um tempo futuro. De fato, percebemos rapidamente que somos a *única* fonte de constância: os violinos providenciais se calaram. Stravinsky usou nossa dependência dos padrões para colocar ordem em sua desordem. A ordem é a nossa.

Esse é o método de *A sagração*. Primeiro Stravinsky desarticula nosso processo de criação de padrões, subvertendo deliberada e ruidosamente tudo o que acreditamos conhecer. (Esse é o propósito não muito sutil do acorde "Augúrios".) Em seguida, após remover os detritos clássicos de nossas cabeças, força-nos a gerar padrões a partir da música em si, e não de nossas noções preconcebidas de como a música *deveria* ser. Ao abandonar as convenções do passado, ele nos deixa sem padrões, apenas com o que encontramos dentro de sua música de balé. Se tentarmos impor um padrão externo a *A sagração*, se tentarmos destravar sua inovação usando os padrões de Beethoven, Wagner ou de *Petrushka*, esses padrões serão jogados de volta em nossa cara. Mesmo quando conseguimos reconhecer as notas de Stravinsky, seu arranjo nos confunde, pois Stravinsky fragmenta tudo. A imaginação dele era uma batedeira.

Toda essa novidade nos deixa amargamente desorientados. Para achar uma sombra de ordem em *A sagração*, temos de prestar atenção incondicional. Se deixarmos de ouvir atentamente, se não sintonizamos as ondulações engendradas, a orquestra toda se torna nada mais que um motim de ruídos. A música desaparece. Era isso que Stravinsky queria. Certa vez, afirmou: "Ouvir requer esforço, escutar não tem mérito. Um pato também escuta."

Porém, Stravinsky torna tudo difícil de escutar. Sua obra orquestral é um tumulto e qualquer ordem frágil que possa estar presente permanece despercebida. Ouvimos padrões e, mesmo assim, com dificuldade. Temos a sensação de que há uma estrutura, mas parece existir apenas em nossas mentes. Perguntamos a nós mesmos: "Isso é música? Ou será ruído? Essas tremulações são aleatórias ou há um método nessa loucura?" Stravinsky não se presta a responder essas perguntas. Ele nem reconhece essas perguntas. O som apenas continua no tumulto.

O resultado sônico é pura ambiguidade em uma escala amedrontadora. Ao afirmar que "a música é, pela própria natureza, essencialmente impotente para expressar algo", Stravinsky estava fazendo alusão ao fato de que o epítome da expressão musical é a incerteza. Se a música não é ambígua, então ela nada expressa, e se expressar algo, apenas expressou a ausência da certeza. E, embora muitos compositores antes de *A sagração* tivessem o hábito de limitar a originalidade — muita novidade era algo doloroso —, Stravinsky acabou com esse jogo estético, sem piedade. A música sinfônica dele nos nega um clímax consonante. Zomba de nossas expectativas de um final feliz. Na realidade, zomba de todas as nossas expectativas.

E, assim, no exato momento em que todos os outros compositores de todas as outras sinfonias contemplam o ângulo do repouso tranquilo — o som satisfatório de uma orquestra terminando em uma tônica —, Stravinsky decide matar sua virgem com uns tambores tímpanos enormes. Ele a força a dançar a dança impossível, alterando a batida em cada barra musical. Os padrões rítmicos passam voando em um burburinho esquizofrênico no qual um 9/8 se torna um 5/8, que por sua vez se torna um 3/8, que se desloca abruptamente para um 2/4-7/4-3/4, e assim por diante. Nossas células conseguem detectar o caos aqui, sabemos que essa parede de som específica é indecifrável. Só nos resta esperar. Isso também tem de terminar.

O erro de Platão

O que é a música? Essa é a pergunta não respondida na essência de *A sagração*. Na estreia, o público violento insistia em dizer que a obra sinfônica não passava de ruído. Seja o que for a música, não era isso. Havia limites para inovações e *A sagração* ultrapassara esses limites.

Naturalmente, Stravinsky pensava o contrário. Disse que o ruído se tornava música "só por ser organizado, e tal organização pressupõe um ato humano consciente". *A sagração da primavera* proclamava que a música era feita por homens, uma coleção de ruídos que aprendêramos a ouvir. Apenas isso.

Essa era uma nova definição radical para música. Desde Platão, a música é vista como uma metáfora para a ordem inata da natureza. Platão dizia que não fazemos música, nós a *encontramos*. Embora a realidade pareça ruidosa, há uma harmonia essencial escondida no ruído, "uma dádiva das musas". Para Platão, isso tornava a música uma forma de medicina, "uma aliada na luta para dar ordem a qualquer órbita de nossas almas que se tornasse sem harmonia". A beleza do Dó maior refletia a tremulação racional que poderia inspirar uma racionalidade paralela dentro de nós.

Platão levava o poder da arte a sério. Insistia que a música (junto com a poesia e o drama) deveria ser rigorosamente censurada em sua república imaginária. Seduzido pelo misticismo numérico de Pitágoras, acreditava que somente as frequências musicais consonantes — já que vibravam em razões geométricas ordenadas — conduziam a um pensamento racional, o que ocorre quando "as paixões trabalham em direção da razão". Infelizmente, isso significava silenciar de forma sistemática todas as notas e padrões dissonantes, já que a dissonância perturbava a alma. Os sentimentos eram perigosos.

À primeira vista, *A sagração da primavera* parecia perfeita para comprovar a teoria de Platão sobre a música. A dissonância orquestral de Stravinsky provocou uma violenta reação. É exatamente por essa razão que o vanguardismo deve ser banido: é ruim para a República. O melhor é tocar constantemente uma música simples e tranquila.

No entanto, apesar de todo insight utópico, Platão não entendeu direito o que a música realmente é. A música é *apenas* uma sensação. *Sempre* perturba nossa alma. Se fôssemos censurar toda canção que enche as pessoas com emoções irracionais, não teríamos mais nenhuma música para tocar. E, embora Platão confiasse apenas nas notas que obedeciam a sua definição matemática de ordem, a música só começa quando essa ordem desmorona. Produzimos arte a partir da incerteza.

A sagração derrubou muitos mitos, mas o mito que Stravinsky teve mais prazer em derrubar foi a parábola do progresso. Stravinsky afirmou: "Na música, o avanço é apenas no sentido de desenvolver os instrumentos da linguagem". Enquanto Platão acreditava que a música um dia refletiria a harmonia do cosmos — dando assim inspiração às nossas almas com o som puro da razão —, as sinfonias de Stravinsky eram monumentos à falta de sentido do progresso. Na visão modernista de *A sagração*, a música é uma mera sintaxe dos padrões transgredidos. Não melhora com o passar do tempo, apenas se torna diferente.

A versão do progresso de Stravinsky veio ao mundo a partir do que aconteceu após o tumulto. Embora a primeira plateia gritasse para o palco, amaldiçoando o abandono amargo de todas as tradições conhecidas, *A sagração* seguiu em frente para definir a própria tradição. Na verdade, alguns anos após a estreia, *A sagração* era ovacionada de pé e Stravinsky, carregado para fora do auditório nos ombros do público. Diaghilev gracejou: "Nosso pequeno Igor agora necessita de escolta policial para deixar os concertos, como um boxeador famoso." A mesma sinfonia que outrora provocara um tumulto virou um exemplo rotineiro da música moderna. O público podia ouvir os padrões delicados e encontrar a beleza assustadora entranhada em suas ondulações. Em 1940, Walt Disney usou *A sagração* na trilha sonora do filme *Fantasia*. O acorde "Augúrios" era apropriado para um desenho animado.

A resistência teimosa de *A sagração* foi seu mais subversivo triunfo. Se os seguidores da filosofia de Platão acreditavam que a música tinha uma definição natural, sua ordem, um reflexo de alguma ordem matemática exterior, a sinfonia de Stravinsky nos forçou a admitir que a música é nossa criação. Não há nada de sagrado na sinfonia: ela é simplesmente ar vibratório que nosso cérebro *aprendeu* a ouvir.

Mas então, como aprendemos a escutar música? Como é que o esquecimento de um ruído se torna uma sinfonia de música clássica? Como a dor de *A sagração* se torna agradável? A resposta a essas perguntas nos leva ao talento único do cérebro: a habilidade de se modificar. O córtex auditivo, como todas as nossas áreas sensoriais, tem uma plasticidade extrema. A neurociência chamou essas células maleáveis de rede cortico*fugal*, usando termos emprestados da música e do estilo fugado que Bach tornou famoso. Esses neurônios contrapontísticos retroalimentam diretamente a audição, alterando as frequências específicas, as amplitudes e os padrões de tempo aos quais as células sensoriais conseguem responder. O cérebro se sintoniza em sua própria acepção do som, exatamente como um violinista afina as cordas de seus instrumentos.

Uma das principais funções da rede corticofugal é o que a neurociência chama de seleção egocêntrica. Quando certo padrão de ruídos é ouvido repetidamente, o cérebro memoriza aquele padrão. A retroalimentação, a partir das regiões cerebrais superiores, reorganiza o córtex auditivo, o que torna mais fácil reconhecer o padrão no futuro. Esse aprendizado é, em grande parte, o trabalho de dopaminas que modulam a elasticidade dos mecanismos celulares.

Mas o que coloca em ordem a retroalimentação corticofugal? Quem está encarregado de nossas sensações? A resposta é a experiência. Embora a natureza humana em grande parte defina como ouvimos as *notas*, é nossa criação que determina como ouvimos a *música*. Desde a música pop de três minutos à ópera de cinco horas de Wagner, as criações de nossa cultura nos ensinam a esperar determinados padrões musicais, que ao longo do tempo são programados em nosso cérebro.

E uma vez que aprendemos esses padrões simples, nos tornamos excepcionalmente sensíveis às suas variações. O cérebro é projetado para aprender por associação: se isso, então aquilo. A música brinca sutilmente com as associações que esperamos, seduzindo-nos a fazer previsões para depois nos confrontar com nossos erros. Na realidade, o tronco encefálico contém uma rede de neurônios que respondem *apenas* a sons surpreendentes. Quando o padrão musical a que estamos acostumados é transgredido, essas células iniciam o processo neuronal que culmina na liberação de dopamina, o mesmo neurotransmissor que reorganiza o córtex auditivo. (A dopamina é também a fonte química para a maioria de nossas emoções intensas, o que ajuda a entender a força emocional incomum da música, especialmente quando nos confronta com o novo e a dissonância.) Atraindo-nos com padrões frágeis, a música se conecta a nossos circuitos cerebrais mais básicos.

No entanto, a dopamina tem o seu lado negro. Quando o sistema da dopamina está desequilibrado, o resultado é a esquizofrenia.* Se os neurônios da dopamina não conseguirem correlacionar seus disparos com os eventos externos, o cérebro é incapaz de fazer associações convincentes. Os esquizofrênicos têm alucinações auditivas complexas exatamente porque suas sensações não são compatíveis com as previsões mentais. Como resultado, eles inventam padrões onde não há e não conseguem enxergar os padrões que existem de fato.

Com seu desmanche metódico das expectativas musicais do público, a estreia de *A sagração* simulava literalmente a loucura. Ao subverter os neurônios de dopamina dos expectadores, também subverteu sua sanidade. Tudo sobre ela parecia estar errado. O maestro Pierre Monteux afirmava estar convencido de que Stravinsky era um lunático. Durante os longos ensaios da sinfônica — que exigiu o dobro de ensaios de *The Firebird*, os violinistas acusaram *A sagração* de ser "*schmutzig*" (suja). Puccini dizia que era "a obra de um louco". Os músicos dos instrumentos de

---

* Embora a esquizofrenia não possa ser relacionada a uma única causa anatômica, a hipótese sobre a dopamina é a explicação mais sustentável da neurociência. De acordo com essa teoria, muitos dos sintomas da doença são causados pelo excesso de alguns subtipos receptores de dopamina, especialmente no sistema mesolímbico-mesocortical.

sopro tocando os *fortissimos* imponentes irromperam em gargalhadas espontâneas. Stravinsky olhou para longe e disse jocosamente para a orquestra que ensaiava: "Cavalheiros, vocês não precisam rir, eu sei o que escrevi."

Com o tempo, os músicos chegaram a entender os métodos de Stravinsky. Sua criatividade era gravada nos cérebros dos músicos à medida que os neurônios de dopamina se ajustavam ao acorde "Augúrios". O que outrora parecia um vazio cheio de ruído transformou-se em uma expressão de difícil magnificência. Este é o sistema corticofugal em ação. Ele transforma um som dissonante, um padrão que não conseguimos compreender, em um som compreensível. Consequentemente, a dor de *A sagração* acaba ficando tolerável para, em seguida, tornar-se bela.

O sistema corticofugal tem um efeito colateral muito interessante. Embora tenha evoluído para expandir nossa mente — permitindo que conheçamos uma infinidade de novos padrões —, também pode limitar nossas experiências. Isso porque o sistema corticofugal é um elo fechado de retroalimentação positiva, um sistema cujo resultado faz com que a entrada de informações seja recorrente. Pense em um microfone muito perto do alto-falante, de modo que o microfone amplifica o próprio som. O elo infinito resultante causa um chiado alto ininteligível de ruído branco, o som de uma retroalimentação positiva ininterrupta. Ao longo do tempo, o córtex auditivo funciona da mesma forma, somos capazes de ouvir mais facilmente os sons que já ouvimos. Isso nos estimula a escutar as músicas antigas que já conhecemos (porque soam melhor), e a ignorar as canções difíceis que não conhecemos (por soarem barulhentas e hostis e liberarem quantidades desagradáveis de dopamina). Somos projetados para abominar a incerteza das inovações.

Como podemos escapar dessa armadilha neurológica? Prestando atenção na arte. O artista está engajado em uma luta perpétua contra o elo de retroalimentação positiva do cérebro, desesperado para criar uma experiência que ninguém tenha tido antes. E, enquanto o poeta tem de lutar para inventar uma nova metáfora, e o romancista, uma nova história, o compositor tem de descobrir padrões desconhecidos, pois a originalidade é o berço das emoções. Se a arte nos parece difícil, é apenas porque nossos neurônios estão se esforçando para entendê-la. A dor nasce do crescimento. Como declarou Nietzsche sadicamente certa vez: "Se algo deve permanecer na memória, tem de ser marcado a fogo nela; somente o que não para de doer permanece na memória."

A inovação, embora dolorosa, é necessária. Elos de retroalimentação positiva, como aquele microfone de som agudo, se destroem. Sem artistas como Stravinsky, que, por compulsão, só fazia o novo, nossa percepção do som seria extremamente limitada. A música perderia sua incerteza essencial. A dopamina deixaria de fluir. Consequentemente, o sentimento seria lentamente drenado das notas, e tudo que nos restaria seria uma concha de consonantes tranquilas, o extravasar delicado de música perfeitamente previsível. Obras como *A sagração** nos empurram

---

* Artistas como Bob Dylan, que levou a música folclórica para o elétrico, ou os Ramones, que transformaram o rock em punk [...] A história musical é composta principalmente pelas histórias de artistas que ousaram desafiar as expectativas do público.

para fora dessa complacência. Literalmente, mantêm nossa mente aberta. Se não fosse a dificuldade do vanguardismo, só cultuaríamos o que já conhecemos.

Eis o que Stravinsky sabia: a música é feita pela mente e a mente pode ser ensinada a ouvir quase tudo. Com o tempo, até a intransigente *Sagração* se tornaria apenas mais um clássico musical, estonteando ouvintes com a sua beleza. Seus padrões estranhos seriam memorizados e deixariam de causar dor. Com o uso, o acorde agudo do "Augúrios" se tornaria banal, e todas as dissonâncias meticulosamente engendradas se tornariam uma beleza indiferente. Esse era o pesadelo de Stravinsky, e ele sabia que se tornaria realidade.

O que separava Stravinsky do público violento naquela noite era sua crença nas possibilidades ilimitadas da mente. Já que nosso cérebro pode ser ensinado a ouvir quase tudo, a música não precisa ficar enjaulada. A música necessita apenas de um padrão transgredido, uma ordem interrompida pela desordem, pois, nesse frisson acústico, percebemos uma sensação. A música é essa sensação. *A sagração da primavera* era a primeira obra sinfônica a celebrar esse fato. É o som da arte alterando o cérebro.

Capítulo 7

Gertrude Stein

A estrutura da linguagem

As palavras são os órgãos finitos de uma mente infinita.

Ralph Waldo Emerson

ANTES DE SER uma artista de vanguarda, Gertrude Stein foi uma cientista. Seu primeiro escrito saiu publicado na edição de maio de 1898 da *Psychological Review*.* O artigo resumia a pesquisa no laboratório de psicologia de William James em Harvard, onde Stein explorava a escrita automática.** Em suas experiências, usava uma tábua Ouija — que muitos utilizam para tentar contatar os mortos — para canalizar a própria sub-

---

* Stein foi coautora, junto com Leo Solomons, de um artigo científico anterior *Normal Motor Automatism* [Automatismo motor normal], publicado em setembro de 1896. Entretanto, é provável que tenha tido um papel muito pequeno na escrita desse documento.

** Quando o artigo científico foi publicado, Stein já estava a caminho da escola de medicina na Universidade John Hopkins. Lá, Stein trabalharia no laboratório de neuroanatomia de Franklin Mall, um renomado anatomista cerebral.

consciência. Stein queria escrever as primeiras palavras que lhe viessem à mente.

Como era esperado, o resultado foi ridículo. Em vez de revelar o interior reprimido da mente, as experiências com a escrita automática geraram um monte de falas espontâneas sem sentido. Enchia páginas e páginas com frases incompreensíveis como esta: "Quando ele não podia ser o mais longo e, portanto, ser, e portanto ser, o mais forte." O que essas palavras poderiam significar? Após a análise dos dados, Stein chegou à conclusão de que não significavam nada. Sua experiência não funcionara. "Há movimentos automáticos, porém não há escritas automáticas. A escrita é uma atividade muito complicada para uma pessoa normal se envolver automaticamente", lamentava-se.

No entanto, o fracasso da experiência fez Stein começar a pensar. Mesmo quando escrevia sobre absolutamente nada, o que ocorria na maior parte do tempo, esse nada permanecia gramatical. As frases eram todas sem sentido, porém ainda assim obedeciam às regras padrão de sintaxe. Os sujeitos concordavam corretamente com os verbos, os adjetivos modificavam os substantivos e tudo estava no tempo verbal certo. Stein concluiu que "não há bom contrassenso sem senso e, por isso, não poderia haver escrita automática". Embora tivesse a esperança de que a experiência libertasse a linguagem de suas limitações, acabou descobrindo a limitação da qual não havia como fugir. Nossa linguagem tem uma estrutura, e essa estrutura está enraizada em nosso cérebro.

Passaria mais de uma década até Stein converter suas conclusões em uma forma nova de literatura. Mais tarde, até mesmo admitiu que seu estilo de escrita surrealista surgiu a partir dos experimentos com a escrita automática. As frases escritas no laboratório inspiraram a perpétua obsessão com as palavras e as regras, com a forma como a linguagem funciona e por que é tão essencial para a mente humana. Sua arte nasceu de sua ciência.

Tender Buttons [*Botões macios*], escrito em 1912, mas somente publicado em 1914, foi o primeiro livro a atrair a atenção da crítica em geral. (Seu primeiro livro, *Três vidas*, vendeu apenas 73 cópias.) *Tender Buttons* é dividido em três seções arbitrárias: "Objetos", "Alimentos" e "Quartos". "Objetos" e "Alimentos" são compostas por curtos trechos epigramáticos, com títulos como: "Carne de Carneiro" e "Um guarda-chuva". Porém, esses itens não são o assunto das narrativas de Stein. O assunto dela era a linguagem em si. O propósito dos poemas em prosa era "trabalhar com a gramática e eliminar sons e lógica", disse. Em vez de uma trama, ela nos dava uma aula de linguística.

Como de costume, Stein anunciava sua audácia. A primeira página de *Tender Buttons* serve como um aviso: isto não é um romance do século XIX. No lugar de um cenário habitual ou de uma visualização da personagem principal, o livro começa com uma metáfora estranha.

> UMA JARRA, QUE É UM VIDRO CEGO.
> Um tipo em vidro e um primo, um espetáculo e nada estranho uma cor simples e dolorida e uma organização dentro de um sistema para orientar. Tudo isso e nada comum, não desordenados em não se parecerem.

Esse parágrafo ardiloso é sobre as armadilhas da linguagem. Embora finjamos que nossas palavras são transparentes — como uma lâmina de vidro através da qual vemos o mundo —, na realidade, elas são opacas. (O vidro é "cego".) Stein tenta nos lembrar de que nossos substantivos, adjetivos e verbos não são reais. Eles são apenas significantes arbitrários, conglomerados randômicos de sílabas e sons. Uma *rosa*, afinal, não é realmente uma rosa. Suas letras não têm espinhos nem pétalas perfumadas.

Então, por que concedemos tanto significado às palavras? Por que nunca percebemos sua falsidade? As revelações que Stein conseguiu durante suas primeiras experiências científicas davam conta de que tudo que dizemos está envolto por "uma organização dentro de um sistema". Esse sistema linguístico, embora invisível, impede que as palavras sejam "não desordenadas em não se parecerem". Por "organizarmos" a linguagem instintivamente, ela não parece ser "nada estranha". Stein queria que reconhecêssemos essa gramática oculta, pois é sua estrutura que faz a linguagem tão significante e útil.

Mas, se Stein queria falar sobre gramática, por que simplesmente não falou sobre gramática? Por que teve de tornar tudo tão difícil? A resposta a essas perguntas pode ser encontrada na forma de outra experiência psicológica, uma experiência que William James gostava de fazer com estudantes não iniciados. Ele descreve a essência dessa experiência no livro *Princípios de Psicologia*, sugerindo um método pelo qual a mente pode se tornar consciente das estruturas subjacentes nas palavras: "Se uma palavra estrangeira pouco comum for introduzida, se houver um deslize da gramática, ou se um termo de um vocabulário incongruente aparecer inesperadamente, a frase explode. De certo modo, recebemos um choque devido à incongruência, e a aceitação letárgica desaparece."

Ler *Tender Buttons*, com seus "tropeços de gramática" e "vocabulários incongruentes", é muitas vezes uma frustração. No entanto, é exatamente esse o objetivo de Stein. Ela quer que sintamos as limitações da frase, para questionar nossos hábitos mentais. Ela quer ao menos nos livrar de nossa "aceitação letárgica", para nos mostrar que a linguagem não é tão simples quanto parece. E, para tanto, enche as frases com uma longa sucessão de inconsistências. Ela se repete e, depois, repete as repetições. Escreve frases nas quais os sujeitos não têm verbo e outras em que os verbos não têm sujeito.

Porém, o segredo da dificuldade de Stein é que essa dificuldade não nos afasta. Na verdade, nos aproxima. As palavras de Stein exigem proximidade. Para conseguir extrair sentido delas, temos de nos tornar íntimos. Essa intimidade forçada é o que Stein mais queria, já que nos faz questionar como a linguagem funciona realmente. Stein afirmava que ao sofrermos com suas frases, nos tornamos cientes "da maneira como as frases se diagramam", da natureza instintiva da sintaxe. A inescrutabilidade de Stein nos leva às lições de gramática do ensino fundamental, quando percebíamos pela primeira vez que uma frase não é apenas a soma de suas palavras. "É possível que, para outras pessoas, outros assuntos fossem mais interessantes, mas para mim, sem dúvida, o que mais despertava meu interesse, quando estava na escola, era diagramar frases." Em suas escritas, Stein queria compartilhar essa emoção.

Foram necessários quase cinquenta anos para que a psicologia redescobrisse a estrutura linguística que a escrita de Stein expusera de forma tão zelosa. Em 1956, um tímido linguista chamado Noam Chomsky declarou que Stein estava certa: nossas palavras são organizadas por uma gramática invisível, que está internalizada no cérebro. Essas estruturas profundas são as fontes secretas de nossas frases, suas regras abstratas ordenam tudo que dizemos. Ao nos permitir combinar palavras para formar sequências lógicas significativas, sugerem as infinitas possibilidades da linguagem. Como Charles Darwin declarou: "A linguagem é uma tendência instintiva para adquirir uma arte." A genialidade da arte de Stein era mostrar como nossa linguagem instintiva funciona.

O retrato de Picasso

Após terminar as experiências com a escrita automática no laboratório de William James, Stein começou a estudar medicina na Universidade John Hopkins. Passou os dois primeiros anos dissecando os cérebros de embriões e anotando o desenvolvimento complexo do sistema nervoso. Aprendeu como seccionar o córtex e preservar o tecido em recipientes altamente tóxicos com formol. Quando não estava no laboratório, Stein gostava de boxear e fumar charutos. Todos diziam que ela era uma excelente cientista.

A situação desandou quando ela começou a fazer as rondas clínicas. Mais tarde, Stein escreveria: "A prática da medicina não a interessava." Confessou estar "entediada, extremamente entediada". Em vez de estudar química orgânica ou decorar as lições de anatomia, Stein ficava acordada até tarde da noite lendo Henry James. Influenciada pelos primeiros rumores de modernismo, começou a fazer anotações médicas notoriamente inescrutáveis.* Conforme comentou um professor: "Ou eu sou louco ou a Srta. Stein o é."

Em 1903, apenas um semestre antes de se graduar, Stein se mudou para Paris e foi morar com o irmão Leo, que tinha um apartamento na Rue de Fleurus, 27. Leo acabara de comprar sua primeira pintura de Cézanne — "Qualquer um pode comprar uma pintura em Paris", disse a Gertrude — e começava a se envolver na arte local. Gertrude se sentiu em casa. Como escreveu na *Autobiografia de todo mundo*, "eu me juntei a ele, me sentei, e logo estava escrevendo".

Seus primeiros trabalhos foram influenciados pelos artistas que frequentavam o apartamento. O livro *Três vidas* foi inspirado pelo retrato de Cézanne; o seguinte, *The Making of Americans* [*A formação dos norte-americanos*], surgiu de seu relacionamento com Matisse. No entanto, Stein era mais próxima de Pablo Picasso. Como escreveu em seu artigo "Picasso" (1938): "Na época, eu era a única que o entendia porque expressava o mesmo que ele em minha literatura."

---

* Em uma carta datilografada para um professor sobre os esboços dela do tronco encefálico, Stein encheu sua prosa com excentricidades e "erros" típicos: "Eles [os esboços] limpam o entulho e deixam a estrada livre. Tive tanta dificuldade em entender as condições dos livros textos que senti que um processo clarficante [clarificador] é muito necessário. Não que os livros XXXXXXXX não digam todos a verdade como a conheço, mas que dizem tanta XXXXXX que nos confundem [...]"

O relacionamento deles começou na primavera de 1905, assim que Picasso começou a ficar entediado com o seu período azul. Gertrude Stein pediu-lhe que pintasse o retrato dela. O pintor não tinha como dizer não; os encontros de sábado à noite promovidos por Stein não apenas atraíam os vanguardistas parisienses (normalmente Matisse, Braque e Gris estavam presentes) como também ela e o irmão Leo constavam entre os primeiros benfeitores. As paredes de ambos estavam repletas das experiências de Picasso.

Picasso teve muita dificuldade para fazer o retrato de Stein, mais do que qualquer outro. Dia após dia, ela voltava ao apartamento de Picasso no topo das colinas de Montmartre. Conversavam enquanto Picasso trabalhava cuidadosamente com a tinta na tela. Discutiam sobre arte e filosofia, a psicologia de William James, a física de Einstein e as fofocas sobre os vanguardistas. Na autobiografia de Stein — maliciosamente intitulada de *A autobiografia de Alice B. Toklas* —, ela descreve a confecção do retrato:

> Depois de completar 16 anos, Picasso nunca mais tinha usado modelos vivos. Na época já estava com 24, e Gertrude jamais tinha pensado em posar para algum retrato. Os dois simplesmente não sabem como isso aconteceu. Seja lá como for, aconteceu, e ela posou noventa vezes para esse retrato feito por ele e muita coisa aconteceu durante esse tempo todo [...] Havia uma ampla poltrona quebrada onde Gertrude Stein posava. Um banco de cozinha que Picasso usava para pintar, um grande cavalete e várias telas enormes. Ela fez pose, Picasso aprumou-se todo no banco, bem perto do cavalete, e em uma palheta pequenina, que era de uma cor marrom-acinzentada, misturou um pouco mais de marrom-acinzentado e começou a pintar. De repente, um dia, Picasso

> pintou a cabeça inteira. "Não consigo mais ver você quando olho", declarou irritado. E assim o quadro ficou como estava.

Mas o quadro não ficou como estava. Ao escrever a partir da perspectiva da amante imaginária, Alice B. Toklas, Stein certamente não é uma narradora confiável. Na realidade, Picasso completou a cabeça do retrato após uma viagem à Espanha no outono de 1906. Seja o que for que tenha visto lá — a antiga arte ibérica ou os rostos envelhecidos dos camponeses — foi debatido, porém seu estilo após a viagem mudou para sempre. Ao voltar a Paris, começou imediatamente a retrabalhar o retrato de Stein, dando-lhe a compleição de uma máscara primitiva. A perspectiva da cabeça foi achatada e a pintura ficou ainda mais semelhante à pintura que Cézanne fez de sua esposa, e que Picasso vira no apartamento de Stein. Quando alguém comentava que Stein não era parecida com o retrato dela, Picasso respondia: "Ela ficará."

Picasso estava certo. Após pintar o rosto de Stein, ela começou a escrever em um estilo cada vez mais abstrato. Da mesma forma que Picasso experimentou com a pintura — a arte dele era então sobre a eloquência da incoerência —, Stein queria separar a linguagem da necessidade de "ter de dizer algo". Declarava: "A literatura moderna tem de reconhecer seus limites. Nada pode ser realmente descrito. As palavras, como a tinta, não são um espelho."

Alguns anos mais tarde, ao começar a escrever *Tender Buttons*, o atrevimento dela era maior até que o de Picasso. Sua prosa modernista apresentava um termo errado após o outro. Ela escrevia de forma quase ininteligível: "O cuidado com que há uma justiça incrível e semelhança, tudo isso faz um aspargo magnífico." Para Stein, fazer sentido era apenas uma situação cômica; a graça da piada era o aspargo absurdo.

À medida que *Tender Buttons* progredia, essa tendência para o absurdo é cada vez mais exagerada. Quando Stein define "jantar" próximo ao final da obra, suas frases não passam de unidades de sons, uma "baboseira" modernista: "Ovo orelha nozes, olhe em volta. Ombro. Deixe estranho, vendido em sino próximo rebanhos." Nenhum dicionário ajudará a decifrar esse desarranjo literário. Na realidade, o uso do dicionário somente o piorará.

Isso se deve ao significado das frases abstratas de Stein — na medida em que há algum significado — depender completamente da *ir*realidade de suas palavras. Ao colocar as palavras em arranjos absurdamente novos, Stein força-nos a vê-los de novo, para "ler sem lembrar". Se a expressão "Ovo orelha nozes" é interessante, é apenas porque desistimos de entender uma palavra por vez. Um *ovo* não é mais um *ovo*. Para a escrita de Stein ter sucesso, a frase deve se transformar em mais do que a soma de suas definições individuais. Tem de haver algo mais, alguma estrutura misteriosa que transcenda as palavras individuais. É esse algo mais que torna *Tender Buttons* poesia e não apenas prosa mal-escrita.

E, embora sua arte tivesse sido ridicularizada e menosprezada, e ela tivesse de pagar à editora para publicar seu primeiro livro,* Stein nunca duvidou de sua genialidade.

---

* Após ler *Três vidas*, o editor supôs que Stein não era fluente em inglês. Indicou-lhe um revisor em Paris que poderia "consertar" o manuscrito. Naturalmente, Stein se recusou a ter os erros gramaticais corrigidos. A editora não gostou, advertindo-a: "Você escreveu um livro muito peculiar, e será muito difícil conseguir que as pessoas o levem a sério."

Em jantares, gostava de se comparar a Jesus e Shakespeare. Afirmava que sua arte era difícil porque era muito original, pois ninguém ousara escrever daquela forma antes. No entanto, Stravinsky não sobrevivera ao tumulto? Cézanne não se tornara uma causa célebre? Jesus não acabou se tornando popular? Como Stein confidenciou mais tarde: "Enxergar de forma nova é muito difícil, tudo nos impede: hábitos, escolas, vida cotidiana, razão, necessidades da vida diária, indolência, tudo nos impede. Na realidade, há poucos gênios no mundo."

Os irmãos James

Stein sempre escrevia à noite. Com as ruas de Paris em silêncio, ela podia ignorar tudo, menos a si mesma, "lutando com a frase, aquelas frases longas que tinham de ser desenvolvidas com exatidão". Desenvolvia as palavras a lápis em pedaços de papel antes de corrigir a composição para, em seguida, copiar em folhas e usar a certeza da tinta. Em algumas noites, escrevia rapidamente, rabiscando uma folha a cada dois minutos e meio. E havia aquelas noites intermináveis, em que nem conseguia escrever, apenas fitava o papel vazio. No entanto, Stein ficava sentada à mesa de qualquer forma, esperando obstinadamente o silêncio desaparecer. Parava de trabalhar apenas poucos minutos antes da "claridade do amanhecer", pois a luz fazia tudo muito real, muito dolorosamente distinto em sua "existência". A cobertura da escuridão permitia que Stein ignorasse essas distrações, concentrando-se apenas no processo de composição, na forma como sua escrita se desenvolvia. Depois, dormia até o início da tarde.

Ela não foi a primeira escritora a separar as frases da realidade. Antes de Gertrude Stein converter o cubismo em uma forma literária, o irmão mais novo de William James, Henry James, construiu uma carreira escrevendo ficção ambígua e famosamente loquaz. Nada nas últimas novelas de James é descrito direta ou francamente. Ao contrário, sua prosa questiona constantemente o próprio significado. Tudo é circunscrito por palavras, palavras e mais palavras, até que o objeto original desapareça em um vapor de adjetivos, modificadores e orações subordinadas. O mundo é engolido pelo estilo.

Não deveria surpreender de forma alguma que Gertrude Stein adorasse a literatura de Henry. Ela voltava aos romances dele frequentemente, encontrando inspiração no palimpsesto turvo das palavras de Henry. Certa vez comentou: "Sabe, ele quase criava um tipo de atmosfera, e não era o realismo dos personagens o mais importante, mas o realismo da composição." Como observa na *Autobiografia de Alice B. Toklas*, "Henry James foi o primeiro escritor a encontrar o caminho para os métodos literários do século XX". Ela o chamava "o precursor".

Por que Gertrude definia as últimas ficções de Henry como o começo da literatura moderna? Porque ele foi o primeiro escritor a privar o leitor da ilusão de que a linguagem reflete diretamente a realidade. Em suas novelas, as palavras são símbolos vagos que requerem uma interpretação cuidadosa. Como resultado, o significado de cada uma de suas frases surge não apenas do texto, mas da interação do leitor subjetivo com a obra desconhecida.

Uma verdade perfeita ou uma leitura final sempre ilude nossa compreensão, pois a realidade, escreveu Henry, "não tem apenas uma janela, mas um milhão [...] Em cada uma delas, há uma figura de pé com um par de olhos".

A filosofia literária de Henry refletia a psicologia de William. No livro *Princípios de Psicologia* de 1890, William declarou que "a linguagem trabalha contra a nossa percepção da verdade". As palavras fazem a realidade parecer composta por partes distintas — como adjetivos, substantivos e verbos — quando, na prática, todas essas partes diferentes se misturam. William gostava de lembrar seus leitores de que o mundo é uma "grande e crescente confusão borbulhante", e que os conceitos e categorias perfeitos que impomos às nossas sensações são imaginários. Como escreveu em *Princípios*, "é basicamente a restituição do vago para seu devido lugar em nossa vida mental no que estou tão ansioso por prestar atenção". Na época, os críticos espirituosamente disseram que William escrevia sobre psicologia como um romancista e Henry escrevia romances como um psicólogo.

Infelizmente, quando Stein começou a escrever na penumbra de Paris, a literatura e a psicologia modernas tinham seguido caminhos diferentes. Enquanto os escritores modernistas adotavam as experiências de Henry, tornando-se ainda mais céticos do próprio eu e das próprias frases, a psicologia moderna dava as costas para a visão de William sobre a mente. Uma "nova psicologia" havia nascido e essa ciência rigorosa não tinha mais necessidade da imprecisão de James. Mensurar estava em voga na época. Os psicólogos estavam ocupados tentando calcular todo tipo de inutilidade, como o tempo que leva para uma simples sensação viajar do dedo até a cabeça. Ao quantificar a percepção, esperavam fazer a mente ser adequada para a ciência.

William não apreciava muito essa nova psicologia. Acreditava que a abordagem reducionista havia perdido a noção de como a realidade realmente *era sentida*, privilegiando os mecanismos do cérebro em detrimento das "infinitas iridescências interiores" da mente consciente. Essa obsessão moderna de medir as sensações humanas deixou de levar em conta o fato de que cada sensação era percebida como parte de um processo inteiro de raciocínio. (Como escreveu William, "nunca alguém já teve uma sensação por ela mesma".) Para provar seu argumento, William usou a linguagem como uma metáfora: "Nós devíamos dizer, uma sensação de *e*, uma sensação de *se*, uma sensação de *porém*, e uma sensação de *por*, tão prontamente quanto dizemos uma sensação de tristeza ou uma sensação de frieza."* Da mesma forma que normalmente ignoramos os conectivos nas frases, concentrando-nos nas "partes substantivas", os novos psicólogos ignoravam os "processos transitivos" que funcionam na

* Mais tarde, Stein transformaria a ideia de James em uma obra de arte. Em seu poema longo e praticamente impenetrável *Patriarchal Poetry*, Stein tentou chamar a atenção para todas as partes da linguagem que normalmente negligenciamos. E, então, escreveu uma estrofe inteira sobre advérbios: "Capaz capaz quase quase quase quase capaz capaz finalmente quase capaz quase não agora finalmente finalmente quase capaz." E também uma estrofe sobre pronomes demonstrativos: "Coloque isso com isso com isso e isso e isso dentro disso dentro disso acrescente isso acrescente isso a isso a isso com isso com isso coloque isso coloque isso a isso para entender."

mente. Esse foi o erro crucial deles. Frases precisam de artigos e advérbios, e a mente precisa de pensamentos para associar seus outros pensamentos.

Stein nunca se esqueceu da filosofia de William. Disse a Richard Wright que "William James me ensinou tudo que sei". Ele continuou sendo seu herói até o fim da vida. "Devo muito a um grande professor, William James. Ele disse 'Nada foi provado.'" James visitou o apartamento de Stein em Paris, certa vez, e viu as paredes repletas de quadros de Cézanne, Matisse e Picasso. Como Stein descreveu, "Ele olhou com espanto e disse: 'eu sempre disse que você deveria manter a mente aberta'".

A escrita de Stein era uma combinação única da psicologia de William com a literatura de Henry. Da mesma forma que os irmãos James, ela percebeu que frases são abstrações práticas. Damos claridade ao mundo nomeando-o. Infelizmente, nossos nomes são de mentira. Quando pergunta em *Tender Buttons* "O que é nebulosidade, é um forro, é um rolo, é uma fusão", Stein questiona o que significa realmente *nebulosidade*.* Afinal, nuvens são fragmentos evanescentes e nenhuma delas é idêntica. Portanto, como pode a mesma palavra descrever coisas tão diferentes? Ao mesmo tempo em que os escritores realistas antes de Stein tentavam fingir que as palavras são representações perfeitas de nosso mundo, Stein chamou atenção para o fato de que as palavras são subjetivas e simbólicas. Elas são ferramentas, não espelhos. Como disse certa vez Ludwig Wittgenstein, "o significado de

---

* Como observou Shakespeare em *Sonho de uma noite de verão*, nós "damos ao airoso nada / Um hábito local e um *nome*".

uma palavra é seu uso dentro da linguagem". Em sua prosa agressiva, Stein tentou tornar as palavras totalmente inúteis. Ela queria ver quais partes da linguagem permaneciam quando as palavras não significavam nada.

A nova psicologia a que William James resistia ferozmente não durou muito tempo. O cérebro deixou de revelar seus segredos sutis e a psicologia ficou cansada de medir a velocidade do sistema nervoso. Na década de 1920, os cientistas estavam ocupados tentando explicar empiricamente a mente a partir do *exterior*; o cérebro tinha se tornado uma caixa preta. Essa nova abordagem era chamada de behaviorismo. De acordo com os behavioristas, o comportamento era tudo. Não havia ideia, crença ou emoção que não pudesse ser reformulada em função de nossas ações. O mundo consistia de estímulos aos quais reagimos como máquinas animadas.

A comprovação experimental para essa grande hipótese estava baseada no trabalho de dois psicólogos: Ivan Pavlov e Edward Thorndike. Pavlov trabalhava na Rússia, e Thorndike trabalhava na Universidade de Columbia. Ambos demonstraram que ratos, gatos e cachorros podiam ser eminentemente treinados. Usando estímulo positivo (um pouco de comida), Pavlov e Thorndike condicionaram seus animais famintos a fazerem todo tipo de truque idiota. Ratos pressionavam alavancas continuamente, cachorros babavam ao som de um sino e gatos podiam aprender a escapar de labirintos. Os behavioristas acreditavam que tinham explicado o processo da aprendizagem.

Não levou muito tempo até que os cientistas aplicassem essa lógica aos humanos. Um rato era como um cachorro, que era como uma pessoa. Com o tempo, o cérebro humano começou a ser visto como a máquina de reflexos por excelência, um órgão primorosamente sensível a estímulos e respostas. Nesse enquadramento reducionista, a mente não passava de uma malha de instintos condicionados. Estávamos completamente livres para sermos enredados por nosso ambiente.

Obviamente essa nova abordagem da natureza humana despertou muitas questões. Uma das primeiras dizia respeito à linguagem. Como as crianças aprendem tantas palavras e regras gramaticais? (Uma criança de dois anos, por exemplo, aprende uma nova palavra a cada duas horas.) Embora nasçamos sem linguagem, em poucos anos, nossos cérebros tornam-se *obcecados* por ela. No entanto, como isso acontece? Como um sistema de símbolos complicado e intricado toma conta da mente?

Os behavioristas não ficaram em dúvida por muito tempo. Na década de 1940, eles explicaram a linguagem como simplesmente outro resultado do estímulo e resposta. De acordo com a teoria deles, os pais providenciavam a retroalimentação do desenvolvimento que levava as crianças a conjugar os verbos corretamente, a colocar as palavras no plural e a pronunciá-las. As crianças começavam associando objetos a sons e ao longo do tempo aprendiam a combinar esses sons em frases. Se alguém olhasse para uma rosa vermelha e dissesse "vermelha", esse "comportamento verbal" seria meramente um reflexo despertado pelo estímulo à vermelhidão que os pais ensinaram a associar com o adjetivo correto. Se dissesse "rosa", estaria meramente resumindo a coleção de estímulos envolvendo a rosa. As crianças aprendem a falar da mesma forma que ratos aprendem a apertar alavancas. As palavras refletem associações sensoriais. A linguagem está esclarecida.

B.F. Skinner, o psicólogo que mais se empenhou em aplicar o método behaviorista em humanos, tentou até explicar a literatura em termos de estímulo e resposta. Em 1934, escreveu um ensaio no periódico *Atlantic Monthly* intitulado "Has Gertrude Stein a Secret?" [*Será que Gertrude Stein tem um segredo*?]. No ensaio, argumentava que a prosa experimental de Stein era, na realidade, uma demonstração experimental do behaviorismo. De acordo com Skinner, Stein estava simplesmente expressando as respostas verbais automáticas que temos em relação a qualquer estímulo específico. A arte dela era somente reflexo involuntário, os murmúrios de uma "mente que não lia nem era educada".

Stein se opôs ferozmente às teorias criticas de Skinner. Acreditava que sua escrita era prova da psicologia oposta. "Não, não é tão automática quanto ele [Skinner] pensa", escreveu ao editor do *Atlantic*. "Se há qualquer segredo, é o contrário. Acredito que alcancei através de consciência [e]xtra, o [e]xcesso, mas qual o propósito de dizer a ele que..." Embora Skinner presumisse que todas as frases de Stein estavam sob o "controle de um estímulo sensorial presente", a maioria das descrições de Stein celebrou um mundo absurdo demais para existir. Em *Tender Buttons*, ao definir "Rosas Vermelhas" como "a cor rosa corta a cor rosa, um colapso e um buraco vendido, um pouco menos quente", Stein sabe que nenhuma dessas palavras se refere a algo factual. A cor rosa não pode ser cortada e buracos não são vendidos. Botões nunca são macios.

Por flertar com o absurdo, Stein nos forçou a reconhecer o que Skinner ignorou: a estrutura inata da linguagem. Embora os behavioristas acreditassem que a gramática consistia de um monte de regrinhas que aprendemos pela insistência dos pais e pelo reforço dos professores, Stein percebeu que a mente não era tão limitada. Não havia regra gramatical alguma que nos obrigasse a chamar a rosa de vermelha, ou a não escrever "a cor rosa corta a cor rosa". Afinal, Stein ganhara a vida combinando palavras de todas as formas e de maneira sem precedentes. Ninguém a havia ensinado como escrever. O choque do novo — a habilidade inesgotável de Stein para inventar frases inéditas e ridículas — era o que os behavioristas não conseguiam explicar.

Mas de onde surge essa novidade? Como a estrutura da linguagem consegue gerar tantas expressões possíveis ilimitadas? O espantoso insight de Stein foi que as estruturas linguísticas são *abstratas*. Embora Skinner argumentasse que a gramática exigia palavras específicas em contextos específicos, Stein sabia que ele estava errado. Em sua escrita, ela nos mostra que a gramática exige o uso de determinados *tipos* de palavras em determinados *tipos* de contextos. Em *Tender Buttons*, ao descrever "Um chapéu vermelho" como "Um cinza escuro, um cinza bem escuro", ela demonstra esse instinto cognitivo. Embora raramente falemos sobre vermelho sendo cinza, não há regra linguística que proíba uma frase assim. Desde que os substantivos, verbos ou adjetivos estejam na ordem sintática correta, qualquer substantivo, verbo ou adjetivo serve. Podemos descrever o chapéu vermelho da forma que quisermos. A mesma sintaxe pode suportar uma infinidade de frases, mesmo que muitas delas não façam sentido.

Essa é uma forma estranha de idealizar a linguagem. Afinal, a finalidade da linguagem é a comunicação. Por que então sua estrutura (sintaxe) funcionaria independentemente de seu significado (semântica)? A estrutura e a função não deveriam ser entrelaçadas? No entanto, a arte dadaísta de Stein declarava que esse não era o caso. Ela definia a linguagem não em termos do conteúdo expressivo — sua escrita raramente fazia sentido —, mas em termos da estrutura oculta. Quando o significado era eliminado, aquilo era o que permanecia.

Noam Chomsky

Em uma reunião do Instituto para Engenheiros de Rádio em 11 de setembro de 1956, no MIT, três novas ideias foram apresentadas para o mundo científico. Cada uma dessas ideias criaria um novo campo. Todas as três, irrevogavelmente, alterariam a forma como pensamos sobre como pensamos.

A primeira ideia foi apresentada por Allen Newell e Herbert Simon. Em sua breve apresentação, eles anunciaram a invenção de uma máquina capaz de resolver problemas lógicos e complexos. Essencialmente, o código do programa traduzia a linguagem da lógica filosofal em linguagem de computador, encontrando equivalentes na engenharia de truques de lógica como silogismos e instruções do tipo se-então. Na realidade, a máquina deles era tão eficaz que resolveu 38 das primeiras 52 provas do

Principia Mathematica de A.N. Whitehead e Bertrand Russell. Até achou uma prova mais elegante para um dos problemas de Russel. A inteligência se tornara "artificial". A mente fora falsificada.

O psicólogo George Miller apresentou a segunda ideia naquele dia, resumida pelo título espirituoso *The Magical Number Seven, Plus or Minus Two* [*O mágico número sete, mais ou menos dois*]. A ideia de Miller era simples: a mente não tem limites. Miller afirmava que nossa memória de curto prazo pode conter somente aproximadamente sete bits randômicos antes de começarmos a esquecer.* Essa é a razão por que todos os rótulos randômicos em nossa vida, desde números de telefone e placas de veículos até números de documentos, são limitados a sete dígitos (mais ou menos dois).

No entanto, Miller não parou por aí, pois sabia que a mente não lidava com bits. Estamos constantemente recodificando nossas sensações, descobrindo padrões na aleatoriedade. É assim que enxergamos a realidade: não como alguns bits, mas como blocos. Como Miller comentou no final de seu documento, quase como uma reconsideração, "a psicologia experimental tradicional contribuiu pouco ou nada para a análise de (recodificação)". A

---

* Como sempre, William James foi o primeiro. Usando um punhado de bolas de gude, James mostrara há mais de sessenta anos que a mente podia processar apenas uma quantidade limitada de informações. A experiência era simples: ele escolhia um número desconhecido de bolas de gude e as jogava em uma caixa. Enquanto as bolas estavam no ar, ele tentava adivinhar quantas jogara. James descobriu que na verdade conseguia ver o número de bolas que tinha jogado — sem contá-las conscientemente — desde que não jogasse mais que cinco ou seis.

ciência ignorara a forma como a mente humana realmente funciona, a forma como damos sentido à realidade, juntando em blocos as várias partes. Desta observação informal de Miller surgiu a psicologia cognitiva.

A última ideia apresentada naquele dia aos sortudos engenheiros foi a de Noam Chomsky, um linguista de 27 anos com uma queda por grandes ideias. A obra dele era intitulada "*Three Models for the Description of Language*" [*Três modelos para a descrição da linguagem*], mas, na verdade, era sobre como um dos modelos — a abordagem do estado finito da linguagem, que nasceu do behaviorismo — estava absurdamente errado. Essa teoria linguística tentava reduzir a gramática às leis de estatística combinatória, na qual cada palavra de uma frase é gerada a partir da palavra anterior. Um substantivo gera um verbo, que por sua vez gera outro substantivo. (Acrescente adjetivos a gosto.) A escolha específica de palavras é determinada pelas leis da probabilidade. Assim, "Rosas são vermelhas" é uma frase mais provável que "A cor rosa corta a cor rosa". (De acordo com essa teoria, Gertrude tinha composto algumas das frases mais improváveis da história.)

Em sua palestra técnica, Chomsky explicou por que a linguagem não é simplesmente uma lista de palavras juntas por estatística. Seu argumento estava fundamentado em dois exemplos distintos, ambos muito parecidos com os de Stein.

O primeiro exemplo de Chomsky foi a frase "Ideias verdes incolores dormem furiosamente". De acordo com o modelo estatístico da linguagem, essa frase era tecnicamente impossível. Nenhum dispositivo de estado finito jamais poderia criá-la. Ideias não dormem, e a probabilidade de *incolor* seguir a cor *verde* era exatamente zero. Mesmo assim, Chomsky demonstrou que a frase ridícula era gramaticamente plausível. Tal como Stein em *Tender Buttons*, Chomsky estava usando um disparate significante suspeito para provar que as estruturas que governam as palavras existiam independentemente das palavras em si. Essas estruturas vinham da mente.

O segundo argumento de Chomsky foi ainda mais devastador. Ele percebeu que qualquer linguística que dependesse de estatística — em vez das estruturas gramaticais inatas — seria arruinada por uma falha fatal: ela não tinha memória. Uma vez que um dispositivo de estado finito cria uma frase colocando uma palavra por vez, ele lembraria apenas da palavra anterior e esqueceria tudo que viesse antes. Mas o insight de Chomsky era que algumas frases contêm dependências de longa distância, nas quais a colocação de qualquer palavra deriva a partir de palavras muito anteriores na frase. Chomsky usou de sentenças ou-ou e se-então para provar seu ponto de vista. Por exemplo, a frase "Se a linguagem é real, então o modelo de estado finito é falso" contém uma estrutura gramatical que não pode ser computada palavra por palavra, da esquerda para a direita. Sempre que virmos um *se*, saberemos que teremos de esperar um *então*, mas não necessariamente de imediato. Infelizmente para a abordagem pelo estado finito, quando a máquina estatística chegava ao *então*, já havia se esquecido de tudo sobre o *se*. Embora esse argumento estivesse repleto de jargão linguístico, Chomsky esclareceu a moral da história: "Há processos na formação da linguagem que esse modelo elementar de linguagem (o modelo de estado finito) é intrinsecamente incapaz de dar conta." Isso se deve ao fato de que nem toda frase é simplesmente a soma de suas palavras separadas. Na linguística de Chomsky, nossas palavras estão envolvidas por interconexões sintáticas, que mais tarde chamaria de "a estrutura profunda da linguagem".

A arte de Gertrude Stein transborda de frases que antecipam os argumentos de Chomsky. Por exemplo, muitas das repetições entediantes de Stein revelam — "Adoro repetir monotonia", dizia —, na verdade, a estrutura profunda de nossas frases, a forma como as palavras estão entrelaçadas uma na outra. Em *Tender Buttons*, enquanto luta para definir "Vegetal", Stein pondera: "O que é cortar. O que é cortado por isso. O que é cortado por isso dentro." O propósito dessas frases é mostrar que a mesma lista de palavras pode ter significados muito diferentes. Na pergunta "O que é cortado", *o que* se refere ao que foi cortado. No entanto, quando pensa em "O que é cortado por isso dentro", Stein faz *o que* se referir ao *onde* está sendo cortado e demonstra que uma palavra distante pode modificar uma palavra anterior, assim como *dentro* modifica *o que*. Certamente, um dispositivo de estado finito não consegue entender essa frase, já que computa o significado em uma única direção, da esquerda para a direita. Da mesma forma que as frases se-então de Chomsky, as frases de Stein dependem completamente da sintaxe oculta, nas dependências a longa distância que unem as palavras separadas. Somente uma mente humana pode ler as escritas de Stein.

A mudança de paradigma de Chomsky começou naquele dia, mas estava apenas no começo. Mudanças de paradigma levam tempo, especialmente quando são escritas no tortuoso jargão dos linguistas. Chomsky sabia que antes que pudesse estar certo, teria de provar que todos os outros estavam errados. Seu próximo alvo foi a mesma figura que Gertrude Stein criticara, há mais de vinte anos: o behaviorista B.F. Skinner. Em 1959, dois anos após seu épico, porém técnico, *Estruturas sintáticas* ser publicado, Chomsky transformou sua crítica ao *Verbal Behavior* [*Comportamento verbal*] de Skinner em um manifesto de 32 páginas. A análise de Chomsky foi escrita com clareza e ousadia, e marcou o início de sua carreira como um intelectual conhecido.

Na crítica, Chomsky destacou a falha na explicação behaviorista sobre as palavras e as regras. A linguagem, afirmou Chomsky, é *infinita*. Somos capazes de criar novas frases de qualquer extensão nunca antes imaginadas por outro cérebro. Essa criatividade sem limites — melhor evidenciada pela não conformidade das prosas de Stein — é o que separa a linguagem humana de todas as outras formas de comunicação entre os animais. E a menos que tenhamos um conjunto infinito de reflexos, o behaviorismo não consegue explicar o número infinito de frases possíveis.

Portanto, qual a forma correta de concepção de linguagem? Da mesma forma que Stein, Chomsky insistia em afirmar que o foco da linguística se concentrava na *estrutura* da linguagem e não simplesmente nas palavras individuais e traquejos fonéticos. Ao mesmo tempo em que linguistas antes de Chomsky estavam contentes com a classificação e a observação — se viam como botânicos verbais —, Chomsky demonstrava que todos os dados deles deixavam de contemplar o essencial. Para ver o que Chomsky queria que víssemos, teríamos de nos afastar.

Visto do alto da perspectiva estrutural, tornou-se claro repentinamente que todas as linguagens — do inglês ao cantonês — eram, na realidade, iguais. Embora pudessem ser diferentes, no fundo, as palavras compartilham da mesma forma. Por isso, Chomsky levantou a hipótese da existência de uma gramática universal inscrita no cérebro. (Como o Novo Testamento apregoa, "E o Verbo tornou-se carne".) É esse dispositivo de linguagem inato que nos permite ordenar as palavras, colocá-las dentro de uma estrutura que é sutil e inevitável ao mesmo tempo.

E, enquanto alguns dos detalhes da linguística de Chomsky permanecem controversos, atualmente está claro que a estrutura profunda da linguagem é, na verdade, um instinto *a priori*. A melhor comprovação para essa gramática universal vem de estudos sobre os surdos da Nicarágua. Até o início da década de 1980, os cidadãos surdos da Nicarágua continuavam tragicamente isolados. O país não tinha uma linguagem de sinais e as crianças surdas ficavam confinadas em orfanatos superlotados. No entanto, quando a primeira escola para surdos foi inaugurada em 1981, a situação começou a melhorar imediatamente. A linguagem dos sinais nunca fora ensinada para as crianças (não havia professores), mas elas começaram repentinamente a falar com as mãos. Um vocabulário improvisado começou a se desenvolver espontaneamente.

Mas a verdadeira transformação ocorreu quando estudantes mais jovens foram apresentados a essa linguagem de sinais inventada recentemente. Enquanto estudantes mais velhos eram obrigados a conversar em termos relativamente imprecisos, essa segunda geração de usuários começou a criar uma estrutura para sua linguagem. Ninguém os ensinara gramática, mas eles não precisaram ser ensinados. Assim como a teoria de Chomsky previra, as crianças impuseram o conhecimento inato ao crescente vocabulário delas. Os verbos tornaram-se reflexivos; adjetivos, distintos de substantivos. Os conceitos que os mais velhos transmitiam com um único sinal eram agora representados por múltiplos sinais dentro de uma frase. Embora nunca tivessem conhecido uma linguagem, essas crianças nicaraguenses inventaram a própria. A gramática deles era muito parecida com todas as outras gramáticas humanas. Stein estava certa: "Há apenas uma linguagem."*

Ao perceber — cinquenta anos antes de Chomsky — que a estrutura da linguagem era inevitável, Stein resolveu fazer com que essa estrutura fosse concretamente óbvia. Como observou em uma antecipação incisiva da linguística de Chomsky, "todo mundo diz o mesmo, continuamente, com variações infinitas, porém continuamente". O desejo de Stein era enxergar a fonte dessa mesmice, para cortar palavras até que a estrutura sobressaísse.

Certamente a presença de estruturas linguísticas é difícil de revelar. Elas são projetadas para serem invisíveis: a

---

* Outro exemplo poderoso de que a linguagem é inata vem dos estudos de escravos e empregados em plantações, nas quais uma mistura de trabalhadores adultos poliglotas desenvolveu um sistema de comunicação em comum para ajudá-los a se entenderem. No início, os trabalhadores conversavam em pidgin, que é uma linguagem rudimentar com pouca gramática. No entanto, as crianças que nasciam nessas plantações rapidamente superavam os limites do pidgin e desenvolviam diversas línguas crioulas. Essas línguas eram substancialmente diferentes do pidgin, pois todas tinham os recursos gramaticais de uma língua pré-existente.

armação clandestina de nossas frases. O insight de Stein foi que o leitor dava-se conta da gramática apenas quando esta era *subvertida*. Assim, como Stravinsky expusera as convenções da música abandonando as convenções da música, Stein demonstrou a força da gramática abandonando a gramática. Em sua arte, muitas vezes, tentou ver até que ponto conseguiria ultrapassar os limites da sintaxe, da morfologia e da semântica ruins. O que aconteceria se estruturasse sua escrita baseada no som das palavras e não nas definições das mesmas? Será que poderia escrever um romance somente com "frases imensas que seriam tão extensas quanto o maior parágrafo"? Ou que tal uma frase sem qualquer pontuação? Por que escrevemos de uma forma e não de outra?

Stein descobriu um estilo de escrita que celebrava os erros gramaticais. Em sua prosa mais radical, ela consegue nos tornar conscientes de todo o trabalho linguístico que é feito normalmente de forma inconsciente. Notamos como os verbos instantaneamente são conjugados (mesmo os verbos irregulares), a forma como passamos os substantivos naturalmente para o plural e a forma como alteramos artigos para que concordem com o sujeito. Stein sempre disse que a única forma de ler suas escritas era revisando-as, prestando muita atenção a todas as regras que infringe. Seus erros traçam as estruturas sintáticas que não conseguimos enxergar, à medida que nosso "interior se torna o exterior".* Stein nos mostrou o que expressamos na linguagem ao não escrevê-los.

---

* Esse não é um método tão estranho quanto possa parecer. Ludwig Wittgenstein pensou em um método semelhante para sua filosofia, que

O significado de ser sem sentido

O problema da prosa difícil é sua dificuldade. T.S. Eliot pode ter tornado a dificuldade algo legal quando disse que os poetas deveriam ser difíceis, mas é provável que não estivesse pensando no livro *The Making of Americans* de Stein, o qual tem mais de mil páginas de uma não narrativa repetitiva. Antes de poderem ser entendidas (muito menos apreciadas), as frases de Stein exigem uma persistência obstinada por parte do leitor. Elas demandam tempo e mais tempo, e mesmo assim parágrafos inteiros insistem em permanecer inescrutáveis. Embora possa ser engraçada muitas vezes, Stein raramente é divertida. Às vezes, a confiança em sua genialidade parece insolência.

Apesar disso, a prosa fractal de Stein prepara o terreno para uma prosa de vanguarda menos difícil. "Quando você cria algo", confessou Stein em *A autobiografia...*, "é tão complicado criá-lo que esse algo fica fadado a ser feio, mas aqueles que o fizerem depois de você não precisarão se preocupar em criá-lo, e eles podem fazê-lo bonito, e então todos podem gostar dele quando os outros o fazem."

---

como a escrita de Stein, estava interessada nos usos da linguagem, excluindo quase todo o resto. Wittgenstein disse certa vez que trabalhava "investiga(ndo) a fisionomia de cada erro (filosófico)". Ele só poderia determinar como seguir de uma forma melhor se mapeasse os erros. Samuel Beckett também seguiu a abordagem literária de Stein. "Esperemos que chegue o tempo", escreveu Beckett, "em que a linguagem seja utilizada de forma mais eficiente onde estiver sendo mal-utilizada. Para perfurar nela um buraco após o outro até que o que estiver subjacente — seja algo ou nada — comece a aparecer: não consigo imaginar uma meta maior para um escritor hoje em dia."

A história literária nasceu da teoria estética de Stein. Sem sua feiura original, é difícil imaginar a beleza sucinta de Ernest Hemingway. Quando ele era repórter em Paris, Stein disse para que largasse o emprego e começasse a escrever um romance. "Se continuar a trabalhar no jornal", disse, "você nunca verá nada, apenas palavras." Mais tarde, Stein gabava-se de que Hemingway aprendera a escrever corrigindo os rascunhos dela. As frases reduzidas ao mínimo de Hemingway, drasticamente curtas e sem adornos (exceto quando eram longas e agramaticais), ecoam as experiências mais rigorosas de Stein. Brincando, Hemingway disse certa vez para Sherwood Anderson: "Gertrude Stein e eu somos exatamente como irmãos."

O legado literário de Stein foi formado pela dificuldade. Ao mesmo tempo em que os romances de Hemingway inspiraram filmes de Hollywood e imitadores sem fim, a arte de Stein se manteve viva por causa dos acadêmicos. Se ela é lembrada atualmente fora da academia e das histórias sobre o cubismo, é por um único clichê, aquele quase impossível de esquecer: "Uma rosa é uma rosa é uma rosa é uma rosa."* Embora Stein tenha usado esse aforismo como decoração em pratos de jantar, atualmente, ele representa tudo que ela escreveu. Esse é o perigo de se evitar planos.

---

* "As rosas debaixo de minha janela não fazem referência a rosas anteriores nem a rosas melhores, elas são o que são [...] Há simplesmente a rosa", como disse Ralph Waldo Emerson. É provável que ele tenha se inspirado em Shakespeare, quando Julieta pondera sobre o significado das palavras: "Que há num simples nome? O que chamamos rosa / Sob outra designação teria igual perfume."

Stein ficaria desapontada com sua pouca influência. Extremamente ambiciosa, ela esperava que sua literatura salvasse a língua inglesa. "No século XIX, as palavras perderam seus valores", lamentou, "perderam muito de suas variedades e eu sentia que não poderia continuar, eu tinha de recapturar o valor da palavra individual." O plano dela era simples. Primeiro, nos mostraria que as palavras não têm um significado inerente. Por exemplo, quando escrevia "Uma rosa é uma rosa é uma rosa", estava tentando de fato demonstrar que uma "rosa" *não* é uma rosa. Ao repetir o substantivo constantemente, Stein queria separar o significante do que significava, para nos lembrar que cada palavra é apenas uma sílaba de ruído arbitrário. (Como observou Tennyson, podemos fazer nosso próprio nome parecer estranho simplesmente repetindo-o rapidamente diversas vezes.) Segundo o plano de Stein, esse ato de desconstrução nos permitiria reconstruir nossa linguagem, para escrever sem cair em clichês. Ela usou a frase da "rosa" como um exemplo de como tal processo funcionaria. "Agora, escute! Não sou tola", disse a Thornton Wilder em 1936. "Sei que na vida não saímos por aí dizendo 'é uma... é uma... é uma...'. Mas acredito que nessa linha, pela primeira vez na poesia inglesa em uma centena de anos, a rosa é vermelha."

Porém, o grande plano de Stein deparou-se com um problema sério. Por mais que tentasse — e Stein tentou com muito afinco —, suas palavras se recusavam a ficar sem sentido. A rosa nunca sucumbiu às suas conotações rotineiras. *Tender Buttons* não conseguia apagar as definições de *tender* nem de *buttons*. As palavras em inglês facilmente sobreviveram ao ataque modernista de Stein.

Após alguns anos, sua revolução desapareceu e os escritores voltaram à forma antiga de contar histórias. (É claro que o fato de seus livros raramente terem circulado além da margem esquerda do rio não ajudou.*)

Por que Stein não conseguiu reinventar o dicionário? Por que dizer nada era tão difícil? A resposta nos leva a sua descoberta anterior: a estrutura da linguagem. Por estarem sempre interconectadas pela sintaxe, as palavras nunca significam nada. O significado é contextual e holístico e nenhuma palavra existe sozinha. Essa é a razão das frases mais tolas de Stein continuarem inspirando todo tipo de interpretações sérias. (De acordo com o que William James observou no livro *Princípios de Psicologia*: "Qualquer disposição de palavras pode fazer sentido — mesmo as palavras mais loucas em um sonho — se ao menos não se duvidar de sua associação.") Durante uma entrevista em 1946 apenas alguns meses antes de sua morte, Stein admitiu finalmente a derrota. Nunca conseguiria salvar a linguagem desmantelando-a, porque a linguagem não podia ser desmantelada. "Descobri que não há como dispô-las [as palavras] juntas sem fazerem sentido. É impossível dispô-las juntas sem fazerem sentido. Fiz inúmeros esforços para escrever palavras que não fizessem sentido e descobri que é impossível. Qualquer ser humano que escrever palavras tem de fazê-las terem sentido."

Ironicamente, a falha nas experiências de Stein, a inabilidade de tornar sua prosa completamente sem sentido,

* Margem esquerda do rio: centro da vida cultural e estudantil de Paris. (*N. da T.*)

foi sua grande realização. Embora almejasse a obscuridade, sua arte ainda ressoa. Por quê? Porque a estrutura da linguagem — a estrutura que as palavras expõem — faz parte da estrutura do cérebro. Por mais abstrata que fizesse suas escritas, Stein ainda assim escrevia de dentro de nossa linguagem, limitada por um instinto tão profundo quanto universal. A gramática inata que mais tarde Chomsky descobriria era o único instinto sem o qual nem mesmo Stein poderia escrever. "Como a gramática pode ser?", ela se perguntou em *How to Write [Como escrever]*. "Apesar disso" era a sua resposta.

Referência bibliográfica da tradução

1. Stein, Gertrude. *A autobiografia de Alice B. Toklas*. Tradução de Milton Persson. Porto Alegre: L&PM editores, 2006.

Capítulo 8

Virginia Woolf

O eu emergente

> A psicologia que explica tudo explica nada.
> Marianne Moore

Em 1920, após escrever dois romances com um narrador vitoriano convencional (do tipo que, como um Deus onisciente, observa tudo lá de cima), Virginia Woolf anunciou em seu diário: "Finalmente cheguei a uma ideia sobre uma nova forma para um romance novo." Sua nova forma seguiria o fluxo de nossa consciência, delineando "o voo da mente" enquanto se desenvolvia no tempo. Woolf escreveu para Katherine Mansfield que seriam, "apenas pensamentos e sentimentos, nada de copos e mesas".

Esse estilo modernista era uma mudança radical de perspectiva. Os escritores eminentes da época, "Sr. Wells, Sr. Bennett e Sr. Galsworthy", ignoravam os interiores da mente. Woolf escreveu: "Eles olharam para as fábricas, para as utopias, até para a decoração e para o estofamento da carruagem, mas nunca para a vida, *nunca para a natureza humana*." Woolf desejava inverter essa hierarquia. "Examine por um momento uma mente comum em um dia comum", escreveu em seu ensaio "*Modern Fiction*" [*Ficção moderna*]. "A função do escritor não é transmitir esse espírito variante, desconhecido e não circunscrito, com a menor interferência possível do estranho e do externo, qualquer que seja a aberração ou a complexidade que possa demonstrar?"

No entanto, a mente não é algo fácil de se expressar. Ao olhar para dentro de si, Woolf descobriu que havia uma consciência que nunca se aquietava. Seus pensamentos fluíam em uma corrente turbulenta, e a cada momento introduzia uma nova onda de sensações. Ao contrário dos "escritores antiquados" que tratavam a mente como algo estático, Woolf descrevia a mente como algo nem sólido nem exato. Na realidade, "era muito instável, nada confiável, podia estar agora em uma estrada poeirenta, agora em um pedaço de jornal na rua, agora em uma flor ao sol". A qualquer dado momento, parecia estar espalhada em um milhão de pedaços. Seu cérebro quase nunca estava unido.

Ainda assim, *estava* unido. Sua mente era composta de fragmentos, mas nunca se desfazia. Ela sabia que algo nos impedia de nos desintegrar, pelo menos a maior parte das vezes. "Forço-me em direção a meu centro", escreveu Woolf em seu diário, "e há algo lá."

A arte de Woolf procurou por aquilo que nos mantinha mental e emocionalmente estáveis. O que ela encontrou foi o eu, "o essencial". Embora o cérebro seja apenas uma nuvem de neurônios elétricos, Woolf percebeu que o eu nos torna um todo. É a origem frágil de nossa identidade, o autor de nossa consciência. Se o eu não existisse, não existiríamos. "Devemos ter na mente o todo", disse Woolf, "fragmentos não são duráveis."

Mas, se a mente é tão evanescente, como é que o eu surge? Por que nos sentimos mais que apenas uma coleção de pensamentos desconexos? A revelação de Woolf foi a de que surgimos a partir de nossas efêmeras interpretações do mundo. Toda vez que sentimos algo, naturalmente inventamos um sujeito para nossos sentimentos, um perceptivo para nossa percepção. O eu é simplesmente esse sujeito, é a história que contamos a nós mesmos sobre nossas experiências. Como escreveu Woolf em suas memórias inacabadas, "Somos as palavras, somos a música, somos o ser em si".

Na época, essa ideia era surrealista. Os cientistas estavam ocupados adotando o poder do materialismo. A anatomia prometia explicar tudo. (Como observou James Joyce, "o espírito moderno é vivisseccionista".) O eu era apenas mais um truque da matéria que o tempo e as experiências descobririam. No entanto, Woolf sabia que o eu era inescrutável demais para ser descoberto. Em seus romances modernistas, ela desejava expor nossa inefabilidade, para nos mostrar que somos "como as asas de uma borboleta [...] presos por cavilhas de ferro". Se a mente é uma máquina, então o eu é o fantasma dela. É o que não pode ser visto.

Quase um século depois, o eu continua evasivo. A neurociência vasculhou o cérebro e dissecou o córtex, mas não encontrou nossa origem. Embora as experiências corroborassem vários dos insights impressionantes de Woolf — a mente é composta de fragmentos, e mesmo assim esses fragmentos estão destinados a existir —, nosso mistério persiste. Se quisermos nos entender, a arte de Woolf é nossa resposta mais reveladora.

As mentes fragmentadas do modernismo

O estilo de escrita de Woolf estava profundamente enraizado em suas próprias experiências com o cérebro. Ela era doente mental. Durante toda a vida, sofreu de esgotamentos nervosos periódicos, aqueles momentos horríveis nos quais a depressão se tornava sufocante. Por isso, Woolf vivia com medo da própria mente, primorosamente sensível às "vibrações" fervorosas. A introspecção era o único remédio. Ela confessou a seu diário: "Minha própria psicologia me interessa. Pretendo manter anotações completas sobre minhas melhoras e pioras para minha informação particular. E então materializadas, a dor e a vergonha se tornarão bem reduzidas." Quando tudo mais fracassava, ela diminuía a dor com um humor mordaz: "Eu toco o meu cérebro como toco uma pera, para ver se está maduro. Estará perfeito até setembro." E, enquanto reclamava com E.M. Forster e com outros sobre médicos e xaropes, a dor e o torpor de ser forçada a ficar deitada na cama, também reconhecia a estranha utilidade de sua doença. Sua loucura incurável — esse "zunido de asas no cérebro" — era, de certa forma, estranhamente transcendental. "Não que eu não tenha aprendido algo com essas insanidades e todo o resto. De fato, acredito que elas me ensinaram algo, ao contrário da religião."*

Woolf nunca se recuperou. Seu estado constante de reflexão, a constante vigília das pistas de que a depressão

* Não se trata de filosofar sobre a doença. A insanidade é verdadeira: em 28 de março de 1941, Woolf colocou pedras nos bolsos do casaco, andou até o rio e se matou por afogamento.

devastadora estava voltando, maculavam suas escritas. Uma de suas palavras favoritas era *nervos*. As variações médicas dessa palavra — neurose, neurastenia, neurastênico, esgotamento nervoso — entravam constantemente em sua prosa. O sofrimento científico e penetrante dessas palavras contradizia a flexibilidade dos monólogos internos de suas personagens. No diário de Woolf, as anotações sobre as formas estavam sempre entrelaçadas com os comentários sobre as dores de cabeça.

Porém, a doença também deu um propósito às experiências com a ficção, uma maneira de "colocar a experiência em uma forma a que se ajustasse". Após cada episódio de depressão, ela vivia tipicamente uma explosão de criatividade ao mesmo tempo em que enchia o diário com insights novos sobre o funcionamento de seu próprio "sistema nervoso complicado". Forçada pelos médicos a permanecer deitada na cama, passava o tempo fitando o teto e contemplando o próprio cérebro. Decidiu que não tinha "um único estado". "É curioso como ficar doente divide uma pessoa em várias outras diferentes", observou. A qualquer dado momento, ela estava tanto louca quanto lúcida, engenhosa e insana.

O que Woolf aprendeu sobre a mente a partir de sua doença — as mudanças repentinas, a pluralidade, o "estranho conglomerado de incongruências" — transformou em uma técnica literária. Seus romances "eram sobre as dificuldades em conhecer as pessoas, em poder dizer que "eram isso ou aquilo". No livro *O quarto de Jacob*, escreve: "Não adianta tentar resumir as pessoas." Embora o eu pareça incontestável, as escritas de Woolf expõem o fato de que somos, na realidade, compostos de impressões em constante mudança, unidas pela camada fina da identidade. À semelhança de Septimus —, o louco profético cujo suicídio é o clímax do livro *Mrs. Dalloway* —, vivemos em constante perigo de desmoronar. O mistério de por que nem *sempre* desmoronarmos é a tensão animada de sua arte.

"Aos quarenta anos [de idade]", Woolf escreveu em seu diário em 1922, "começo a entender o mecanismo de meu próprio cérebro." Nesse mesmo ano, Woolf começou a escrever *Mrs. Dalloway*, sua resposta literária para o livro *Ulisses*. Exatamente como Joyce, ela situou o romance em uma cidade agitada em um dia de semana. Sua principal personagem, Clarissa Dalloway, não é nem heroica nem trágica, mas simplesmente uma dessas "vidas infinitamente obscuras que têm de ser registradas". Como Woolf gostava de se lembrar, "não vamos aceitar como natural que a vida exista mais no que normalmente é considerado grande que no que normalmente é considerado pequeno".

A história começa com Mrs. Dalloway indo ela mesma comprar flores. O dia de junho consistirá na maior parte de tarefas semelhantes, porém Woolf, como sempre, consegue expor a seriedade do cotidiano. Essa é a vida como é vivida, diz: nossas revelações, inseparáveis de nossas tarefas, nossa poesia, misturada com a prosa da existência comum. Um único dia vivido intensamente pode se tornar uma janela vívida para a nossa psicologia.

Woolf usa *Mrs. Dalloway* para demonstrar a fragilidade da mente. Intercala a festa de Clarissa com o suicídio de Septimus Smith, um veterano da Grande Guerra que se tornou um poeta com neuroses de guerra.* Dr. Bradshaw, o médico "obscuramente malvado" de Septimus, tenta curar sua loucura impondo-lhe um regime de "proporções", porém o remédio apenas torna tudo pior. A insistência de Bradshaw de que a doença de Septimus é "física, puramente física" resulta no suicídio do poeta. Seu eu desmoronou e não pode ser reconstruído.

Em sua festa, Clarissa ouve falar sobre o suicídio de Septimus e fica devastada. Embora nunca tenha conhecido Septimus, Clarissa "se sentia muito parecida como ele". À semelhança do poeta, ela sabe que seu eu é assustadoramente precário, falta-lhe "algo central que se espalhava". Quando Dr. Bradshaw aparece na festa, ela suspeita que o médico esteja cometendo "algum ultraje indescritível — pressionando sua alma, era isso".

Mas é aí que as semelhanças terminam. Diferente de Septimus, Clarissa equilibra sua existência fragmentada. Embora não acredite em uma alma imortal — Clarissa é uma ateísta cética —, ela desenvolveu uma "teoria transcendental" sobre a nossa "parte invisível". Doutores como Bradshaw negam o eu, mas Clarissa não: ela sabe que sua mente contém um centro "invisível". À medida que a

---

* Durante o tempo em que Woolf escreve o romance, no outono de 1922, as neuroses de guerra são reconhecidas como doenças psiquiátricas genuínas. Elaine Showalter destacou que os médicos tratavam esse flagelo com os mesmos recursos insensíveis usados há mais de vinte anos em mulheres como Woolf. Esses tratamentos incluíam drogar os pacientes com brometos, confinando-os na cama, forçando-os a tomarem leite e arrancando-lhes os dentes, o que se acreditava que baixava a temperatura do corpo. Outros pacientes infelizes recebiam a cura da febre, na qual a psicose era tratada com injeções de malária, tuberculose ou tifoide. Esse tratamento sádico ganhou o prêmio Nobel de 1927.

história se desenvolve, esse centro começa a surgir. "Esse era seu eu", pensa Clarissa Dalloway, enquanto se olha no espelho. "Pontudo, como um dardo, definitivo. Esse era o eu dela, quando algum esforço, algum chamado para ela ser o eu dela juntava as partes. Somente ela sabia o quão diferente e incompatível era, e se compunha para o mundo somente em um centro, um diamante, uma mulher que sentava em sua sala de visitas..." O fato é que Mrs. Dalloway *realmente* consegue se recompor. Ela se faz real, criando "um mundo seu onde quer que esteja". Isso é o que todos fazemos todos os dias. Reunimos nossos pensamentos espalhados e nossas sensações inconstantes em algo sólido. O eu se reinventa. A última frase do romance confirma a presença tênue de Mr. Dalloway. "Pois ela ali estava."

O próximo romance de Woolf, *Rumo ao Farol*, se aventurava ainda mais profundo na mente confusa. Woolf declarou que escrever o livro foi o mais perto que chegara de fazer psicanálise. Após um longo verão de enfermidade, a prosa simplesmente vertia como uma confissão. O romance em si tinha pouco enredo. Há quase uma viagem até o farol, depois é hora do jantar, e o tempo passa, e, em seguida, *há* uma viagem até o farol, e então Lily, uma pintora, termina sua pintura. No entanto, apesar dos poucos eventos, o romance parece frenético, repleto dos processos das mentes fluindo pelo tempo. A narrativa é interrompida constantemente por pensamentos, por pensamentos sobre o pensamento, por pensamentos sobre a realidade. Um fato é declarado por alguém (em pensamento ou em voz alta), e então é negado. Muitas vezes, o mesmo cérebro se contradiz.

De acordo com Woolf, essa desordem é uma descrição precisa de nossa realidade mental. O eu surge do caos da consciência, um "tipo de totalidade feita de fragmentos trêmulos". Em seu ensaio "*Modern Fiction*" [*Ficção Moderna*] — uma de suas mais convincentes descrições das aspirações modernistas —, Woolf define seu novo estilo literário em termos psicológicos: "A mente recebe uma grande quantidade de impressões de todos os lados, uma chuva incessante de inúmeros átomos que, durante a queda, assumem a forma da vida de segunda-feira, terça-feira... Deixe que nós (os romancistas modernos) registremos os átomos durante a queda sobre a mente na ordem em que caem, deixe-nos seguir o padrão no qual cada incidente ou visão faz sua marca na consciência, por mais aparentemente desconexo e incoerente que seja."

Rumo ao Farol está repleto de tais pensamentos. Os personagens transbordam de impressões inconstantes e sentimentos incipientes. Isso talvez seja mais representativo na Sra. Ramsay, a mãe no núcleo do romance. Ao mesmo tempo em que pensa no marido, um filósofo que escreve uma enciclopédia sobre filosofia mas não consegue sair da letra Q, sua mente se dispersa em direções diversas. Sr. Ramsay acabou de negar ao filho uma viagem ao farol, por causa da "queda de pressão no barômetro e do vento que sopra ao oeste". A Sra. Ramsay acha que o marido está sendo injusto: "Perseguir a verdade com uma espantosa falta total de consideração pelos sentimentos dos outros, para arrancar essa fina camada de civilização de forma tão petulante, tão brutal, era para ela um ultraje terrível contra a decência humana." Mas na frase seguinte, a Sra. Ramsay experimenta uma total inversão dos pensamentos: "Não havia ninguém que ela reverenciasse mais que o marido... Ela não passava de uma esponja ensopada de emoções humanas. Não era boa o suficiente nem para ser os cadarços dos sapatos dele."

Para Woolf, os sentimentos incoerentes da Sra. Ramsay são exemplos da realidade, transcrita com honestidade. Ao levar-nos para dentro das mentes frágeis dos personagens, ela revela nossa própria fragilidade. O eu não é algo único, e a corrente de nossa consciência simplesmente flui. A qualquer momento, estamos sujeitos ao capricho de sentimentos que não compreendemos, às sensações que não conseguimos controlar. Ao mesmo tempo em que acredita que "Os pensamentos são como o teclado de um piano... todos em ordem", a Sra. Ramsay sabe que a mente está sempre "se unificando e fluindo e criando". Como o clima nas Ilhas Hébridas, a mudança é sua única constância.

O estilo de escrita de Woolf nunca nos deixa esquecer a precariedade de nosso ser. No livro "*A Room of One's Own*" [*Um quarto só seu*] Woolf cogitou: "O que significa 'unidade da mente'; ela (a mente) não parece ter um só estado de ser." Ela queria que seus leitores ficassem cientes "das fragmentações e oposições na mente", a forma como a consciência pode "de repente se fragmentar". Woolf escreve que devemos sempre reconhecer pelo menos "a excentricidade infinita da posição humana". Embora o eu pareça eterno — "tão firme quanto a eternidade" — dura apenas um momento. Passamos "como uma nuvem sobre as ondas".

Essa visão de uma mente inconstante, o eu dividido contra si mesmo, foi uma das doutrinas centrais do modernismo. Nietzsche foi o primeiro a dizer em um resumo sucinto de sua filosofia que "minha hipótese é o sujeito como multiplicidade". "Eu é outro", escreveu Rimbaud pouco depois. William James dedicou boa parte de um capítulo sobre o eu no livro *Os princípios* sobre as "mutações do eu". Esses momentos em que nos tornamos cientes de nossas "outras consciências simultaneamente existentes". Freud concordou e despedaçou a mente em uma rede de impulsos conflitantes. T.S. Eliot transformou essa ideia em uma teoria literária, repudiando "a teoria metafísica da unidade substancial da alma". Ele acreditava que o poeta moderno tinha de desistir da ideia de expressar a "alma unificada" simplesmente porque não tínhamos nenhuma. Eliot escreveu que "O poeta não tem uma 'personalidade' para expressar, mas um meio específico, que é apenas um meio e não uma personalidade". Como tantos modernistas, Eliot queria destruir nossas ilusões, revelando que não éramos como queríamos ser, mas sim como somos, apenas os escombros de um ser, alguns restos fortuitos de sensação. Woolf fez coro com Eliot ao escrever em seu diário que somos "farpas e mosaicos, não como costumavam acreditar, um todo imaculado, monolítico e consistente".

Por mais surreal que possa parecer, os modernistas estavam certos com relação ao cérebro. Os diversos experimentos mostraram que qualquer experiência pode durar cerca de dez segundos na memória de curto prazo. Após esse tempo, o cérebro esgota a capacidade para o presente, e a consciência tem de recomeçar com uma nova corrente. Como os modernistas anteciparam, o eu aparentemente permanente, na realidade, é uma procissão sem fim de momentos desconexos.

Ainda mais desconcertante é a ausência de qualquer local único no cérebro — um teatro cartesiano, por assim dizer — onde esses momentos separados se reconciliam. (O que Gertrude Stein afirmou sobre Oakland também se aplica ao córtex: "Não há nenhum ali ali.") A cabeça contém um parlamento turbulento de células que debatem sem fim sobre quais sentimentos e sensações devem *se tornar* conscientes. Esses neurônios são distribuídos por todo o cérebro, e o acionamento deles acontece ao longo do tempo. Isso significa que o cérebro não é um lugar: é um processo. Como escreveu o influente filósofo Daniel Dennett, nossa mente é composta de "canais múltiplos nos quais os circuitos especialistas tentam, em pandemônios paralelos, realizar as várias tarefas, criando múltiplos esboços no caminho". Aquilo que chamamos de realidade é apenas o último esboço. (Naturalmente, o momento seguinte requer um manuscrito totalmente novo.)

A comprovação mais óbvia de nossa difusão origina-se do próprio formato do cérebro. Embora este esteja enclausurado em um único crânio, na realidade, ele é composto por dois pedaços distintos (o hemisfério direito e o esquerdo), que são projetados para discordarem um do outro. Lily, a heroica pintora de *Rumo ao Farol*, acertou na anatomia: "Tamanha era a complexidade de tudo... para sentir violentamente dois opostos ao mesmo tempo. Aquilo que você sente é um: aquilo que eu sinto é outro, e então eles lutam na mente dela, agora." Como Lily percebe, cada cérebro está apinhado de pelo menos duas mentes diferentes.

Essa ideia foi recebida com escárnio e ceticismo*, ao ser apresentada pelos neurocientistas Roger Sperry e Michael Gazzaniga, pela primeira vez em 1962. Estudos com pacientes com danos cerebrais concluíram que o lado esquerdo do cérebro era o lado consciente. Era a sede de nossa alma, o lugar onde tudo se juntava. A outra metade — o hemisfério direito — era considerada um mero acessório. Sperry, em sua palestra no prêmio Nobel de 1981, resumiu a visão prevalecente do hemisfério direito quando começou a estudá-lo: o hemisfério direito "não era apenas mudo e agráfico, mas também disléxico, surdo para palavras, e apráxico, faltando-lhe em geral uma função cognitiva superior".

Sperry e Gazzaniga refutaram essa doutrina investigando pacientes humanos com cérebros comissurotomizados, com a *corpora callosa* interrompida (a *corpora callosa* é a fina ponte de tecido nervoso que liga os dois hemisférios do cérebro). Neurologistas haviam estudado esses pacientes anteriormente e os considerado essencialmente normais. (Como resultado dessa descoberta, separar cirurgicamente os dois lados do cérebro tornou-se um procedimento normal para o tratamento da epilepsia severa.) Tal procedimento confirmou as suspeitas dos

---

* Não deveria ter sido assim. Em 1908, o neurologista alemão Kurt Goldstein descreveu uma paciente que sofria de derrames múltiplos. Uma autopsia posterior revelou que ela também sofria de uma lesão no *corpus callosum*. Goldstein observou a excentricidade de seu comportamento: "Em uma ocasião, a mão dela agarrou o próprio pescoço e tentou enforcá-la, e só pôde ser impedida com o uso de força. Da mesma forma, as mãos dela arrancaram os cobertores da cama contra a própria vontade..."

neurologistas de que a consciência necessitava apenas do hemisfério esquerdo.

No entanto, Sperry e Gazzaniga decidiram investigar um pouco mais. A primeira decisão foi estudar pacientes com cérebros separados testando a habilidade do hemisfério direito ao ser isolado. Para surpresa deles, o hemisfério direito não era silencioso nem tolo. Ao contrário, parecia ter um papel essencial na "abstração, generalização e associação mental". Contrariamente ao dogma da época, uma das metades do cérebro *não* dominava nem intimidava a outra. Na realidade, esses pacientes provaram o oposto: cada lóbulo tinha um eu único, um ser distinto com os próprios desejos, talentos e sensações. Como escreveu Sperry: "Tudo que temos visto até agora indica que a cirurgia deixou essas pessoas com duas mentes separadas, isto é, com duas esferas distintas de consciência."

E ao mesmo tempo em que o *corpus callosum* permite que cada um de nós acredite na própria singularidade, cada eu na verdade é plural. Pacientes com cérebros separados são a prova viva de nossas muitas mentes diferentes. Quando o *corpus callosum* é cortado, os eus múltiplos de repente ficam livres para serem eles mesmos. O cérebro para de suprimir as inconsistências internas. Um paciente, enquanto lia um livro com o hemisfério esquerdo, descobriu que seu hemisfério direito, por ser iletrado, ficava entediado com as letras da página. O hemisfério direito comandava a mão direita para jogar fora o livro. Outro paciente colocava as roupas com a mão esquerda enquanto a direita as tirava. E outro paciente ainda tinha uma mão esquerda que era rude com a esposa. Somente a mão direita (e o cérebro esquerdo) estava apaixonada.

Mas por que normalmente não estamos cientes desse conflito cortical? Por que o eu se sente um todo quando na realidade é feito de pedaços? Para responder a essa pergunta, Sperry e Gazzaniga, maliciosamente, mostravam de forma rápida conjuntos diferentes de fotos para o olho esquerdo e para o olho direito de seus pacientes com cérebros separados. Por exemplo, mostravam uma foto de um pé de galinha para o olho direito do paciente e uma foto de uma estrada com neve para o olho esquerdo. Em seguida, uma variedade de imagens era mostrada ao paciente e solicitado que ele escolhesse a imagem que mais se associava ao que vira. Em uma amostra tragicômica de indecisão, as duas mãos do paciente apontavam para imagens diferentes. A mão direita apontava para uma galinha (o que combinava com o pé de galinha que o hemisfério esquerdo vira), enquanto a mão esquerda apontava para uma pá (o hemisfério direito queria a pá para limpar a neve). Quando os cientistas pediram ao paciente que explicasse essas respostas contraditórias, ele imediatamente criou uma história plausível. "Ah, isso é fácil", disse. "O pé de galinha por causa da galinha, e você precisa de uma pá para limpar o galinheiro." Em vez de admitir que o cérebro estivesse irremediavelmente confuso, ele teceu a sua confusão em uma narrativa elegante.

A descoberta de Sperry e Gazzaniga sobre a mente dividida e a forma como instintivamente explicamos nossas divisões tiveram um impacto profundo na neurociência. Pela primeira vez, a ciência teve de se confrontar com a ideia de que a consciência surgia dos murmúrios do cérebro *todo* e não apenas de uma de suas inúmeras partes. De acordo com Sperry, nosso sentimento de unidade era uma "confabulação mental"; inventamos o eu para poder ignorar as próprias contradições inatas. Como cogitou Woolf em seu ensaio *Uma casa assombrada*: "Estou aqui ou estou ali? Ou será que o verdadeiro eu não é nem isso nem aquilo, mas algo tão variado e perambulante que somente quando damos rédea às suas vontades e o deixamos seguir o próprio caminho sem impedimentos é que somos nós mesmos de fato?"

Surgimento

A ironia pungente por trás da ficção de Woolf é que embora tenha se empenhado em desconstruir o eu para provar que não somos nada mais que um "filete de escuridão" fugaz, na verdade, ela descobriu a realidade obstinada do eu. De fato, quanto mais investigava a experiência, mais necessário o eu se tornava para ela. Se há algo de que temos certeza é que estamos aqui, vivendo isso. O tempo passa e as sensações chegam e vão. Mas nós permanecemos.

Os personagens de Woolf refletiam sua frágil crença no eu. Em seus romances, tudo é visto pelo prisma subjetivo de um indivíduo. O Sr. Ramsay é diferente da Sra. Ramsay. Enquanto ele olha pela janela para um céu nublado e pensa em chuva, ela cogita se a direção do vento mudará. Apesar de todas as congruências estranhas com Septimus, a Sra. Dalloway *não* é Septimus. Ela não pula pela janela. Ela dá uma festa. Por mais modernista que a prosa de Woolf tenha se tornado, o eu ilusório — aquela essência inexplicável que nos torna nós mesmos e não um outro — recusava-se a desaparecer. "Eu não bani a alma quando comecei?", Woolf se pergunta em seu diário. "O que acontece é que, como sempre, a vida se impõe."

Em sua arte, Woolf deixou a vida entrar. Ela nos mostra nossas partes fugazes, mas também nos mostra como elas se juntam. Woolf percebeu que o segredo era que o eu *surge* de suas origens. *Surgir* é a palavra crucial aqui. Ao mesmo tempo em que começam como um grupo de sensações randômicas, ecoando em volta das membranas elétricas do cérebro, seus personagens em um instante se expandem em algo mais. Como Erich Auerbach chamou a atenção no livro *Mimesis*, essa é a razão de a prosa modernista de Woolf não ser nem uma transcrição contínua da autoconsciência do personagem (como no livro *Ulisses* de Joyce) nem uma descrição objetiva de eventos e percepções (como nos romances típicos do século XIX). A revelação de Woolf une essas duas polaridades. Essa técnica permitia que ela documentasse a consciência como um *processo*, mostrando-nos a abrangência total de nosso pensamento. A sensação impessoal está sempre se desenvolvendo em uma experiência subjetiva, e essa experiência está sempre desembocando na próxima. E, com isso, dessa mudança incessante, surge o personagem. Woolf queria que enxergássemos os dois lados de nosso ser, como somos "algo que se pode agitar apenas com um sopro, e algo que não se consegue deslocar nem com um conjunto de cavalos". Em sua ficção, o eu não é nem imposto nem renegado. Na verdade, ele simplesmente aparece, uma visão roubada do fluxo.

Mas *como* o eu aparece? Como emergimos continuamente de nossas sensações, dos "pedaços, sobras, e fragmentos" de que nossa mente é composta?

Woolf percebeu que o eu surge via *ato de atenção*. Unimos nossas partes sensoriais vivendo-as de um ponto de vista particular. Durante esse processo, algumas sensações são ignoradas enquanto outras são enaltecidas. O mundo exterior acaba sendo interpretado perfeitamente. "Com essa vitalidade magnífica, os átomos de minha atenção se dispersam", observou Woolf, "e criam um mundo mais complicado, mais rico e mais forte, a que sou chamada para representar minha função."

A melhor descrição de Woolf do processo de atenção surge na cena do jantar do romance *Rumo ao Farol*, após ser servido o *boeuf en daube* (cozido de carne). Agora, a Sra. Ramsay, a matriarca contente, mergulha em devaneios, a mente acomodando-se naquele "espaço tranquilo que fica no centro de tudo". Deixara de prestar atenção na conversa do jantar (estavam conversando sobre "raiz quadrada e expoentes") e começa a contemplar a tigela de frutas no centro da mesa. Com uma "euforia repentina", sua mente torna-se "uma luz esgueirando-se debaixo da água", penetrando "no fluente, no fugaz, no espectral". Agora, a Sra. Ramsay está prestando atenção: os afluentes de sua sensação fluíram para a corrente contínua da consciência.

A prosa de Woolf expande esse breve segundo de atividade cerebral para um solilóquio estendido, ao mesmo tempo em que suas palavras observam intimamente o fluxo da mente de Sra. Ramsay. Vemos seus olhos se desviando para a tigela de frutas, e seguimos esse olhar quando ele se fixa nas uvas roxas e depois na pera madura. O que começou como uma fúria inconsciente — a Sra. Ramsay fita as frutas "sem saber por quê" — agora é um pensamento consciente. A Sra. Ramsay pensa para si mesma: "Não, ela não queria uma pera."

Nesse momento de atenção, a mente da Sra. Ramsay refez o mundo. Seu eu se impôs à realidade e criou uma experiência consciente. "Embaixo tudo é escuro", a Sra. Ramsay pensa. "Mas de vez em quando chegamos à superfície e é isso o que se vê". De vez em quando, a atenção une nossas partes e o eu transforma sensações efêmeras em um "momento de ser". Esse é o processo em desenvolvimento dentro da mente da Sra. Ramsay. Tudo é evanescente, e mesmo assim, para o leitor, a matriarca sempre parece verdadeira. Ela nunca titubeia. Nunca duvidamos de sua existência, mesmo quando vemos que sua origem é provisória. "De tais momentos", a Sra. Ramsay pensa, "é feito o que perdura."

Porém, como perduramos? Como o eu transcende a separação de seus momentos de atenção? Como um processo se torna nós? Para Woolf, a resposta era simples: *o eu é uma ilusão*. Esta era a sua visão final do eu. Embora tenha começado tentando desmantelar a noção conservadora do século XIX sobre a consciência, em que o eu era tratado como "uma mobília", ela terminou percebendo que o eu realmente existia, ao menos como um artifício da mente. Assim como um romancista cria uma narrativa, uma pessoa cria um senso de ser. O eu é simplesmente nossa obra de arte, uma ficção criada pelo cérebro de modo que sua própria desunião faça sentido. Em um mundo feito de fragmentos, o eu é nosso único "tema, recorrente, meio lembrado, meio previsto". Se não existisse, então nada existiria. Seríamos um cérebro repleto de personagens, irremediavelmente à procura de um autor.

Atualmente, a neurociência moderna confirma o eu em que Woolf acreditava. Nós nos inventamos a partir de nossas sensações. Como antecipou Woolf, esse processo é controlado pelo ato de atenção, que transforma nossas partes sensoriais em um momento específico de consciência. O eu da ficção — uma entidade nebulosa que ninguém consegue encontrar — é o que une esses momentos distintos.

Pense no ato de olhar para uma tigela de frutas. Sempre que prestamos atenção a um estímulo específico — como uma pera na mesa de jantar — aumentamos a sensibilidade de nossos próprios neurônios. Essas células podem enxergar então o que normalmente ignorariam. As sensações outrora invisíveis tornam-se visíveis repentinamente, à medida que o farol de atenção aumenta seletivamente o tempo de ativação dos neurônios que ilumina. Assim que se tornam estimulados, esses neurônios se unem em uma "coalizão" temporária, que entra na corrente da consciência. O importante a observar a respeito desses dados é que a atenção parece estar operando de cima para baixo (o que a neurociência chama de "controle executivo"). O eu ilusório está causando verdadeiras mudanças na ativação neural. É como se o fantasma estivesse controlando a máquina.

Entretanto, se o eu *não* prestar atenção, então a percepção nunca se tornará consciente. Esses neurônios param de ativar, e a lasca de realidade que representam deixa de existir. Ao deixar de prestar atenção na conversa na mesa de jantar e se concentrar nas frutas, a Sra. Ramsay está literalmente alterando as próprias células. De fato, nossa consciência parece exigir um eu perspicaz assim: só nos tornamos cientes da sensação depois de ela ter sido escolhida. Como afirma Woolf, o eu é "nossa ostra central da percepção".

A comprovação mais espantosa do poder do eu consciente procede de pacientes que não eram capazes de prestar atenção. Esse insight origina-se em um lugar improvável: os cegos. Antes de Lawrence Weiskrantz começar a investigação no início da década de 1970, a ciência deduzira que lesões nas áreas principais da visão (o V_1) causavam cegueira irreparável. Estavam enganados.

Lesões no V_1 causavam apenas uma cegueira *consciente*, um fenômeno que Weiskrantz chamou de *blindsight* (visão cega). Embora esses pacientes pensassem que estavam cegos, na realidade, conseguiam enxergar, pelo menos inconscientemente. O que lhes faltava era a consciência. Embora os olhos continuem a transmitir informações visuais, e as partes não danificadas do cérebro continuem a processar essas informações, os pacientes com *blindsight* não são capazes de acessar conscientemente o que o cérebro conhece. Por isso, tudo que enxergam é a escuridão.

Sendo assim, como se consegue discernir *blindsight* e cegueira? Os pacientes com *blindsight* exibem um talento surpreendente. Em diversas tarefas visuais têm um desempenho impossível para os totalmente cegos. Por exemplo, um paciente com *blindsight* consegue "adivinhar" com uma precisão excepcional se lhe foi mostrado um círculo ou um quadrado, ou se uma luz relampejou. Embora não tenham uma consciência explícita da luz, ainda assim conseguem responder a ela, apesar de não saber ao que estão respondendo. Varreduras do cérebro confirmam as asserções absurdas, uma vez que as áreas associadas à autoconsciência mostram pouca ou nenhuma atividade, enquanto as áreas associadas à visão mostram uma atividade relativamente normal.

Isso é o que torna os pacientes com *blindsight* tão fascinantes: a consciência separou-se das sensações. Embora o cérebro continue a "enxergar", a mente não consegue prestar atenção a esses estímulos visuais. Eles não são capazes de interpretar subjetivamente a informação que entra no córtex. Os pacientes com *blindsight* são uma comprovação triste de que temos de transformar nossa sensação — por meio do momento de atenção, que é modulado pelo eu — antes que possamos senti-la.* Uma sensação separada do eu não é de forma alguma uma sensação.

É claro que a neurociência só não consegue encontrar a nuvem de células que cria o eu. Se há algo que a neurociência sabe é que não há nenhum fantasma na máquina: há apenas a vibração da mesma. A cabeça contém uma centena de bilhões de células elétricas, mas nenhuma delas é você, nem conhece ou se importa com você. De fato, você nem existe. O cérebro não passa de uma regressão infinita de matéria, redutível às leis rígidas da física.

---

* Pessoas com lesões específicas em um lado do cérebro confirmaram essa descoberta. Esses pacientes sofrem de uma síndrome conhecida como síndrome da negligência. Nos casos mais severos, a vítima dessa síndrome não consegue prestar atenção à metade do mundo visual. Por exemplo, um homem lerá apenas as páginas no lado esquerdo do livro, ou uma mulher passará batom apenas no lado direito dos lábios. Todavia, os pacientes normalmente conseguem responder a estímulos nos campos receptivos negligenciados, mesmo que não consigam admitir que tal estímulo exista.

Indubitavelmente, tudo isso é verdade. No entanto, se for negada a ilusão do eu à mente mecânica, se a máquina não tem fantasma, então tudo se desintegra. As sensações não terão coerência. A realidade desaparecerá. Como Woolf perguntou a si mesma no livro *As ondas*: "Como descrever um mundo visto sem um eu? Não há palavras", respondeu, e ela estava certa. Privados do eu imaginário, tudo é escuro. Achamos que estamos cegos.

Lily

O que há de mais misterioso com relação ao cérebro humano refere-se ao fato de que quanto mais o conhecemos, mais profundo se torna nosso próprio mistério. O eu não é algo único, no entanto, ele controla a singularidade de nossa atenção. Nossa identidade é o que experimentamos de mais íntimo, e mesmo assim surge de um tremor de eletricidade celular. Além disso, a pergunta original de Woolf — por que o eu parece real quando não é? — continua completamente sem resposta. Nossa realidade parece depender de um milagre.

No entanto, de forma tipicamente obstinada, a neurociência se debandou direto para o mistério, tentando redefinir o incompreensível em termos do que pode ser testado. Afinal, a promessa do reducionismo mental é que nenhuma referência a funções superiores (como fantasmas, almas ou egos) seja necessária. Os neurônios, assim como os átomos, explicam tudo e a consciência tem de se infiltrar de baixo para cima.

A abordagem científica mais viável para o problema da consciência é, como era de se esperar, a procura por seu substrato físico. A neurociência acredita que se procurar com bastante empenho será capaz de achar a origem secreta do eu, o pedaço de carne que decide a que prestar atenção. O termo técnico para esse lugar é "Correlação neural da consciência" (CNC, ou NCC em inglês).

Christof Koch, um neurocientista da universidade da Califórnia, está à frente de um grupo nessa pesquisa. Koch define a CNC como "o conjunto mínimo de eventos neuronais que levam a um aspecto específico de uma percepção consciente". Por exemplo, quando a Sra. Ramsay contempla a tigela de frutas no centro da mesa, sua CNC (pelo menos da forma como Koch a define) é a rede de células que cria sua consciência sobre a pera. Ele acredita que, se a ciência encontrasse a CNC, conseguiria ver exatamente como surge o eu a partir de suas sensações. Nossa origem seria revelada.

Isso parece bastante fácil (a ciência se sobressai em descobrir a causa e o efeito material). Mas, na realidade, a CNC é diabolicamente evasiva. O primeiro problema de Koch foi encontrar um momento experimental em que a unidade de nossa consciência fosse momentaneamente rompida e, portanto, vulnerável a uma investigação reducionista. Ele se decidiu por uma ilusão de ótica conhecida como rivalidade binocular para usar como seu principal paradigma experimental. Em teoria, a rivalidade binocular é um fenômeno simples. Todos nós temos dois globos oculares, por isso, somos constantemente confrontados com duas visões ligeiramente diferentes do mundo. O cérebro, usando um pouco de geometria inconsciente, com esperteza, apaga essa discrepância, unindo nossas duas visões em apenas uma imagem. Como os pacientes comissurotomizados demonstram, somos construídos para ignorar nossas próprias inconsistências.

No entanto, Koch decidiu interferir nesse processo visual. "O que acontece", pensou, "se as partes correspondentes ao olho esquerdo e ao olho direito vissem duas imagens totalmente distintas, algo facilmente simulado com dois espelhos e uma divisória na frente do nariz?" Em circunstâncias normais, o cérebro sobrepõe as duas imagens distintas de nossos olhos diferentes uma em cima da outra. Por exemplo, se ao olho esquerdo forem mostradas listras horizontais, e ao olho direito, listras verticais, uma pessoa perceberá conscientemente um padrão xadrez. No entanto, às vezes, o eu fica confuso e decide prestar atenção a apenas um dos olhos. Após alguns segundos, o eu percebe o erro e começa a prestar atenção ao outro olho. Como observou Koch, "as duas percepções podem se alternar dessa forma indefinidamente".

O resultado final dessa confusão induzida experimentalmente é que o sujeito torna-se consciente — ao menos por um instante — do artifício implícito nessa percepção. Ele percebe que recebe informações de dois olhos diferentes que estão vendo de forma distinta. Koch quer descobrir onde essa luta por dominância ocular acontece no cérebro. Quais neurônios decidem em qual olho prestar atenção? Quais células impõem a unidade para essa confusão sensorial? Koch acredita que se encontrasse esse lugar, encontraria uma de nossas correlações neuronais da consciência. Descobriria onde o eu se esconde.

Apesar de sua elegância abstrata, há vários problemas sérios com essa abordagem experimental. O primeiro problema é a metodologia. O cérebro é o maior nó do universo. Cada um dos neurônios do cérebro está conectado com até mil outros neurônios. A consciência obtém sua força dessa conectividade recursiva. Afinal, o eu surge não de um palco cartesiano discreto, mas das interações do cérebro *como um todo*. Conforme escreveu Woolf, "a vida não é uma série de luminárias organizadas simetricamente; a vida é uma auréola luminosa... circundando-nos desde o início da consciência até o fim". Qualquer redução da consciência para uma única correlação neuronal — uma "luminária" — é por definição uma abstração. Embora a CNC possa descrever onde certas experiências perceptuais acontecem, ela não revelará a origem da atenção, nem de alguma forma resolverá o eu, pois essas são propriedades emergentes sem uma origem única. O imponderável mistério sobre o qual Woolf escreveu permanecerá. A neurociência tem de ser realista quanto ao que suas experiências conseguem explicar.

A outra grande falha na abordagem da consciência pela CNC é extremamente simples e se aplica a todas as abordagens reducionistas da mente. A autoconsciência, quando sentida por dentro, parece mais do que a soma de suas células. Qualquer explicação de nossa experiência apenas em termos de nossos neurônios nunca dará conta de nossa experiência porque não experimentamos nossos neurônios. Isso é algo que Woolf sabia. Ela sempre acreditou que as descrições da mente, em termos puramente físicos — e a história da ciência está repleta de teorias fracassadas —, eram definidas por sua incompletude. Tais psicologias reducionistas, escreveu Woolf, "simplificam em vez de complicar, depreciam em vez de aprimorar".

Negam-nos nossa individualidade essencial e transformam "nossos personagens em casos". A mente, Woolf nos lembra, não pode ser resolvida tornando todas as mentes iguais. Definir a consciência apenas em termos das oscilações do córtex pré-frontal é omitir nossa realidade subjetiva. O eu se sente completo, um todo, mas tudo que a ciência consegue ver são suas partes.

É nesse ponto que entra a arte. Como disse Noam Chomsky, "é bem possível — extremamente provável, alguns achariam —, que sempre aprenderemos mais sobre a vida humana e a personalidade com os romances e não com a psicologia científica". Se a ciência nos separa, a arte nos une novamente. No romance *Rumo ao Farol*, Lily descreve sua ambição artística: "Pois não era o conhecimento, mas a unidade que ela desejava, nenhuma inscrição em uma placa; nada que pudesse ser escrito em qualquer idioma conhecido dos homens, mas sim a intimidade em si, que é o conhecimento." Semelhante a Woolf, Lily queria expressar nossa experiência. Sabia que era tudo que podíamos expressar. Somos íntimos apenas de nós mesmos.

O artista descreve o que o cientista não consegue descrever. Embora sejamos apenas elementos químicos e voltagens efêmeras, o eu parece real. Em face desse paradoxo impossível, Woolf acreditava que a ciência deveria desistir das reivindicações de conhecimento absoluto. A experiência vence o experimento. Desde que Woolf escreveu os romances modernistas, nada mudou fundamentalmente. Novas psicologias surgiram e se foram, mas nossa autoconsciência continua a assombrar a ciência, uma realidade verdadeira demais para ser medida. Conforme Woolf entendeu, o eu é uma ficção que não pode ser tratado como um fato. Além disso, entender a nós mesmos como obras de ficção é entender a nós mesmos ao máximo possível. "A crença final", Wallace Stevens escreveu certa vez, "é acreditar em uma ficção, a qual se sabe ser uma ficção, não havendo nada mais."

Embora esteja extremamente longe de uma teoria unificada da consciência, a neurociência tem, no entanto, confirmado as ideias nas artes de Woolf. A consciência é um processo, não um lugar. Surgimos, de certo modo, do momento de atenção. Sem o eu ilusório, somos completamente cegos.

Mas o fato de nossa essência ser intangível não significa que devemos abandonar todas as tentativas de entendê-la. O livro *Rumo ao Farol*, um romance sobre a dificuldade de conhecer, termina com uma descoberta. Na monumental cena final, Woolf usa a personagem de Lily para nos mostrar como, apesar de nossa origem paradoxal, podemos descobrir as verdades sobre nós mesmos.

Ao começar a pintar, no começo da história, Lily está tentando descrever os fatos objetivos de sua sensação. "O que ela (Lily) queria perceber", escreve Woolf, "era aquele estremecer dos nervos, a sensação em si antes que se transformasse em algo. Perceba isso e comece de novo; perceba isso e comece de novo; ela disse desesperadamente empenhando-se no cavalete." Porém, aquela realidade — o mundo visto sem o eu — é exatamente o que nunca conseguiremos enxergar. Durante todo o esforço do processo artístico, Lily aprende isso. "Ela sorriu com ironia, pois ao começar, não achara que resolvera seu problema?"

Ao final da história, Lily sabe que seu problema não tem solução. Não se consegue fugir do eu, a realidade não consegue ser esclarecida. "Em seu lugar", Lily pensa, "há somente pequenos milagres diários, iluminações, fósforos acesos repentinamente na escuridão." Sua pintura, cheia de pinceladas discordantes, não faz nenhuma reivindicação grandiosa. Ela sabe que é apenas uma pintura, destinada a ficar em sótãos. Não resolverá nada, mas então nada é realmente resolvido. Os mistérios verdadeiros persistem, e "a grande revelação nunca vem". Tudo que Lily espera é que sua pintura "esteja no mesmo nível das experiências normais, para sentir simplesmente que aquilo é uma cadeira, aquilo é uma mesa, e que, ainda assim, ao mesmo tempo, é um milagre, é um êxtase".

E, então, com aquela pincelada corajosa bem no meio, Lily vê o que queria expressar mesmo que só por um instante. Ela o faz sem nos forçar a nenhum molde, mas aceitando a frágil realidade de nossa experiência. Sua arte nos descreve como somos, como um "estranho amálgama de sonho e realidade, aquele casamento perpétuo do granito e do arco-íris". Lily sabe que nosso segredo é que não temos uma resposta. O que ela faz é perguntar. A história termina com essa nota sonora de criação:

> Com uma intensidade repentina, como se a enxergasse com clareza por um instante, desenhou uma linha ali, bem no centro. Estava feito, estava terminado. Sim, pensou, colocando de lado o pincel, extremamente cansada, eu tive minha visão.

Referência bibliográfica da tradução

1. Woolf, Virginia. *Mrs. Dalloway*. Tradução de Mário Quintana. Rio de Janeiro: Nova Fronteira, 2006.

Conclusão

> Dizer que devemos esquecer a ideia de que a verdade está lá fora esperando para ser descoberta não quer dizer que descobrimos que, lá fora, não há verdade alguma.
>
> Richard Rorty

Em 1959, C.P. Snow declarou de forma memorável que nossas duas culturas — arte e ciência — sofriam de uma "incompreensão mútua". Por isso, Snow afirmou que o conhecimento se tornou uma coleção de domínios solitários, cada um com os próprios hábitos e vocabulários. "Os intelectuais da literatura" analisaram T.S. Eliot e *Hamlet*, enquanto cientistas estudaram as partículas elementares do universo. "As respectivas atitudes são tão diferentes", escreveu Snow, "que eles não conseguem encontrar um denominador comum."

A solução de Snow para essa divisão epistêmica foi a formação de uma "terceira cultura". Ele esperava que essa nova cultura fechasse o "abismo de comunicação" existente entre os cientistas e os artistas. Cada lado se beneficiaria com a sabedoria do outro, da mesma forma que os poetas contemplavam Einstein e os físicos liam Coleridge. Nossa ficção e nossos fatos se alimentariam um do outro. Além disso, essa terceira cultura reinaria no extremo das extravagâncias das duas culturas.

Snow acabou acertando, pelo menos em parte. Atualmente, a terceira cultura é um movimento cultural genuíno. No entanto, ao mesmo tempo em que pega emprestada a frase de Snow, essa nova terceira cultura foge de seu projeto. Em vez de se referir a um diálogo entre artistas e cientistas — supostamente um espaço cultural compartilhado —, a terceira cultura de hoje refere-se a cientistas que se comunicam diretamente com o público em geral. Eles estão traduzindo suas verdades para as massas.

De um lado, esse é um desenvolvimento importante e necessário. Muitos dos cientistas que compõem nossa atual terceira cultura aumentaram em muito o entendimento do público sobre o vanguardismo científico. De Richard Dawkins a Brian Greene, de Steven Pinker a E.O. Wilson, esses cientistas realizam pesquisas importantes e escrevem com uma prosa elegante. Por causa de seus trabalhos, palavras como buraco negro, *memes*, e genes egoístas, atualmente, fazem parte de nosso léxico cultural.

No entanto, se der uma olhada mais profunda, fica claro que essa terceira cultura tem limitações sérias. Para começar, falhou na tentativa de fazer uma ponte por sobre a divisão entre as duas culturas existentes. Ainda não há diálogo de iguais. Cientistas e artistas continuam a descrever o mundo em linguagens incomensuráveis.

Além disso, as visões promulgadas por esses pensadores científicos muitas vezes adotam um olhar unidimensional do empreendimento científico e de sua relação com as artes. No livro *Consilience* de E.O. Wilson — um livro que é muitas vezes considerado um manifesto para o movimento em prol da terceira cultura —, ele argumenta que a arte deveria ser "racionalizada", a "falta de empirismo" dela deveria ser corrigida pela ciência do reducionismo. Wilson escreve que "a ideia central da visão de mundo no livro *Consilience* é que todo fenômeno tangível, desde o nascimento de uma estrela até as obras de uma instituição social, está baseado em processos materiais que em última análise se reduzem às leis da física, apesar da demora e da forma tortuosa das ocorrências".

A ideologia de Wilson é tecnicamente verdadeira, mas no fim, um pouco sem sentido. Nenhuma pessoa séria nega a realidade da gravidade ou as realizações do reducionismo. Entretanto, o que Wilson esquece é que nem toda pergunta é respondida da melhor forma em termos de mecânica quântica. Quando algo se desintegra, está apenas desintegrado. O que os artistas nesse livro revelam é que há muitas formas diferentes de descrever a realidade, cada qual capaz de gerar uma verdade. A física é útil para descrever quarks e galáxias, a neurociência é útil para descrever o cérebro, e a arte é útil para descrever nossa experiência factual. Embora estejam claramente interligados, esses níveis também são independentes: a arte não pode ser reduzida à física. (Segundo o escritor Robert Frost, "a poesia é o que se perde na tradução".) É sobre isso que nossa terceira cultura *deveria* ser. Deveria ser uma celebração do pluralismo.

Infelizmente, muitas pessoas notáveis de nossa atual terceira cultura são extremamente antagonistas com relação a tudo que não seja cientifico. Elas argumentam que a arte é um sintoma de nossa biologia e que tudo que não é experimental é apenas entretenimento. Pior ainda, nossa terceira cultura favorece essa atitude sem nem sempre entender a arte que tenta abranger. O livro de Steven Pinker "*The Blank Slate: The New Sciences of Human Nature*" [*A tábula rasa:* as novas ciências da natureza humana] é um exemplo perfeito desse costume.

Pinker se prepara para derrubar a velha crença intelectual em três construções falsas: a tábula rasa (crença de que a mente é moldada principalmente pelo seu meio), o nobre selvagem (crença de que as pessoas são naturalmente boas, mas são corrompidas pela sociedade), e o fantasma na máquina (a crença de que há uma entidade não biológica subjacente na consciência). Os artistas e humanistas que promulgam esses mitos românticos são, naturalmente, os maiores inimigos dos psicólogos evolucionários racionais e neurocientistas defendidos por Pinker.

"A revelação pode ser encontrada", escreve Pinker, "em um relato atualmente famoso de Virginia Woolf: 'em dezembro de 1910 ou por volta dessa data, a natureza humana mudou.'" Para Pinker, a Sra. Woolf incorpora "a filosofia do modernismo que dominaria as artes de elite e as críticas por boa parte do século XX, e cuja negação da natureza humana foi transportada violentamente para o pós-modernismo". Woolf estava enganada, diz Pinker, porque "a natureza humana não mudou em 1910, nem em qualquer ano depois".

Pinker não entendeu Woolf. Ela estava sendo irônica. A citação vem de um ensaio intitulado "*Character in Fiction*" [*Personagens na ficção*], em que critica romancistas anteriores exatamente porque ignoraram o funcionamento interno da mente. Woolf queria escrever romances que refletissem a natureza humana. Como Pinker, ela entendeu que certos elementos da consciência eram constantes e universais. Cada mente era naturalmente fragmentada e, no entanto, cada eu surgia de seus fragmentos da mesma forma. É esse processo psicológico que Woolf queria traduzir para uma nova forma literária.

Porém, se Pinker está errado em atacar Virginia Woolf de modo impensado (vendo uma inimiga onde deveria ver uma aliada), está correto em expressar desaprovação ao que chama "os padres do pós-modernismo". Muitas vezes, o pós-modernismo — o mais inexplicável dos *-ismos* — cede à desaprovação da ciência e dos métodos científicos. Os pós-modernistas dizem que não existe a verdade, somente descrições diferentes, todas igualmente inválidas. Evidentemente, essa ideia rapidamente se exaure. Nenhuma verdade é perfeita, mas isso não significa que todas as verdades são igualmente *im*perfeitas. Sempre precisaremos ter algum meio para distinguir nossas alegações.

Assim, em nossa cultura atual, temos dois extremos epistemológicos reflexivamente se atacando. Os pós-modernistas descartaram inadvertidamente a ciência por considerá-la apenas outro texto, e muitos cientistas descartaram as artes por considerá-las irremediavelmente falsas.

Em vez de construir um diálogo proveitoso, nossa terceira cultura tem apenas inflamado esse triste fenômeno.

Antes de começar a escrever *Mrs. Dalloway*, Woolf escreveu que em seu mais novo romance, "a psicologia teria que ser representada de modo bem realista". Queria que esse livro capturasse a mente em seu verdadeiro estado, para expressar o processo turbulento no centro de nossa existência. Por muito tempo, Woolf acreditou que a ficção cedera a uma visão simplificada da consciência e estava determinada a complicar a situação.

A exploração artística da mente não acabou com Virginia Woolf. Em 2005, o escritor britânico Ian McEwan deu a *Mrs. Dalloway* — um romance baseado em um único dia na vida de uma londrina de classe alta — uma atualização científica. O seu romance, *Sábado*, refaz a estrutura narrativa de Woolf (que já era em si uma reestruturação de *Ulisses*), só que dessa vez sob a perspectiva de um neurocirurgião. Como resultado, a psicologia é feita de modo *muito* realista. Como o romance *Mrs. Dalloway*, *Sábado* é obscurecido pela guerra e pela loucura e inclui referências indiretas a aviões em voo e ao primeiro-ministro. Os instantes normais da vida — desde compras no mercado ao jogo de squash — são mostrados contendo *tudo* da vida.

Sábado começa antes do amanhecer. O protagonista, Dr. Henry Perowne, se encontra acordado, embora "não esteja claro para ele exatamente quando se tornou consciente, e nem tal fato parece relevante". Tudo que sabe é que os olhos estão abertos, e que ele *existe*, uma presença palpável, ainda que imaterial: "É como se ficando ali na escuridão, ele se materializasse do nada."

Naturalmente, por ser um neurocirurgião, Henry sabe mais. Ele tem intimidade com o córtex. É uma espécie de "terra natal para ele". Ele acredita que a mente é o cérebro, e que o cérebro é apenas uma massa mielinada de fissuras e dobras. McEwan, que gastou mais de dois anos acompanhando um neurocirurgião durante a edição do livro, encanta-se com as consonâncias estranhas de nossa anatomia. Ele insiste em nos mostrar a pura estranheza de nossa origem.

Mas, ao mesmo tempo, McEwan complica o mundo materialista em que seu personagem habita. Embora despreze a filosofia e esteja entediado com a ficção, Henry está constantemente perdido em sonhos metafísicos. Enquanto escolhe um peixe para o jantar, começa a imaginar: "quais são as chances de esse peixe em particular, vindo daquelas águas rasas, acabar nas páginas, não, nesta página deste exemplar do jornal Daily Mirror? Algo na razão de infinito para um. De modo semelhante, os grãos de areia em uma praia, dispostos exatamente assim. A disposição randômica do mundo, as probabilidades inimagináveis contra qualquer condição em particular." No entanto, apesar das probabilidades, nossa realidade consegue se manter estável: o peixe está ali, embrulhado com papel de jornal dentro do saco plástico. A existência é um milagre.

É também um milagre precário. Woolf mostra-nos isso com o personagem Septimus, cuja loucura serve para destacar a fragilidade da sanidade. McEwan escolhe Baxter, um homem sofrendo da doença de Huntington, para produzir um efeito paralelo. A doença de Baxter, pensa o neurocirurgião, "é o determinismo biológico em sua forma mais pura. A infelicidade reside em um único gene, na repetição excessiva de uma única sequência — CAG". Não há como escapar desse pequeno erro tipográfico.

No entanto, McEwan não comete o erro lógico de acreditar que um relacionamento determinístico como esse é a vida verdadeira em geral. Henry sabe que o verdadeiro dom de nossa matéria é deixar que sejamos *mais* que matéria. Enquanto opera em um cérebro exposto, Henry reflete sobre o mistério da consciência. Sabe que mesmo que a ciência "esclareça" o cérebro, "o mistério permanecerá. Aquela mera matéria molhada pode fazer com que esse cinema brilhante interior de pensamento, de visão, som e tato se transforme em uma ilusão vívida de um presente imediato, com um eu, outra ilusão brilhantemente elaborada, pairando como um fantasma em seu centro. Será que algum dia se explicará como a matéria se transforma em consciência"?

Sábado não responde a essas perguntas. Ao contrário, o romance se esforça para nos lembrar, repetidamente, de que a pergunta não tem resposta. Nunca saberemos como a mente transforma a água de nossas células no vinho da consciência. Mesmo Baxter, um homem definido pela tragédia de sua falha genética é, em última análise, modificado por um poema. Quando a filha de Henry começa a recitar "*Dover Beach*" de Matthew Arnold, um poema sobre a melancolia do materialismo, Baxter está paralisado. As palavras "despertaram um anseio que mal conseguiria começar a definir". O enredo de *Sábado* depende desse evento casual, de uma mente sendo comovida por nada mais do que palavras que rimam. A poesia influencia a matéria. Haveria algo menos provável?

McEwan termina *Sábado* da forma como começou: na escuridão, no presente, com Henry na cama. Foi um dia longo. Enquanto Henry começa a adormecer, seus últimos pensamentos não são sobre o cérebro, a cirurgia ou o materialismo. Tudo isso parece estar longe. Os pensamentos de Henry voltam para a única realidade que conheceremos: nossa *experiência*. O sentimento de consciência. O sentimento do sentimento. "Há sempre isso, é um de seus pensamentos remanescentes. E depois: há somente isso."

A obra de McEwan é uma demonstração poderosa de que mesmo em uma época de detalhes científicos perturbadores, o artista continua sendo uma voz necessária. Por meio da ficção, McEwan explora os limites da ciência ao mesmo tempo em que faz justiça a sua utilidade e eloquência. Embora nunca duvide de nossa existência como uma propriedade da matéria — essa é a razão de um cirurgião conseguir curar nossas feridas —, McEwan captura o paradoxo de ser uma mente consciente de si mesma. Embora cada eu seja um cérebro, é um cérebro que contempla o próprio começo.

Sábado é um produto cultural raro, não somente por causa do talento artístico de McEwan, mas também por simbolizar, talvez, o nascimento de uma nova quarta cultura: a que procura descobrir o relacionamento *entre* as artes e as ciências. Essa quarta cultura, mais próxima da definição original de Snow (e representada por obras como *Sábado*), ignorará fronteiras intelectuais arbitrárias, procurando obscurecer as linhas que fazem a separação. Transplantará livremente o conhecimento entre as ciências e as artes e se concentrará em associar o fato reducionista a nossa verdadeira experiência. Adotará uma visão pragmática da verdade e julgará a verdade não por suas origens, mas em termos de sua utilidade. O que esse romance ou experimento ou poema ou proteína nos ensinará sobre nós mesmos? Como nos ajudará a entender quem somos? Qual o problema antigo que conseguiu resolver?

Se tivermos a mente aberta em nossas respostas a essas perguntas, descobriremos que o poema pode ser tão verdadeiro e útil quanto um acrônimo. E embora a ciência seja sempre nosso principal meio para investigar o universo, é ingênuo pensar que a ciência pode resolver tudo sozinha, ou que tudo pode ser mesmo resolvido. Uma das ironias da ciência moderna é que algumas das mais profundas descobertas — como o princípio da incerteza de Heisenberg* ou a natureza emergente da consciência — são, na realidade, sobre os limites da ciência. Como Vladimir Nabokov, romancista e lepidopterologista, afirmou certa vez: "Quanto maior a ciência, mas profundo o senso de mistério."

Agora sabemos o suficiente para saber que nunca saberemos tudo. É por essa razão que necessitamos da arte: ela nos ensina a viver com o mistério. Somente o artista consegue explorar o inefável sem nos oferecer uma resposta, pois, às vezes, não há resposta. John Keats chamou esse impulso romântico de "habilidade negativa". Afirmava que certos poetas, como Shakespeare, tinham a habilidade de permanecer nas incertezas, nos mistérios e nas dúvidas

* Esse princípio da física quântica afirma que se consegue saber ou a posição ou o *momentum* (massa vezes velocidade) de uma partícula, mas não ambas as variáveis ao mesmo tempo. Em outras palavras, não conseguimos saber tudo a respeito de nada.

sem a irritante vontade de procurar por razões e fatos. Keats percebeu que apenas pelo fato de algo não conseguir ser resolvido ou reduzido às leis da física não significa que não seja real. Ao nos aventurarmos além da fronteira de nosso conhecimento, tudo que temos é a arte.

Porém, antes de conseguirmos uma quarta cultura, nossas duas culturas existentes precisam modificar seus hábitos. Antes de tudo, as artes devem sinceramente se engajar com as ciências. Henry James definiu o escritor como alguém em quem nada é perdido. Os artistas devem prestar atenção ao chamado do escritor e não ignorar as descrições científicas inspiradoras da realidade. Todo humanista deveria ler o periódico *Nature*.

Ao mesmo tempo, as ciências têm de reconhecer que suas verdades não são as únicas. Nenhum conhecimento tem monopólio sobre o conhecimento. Essa ideia simples será a premissa inicial de qualquer quarta cultura. Como Karl Popper, um defensor eminente da ciência, escreveu: "É imperativo que desistamos da ideia de uma fonte definitiva de conhecimento e admitamos que todo conhecimento é humano: que está misturado com nossos erros, nossos preconceitos, sonhos e esperanças, que tudo que podemos fazer é buscar a verdade mesmo que esteja além de nosso alcance. Não existe nenhuma autoridade além do alcance da crítica."

Espero que este livro tenha mostrado como a arte e a ciência podem ser reintegradas em uma esfera crítica expansiva. Tanto a arte quanto a ciência podem ser úteis, e ambas podem ser verdadeiras. Em nosso tempo, a arte é uma necessidade para contrabalançar as glórias e os excessos do reducionismo científico, especialmente da forma como são aplicados à experiência humana. Esse é o propósito do artista: manter *nossa* realidade, com suas fragilidades e pontos de interrogação, na ordem do dia. O mundo é grande, como comentou Whitman certa vez. Contém multidões.

Agradecimentos

ONDE COMEÇAR? ACHO que no começo deste livro. Minha agente, Emma Parry, entrou em contato comigo após ler um de meus pequenos artigos na revista *Seed*. Sua paciência e orientação foram extraordinárias. Foram necessários muitos esboços incoerentes, mas ao fim ela me ajudou a dar forma a meus pensamentos desorganizados sobre Proust e a neurociência em uma proposta de um livro coerente.

Fiz a maioria de minhas pesquisas na Universidade de Oxford. Por poder me dar o luxo de passar o dia inteiro dentro de uma biblioteca, agradeço a Rhodes Trust.

A primeira ideia para este livro surgiu enquanto trabalhava no laboratório de neurociência do Dr. Eric Kandel. Nessa época, eu sonhava ser um cientista. Após passar alguns anos com os alunos de graduação e pós-graduação dele, rapidamente cheguei à conclusão de que eu não era bom o suficiente. (W.H. Auden disse certa vez que quando se achava no meio de cientistas, se sentia como "um pobre pároco que vagava por engano em um salão cheio de duques". Eu conheço exatamente o sentimento.) Sempre serei grato ao Dr. Kandel por ter me dado a oportunidade de participar do processo científico. Além disso, quero agradecer a todos os cientistas que conversaram comigo enquanto escrevia este livro. Estou convencido de que os pós-doutorandos são os artistas sofredores do século XXI.

No laboratório do Dr. Kandel, trabalhei para o Dr. Kausik Si. Não poderia ter pedido mentor melhor. Sua genialidade e bondade sempre me inspirarão. Embora provavelmente eu tenha atrasado sua pesquisa em alguns anos — sou bom em falhas experimentais —, nossas conversas sobre literatura e ciência foram essenciais para meu raciocínio.

E depois vêm aquelas almas pacientes que leram meus rascunhos e me disseram como melhorá-los. Este livro seria incomparavelmente pior se não fosse por Jad Abumrad, Steven Pulimood, Paul Tullis, Sari Lehrer, e Robert Krulwich. Gostaria de agradecer também a todos de Houghton Mifflin, especialmente Will Vincent, que me guiou com maestria pelas logísticas da criação de um livro, e Tracy Roe, que fez um trabalho fantástico procurando e corrigindo erros no manuscrito.

Amanda Cook é uma editora simplesmente incrível. Realmente tudo de bom que eu possa dizer sobre ela não será suficiente. Se não fosse por seus comentários, esse livro teria o dobro de páginas e metade da eloquência. Ela não só consertou minha prosa: consertou minhas ideias. Amanda também confiou em mim para escrever sobre um assunto muito vasto, e, por isso, lhe serei sempre muito grato.

Finalmente, tenho uma dívida impagável com a minha namorada Sarah Liebowitz, e minha mãe, Ariella Lehrer. Ambas leram esse livro incontáveis vezes. Quando ficava angustiado com a minha escrita, elas me animavam. E, quando esquecia quanto trabalho ainda restava, elas me lembravam. Cada frase é melhor por causa de suas críticas, ajuda e amor. Sem elas não existiria.

Notas

1. Walt Whitman: A essência do sentimento

20 *"Alguém está pedindo"["Was somebody asking"]:* Walt Whitman, *Leaves of Grass: The "Death-Bed" Edition* (New York: Random House, 1993), 27.

"uma pessoa*" ("a* person*"):* Ibidem, 702.

21 *"Sua própria carne" ("Your very flesh"):* Como citado em Paul Berman, "Walt Whitman's Ghost", *The New Yorker* (12 de junho de 1995): 98-104.

"A mente é encarnada" ("The mind is embodied"): António Damásio, *Descartes' Error* (London: Quill, 1995), 118.

23 *"É mais fácil" ("You might as easily"):* Brian Burrell, *Postcards from the Brain Museum* (New York: Broadway Books, 2004), 211.

24 *"o maior conglomerado" ("the greatest conglomeration"):* Jerome Loving, *Walt Whitman* (Berkeley: University of California Press, 1999), 104.

"sua totalidade"("its totality"): Horace Traubel, *Intimate with Walt: Selections from Whitman's Conversations with Horace Traubel, 1882-1892* (Des Moines: University of Iowa Press, 2001).
"Eu estava em fogo brando"("I was simmering"): Loving, *Walt Whitman*, 168.

26 *"Gosto da igreja silenciosa" ("I like the silent"):* Ralph Waldo Emerson, *Nature, Addresses, and Lectures* (Boston: Houghton Mifflin, 1890), 272.
"ombros largos" ("broad shouldered"): Loving, *Walt Whitman*, 224.
"As características principais de seu caráter" ("Leading traits of character"): Ibidem, 150.
"uma das composições mais profundas" ("one of the richest"): Donald D. Kummings and J. R. LeMaster, eds., *Walt Whitman: An Encyclopedia* (New York: Garland, 1998), 206.

27 *"O poeta fica entre" ("The poet stands among"):* Emerson, *Nature*, 455.
"Não duvide" ("Doubt not"): Ralph Waldo Emerson, *Selected Essays, Lectures, and Poems* (New York: Bantam, 1990), 223.

28 *"Sou o poeta"("I am the poet"):* Ed Folsom and Kenneth M. Price, "Biography", Walt Whitman Archive, http://www.whitmanarchive.org/biography (acessado em 7 de janeiro de 2005).
"Não estou cego" (*"I am not blind"):* Loving, *Walt Whitman*, 189.

30 *"o risco de" ("in danger"):* Ibidem, 241.
"O que é um homem" ("What does a man"): Ibidem.
"o corpo humano" ("the human body"): Whitman, *Leaves of Grass: The "Death-Bed" Edition, 699.*

31 *"Ó meu corpo" ("O my body"):* Ibidem, 128.

32 *"onde o inestimável sangue" ("where their priceless blood"):* Ibidem, 387.
"pedaços de aduelas de barris" ("pieces of barrel-staves"): Loving, *Walt Whitman, 1.*
"a pilha de pés" ("the heap of feet"): Edwin Haviland Miller, ed., *Walt Whitman: The Correspondence.* (New York: New York University Press, 1961-1977), 59.

"Aqueles três anos" ("Those three"): Ibidem, 77.

33 *"abrira um novo mundo" ("opened a new world"):* Loving, *Walt Whitman, 1.*

"Do coto do braço" ("From the stump"): Whitman, *Leaves of Grass: The "Death-Bed" Edition,* 388.

"o sibilo do bisturi do cirurgião" "the hiss of the surgeon's knife": Ibidem, 91.

35 *"uma sensação da existência" ("a sense of the existence"):* Silas Weir Mitchell, *Injuries of Nerves, and Their Consequences* (Philadelphia: Lippincott, 1872).

"invisível e não interpenetrável" ("invisibly and uninterpenetratingly"): Herman Melville, *Redburn, Jacket, Moby Dick* (New York: Library of America, 1983), 1294-98.

36 *"para seu horror" ("to his horror"):* Laura Otis, ed., *Literature and Science in the Nineteenth Century* (Oxford: Oxford University Press, 2002), 358-63.

38 *"Quanta sensação" ("How much of the limb"):* William James, "The Consciousness of Lost Limbs", *Proceedings of the American Society for Psychical Research* 1. (1887).

39 *"apaixonada e mística" ("passionate and mystical"):* William James, *Writings: 1878-1899* (New York: Library of America, 1987), 851.

"profeta contemporâneo" ("contemporary prophet"): Bruce Wilshire, ed., *William James: The Essential Writings* (Albany: State University of New York, 1984), 333.

"o tipo de fibra" ("the kind of fiber"): Ibidem, 337.

40 *"É um tipo de trabalho" ("It is a sort of work"):* Louis Menand, *The Metaphysical Club* (New York: Farrar, Straus and Giroux, 2001), 324.

41 *"A demanda por átomos" ("The demand for atoms"):* James, *Writings: 1878-1899,* 996.

"Não farei poemas" ("I will not make poems"): Whitman, *Leaves of Grass: The "Death-Bed" Edition,* 26.

"não restaria nada" ("there would be nothing"): William James, "What Is an Emotion?" *Mind* 9 (1884): 188-205.

44 *"O corpo contribui" ("The body contributes"):* António Damásio, *Descartes' Error* (London: Quill, 1995), 226.

45 *"Uma das descobertas mais surpreendentes de Damásio" ("One of Damásio's most surprising discoveries"):* Ibidem, 212-17.

"Há mais razão" ("There is more reason"): Friedrich Nietzsche, *The Portable Nietzsche* (Viking: New York, 1977), 146.

47 *"a sensibilidade" ("the curious sympathy"):* Whitman, *Leaves of Grass: The "Death-Bed" Edition,*130.

"o espírito recebe" ("the spirit receives"): Walt Whitman, *Leaves of Grass* (Oxford: Oxford University Press, 1998), 456.

"Farei os poemas" ("I will make the poems"): Ibidem, 20.

48 *"Parabéns à ciência positivista" ("Hurray for positive science"):* Whitman, *Leaves of Grass: The "Death-Bed" Edition,* 64.

"pois elas são vasculares" ("for they are vascular"): Ralph Waldo Emerson, *Selected Essays, Lectures, and Poems* (New York: Bantam, 1990), 291.

"Eu e esse mistério" ("I and this mystery"): Whitman, *Leaves of Grass: The "Death-Bed" Edition,* 36.

"Quando se organiza" ("When you organize"): Randall Jarrell, *No Other Book* (New York: Harper- Collins, 1999), 118.

49 *"Agora vejo que é verdade" ("Now I see it is true"):* Whitman, *Leaves of Grass: The "Death-Bed" Edition,* 77.

2. George Eliot: A biologia da liberdade

51 *"É raro, muito raro" ("Seldom, very seldom"):* Jane Austen, *Emma* (New York: Modern Library, 1999), 314.

52 *"simplesmente um conjunto de experiências" ("simply a set of experiments"):* Gordon Haight, ed., *George Eliot's Letters* (New Haven: Yale University Press, 1954-1978), vol. VI, 216-17.

"Certa vez, Henry James" ("Henry James once"): David Caroll, ed., *George Eliot: The Critical Heritage* (London: Routledge and Kegan Paul, 1971), 427.

55 *"não tinha necessidade" ("had no need"):* Michael Kaplan and Ellen Kaplan, *Chances Are...* (New York: Viking, 2006), 42.

56 *"Devemos...imaginar" ("We must... imagine"):* Louis Menand, *The Metaphysical Club* (New York: Farrar, Straus and Giroux, 2002), 195.

58 *"Desejo saber" ("I want to know"):* Haight, ed., *George Eliot's Letters,* vol. VIII, 56-5.

59 *"A falta de atração física" ("The lack of physical"):* Ibidem, 43.

60 *"Ela deve ter comparado" ("She might have compared"):* George Eliot, *Middlemarch* (London: Norton, 2000), 305.

61 *"Não somos 'sábios'" ("We are not 'judicious'"):* Valerie A. Dodd, *George Eliot: An Intellectual Life* (London: Macmillan, 1990), 227.

"uma poetisa científica" ("a scientific poet"): George Levine, ed., *Cambridge Companion to George Eliot* (Cambridge: Cambridge University Press, 2001), 107.

62 *"nenhum homem pensante" ("no thinking man"):* George Lewes, *Comte's Philosophy of Science* (London: 1853), 92.

"Necessitarismo" ("Necessitarianism"): Haight, ed., *George Eliot's Letters,* vol. IV, 166.

63 *"Ela é bonita" ("Was she beautiful"):* Eliot, *Daniel Deronda* (New York: Penguin Classics, 1996), 1.

64 *"era"("epoch"):* Haight, ed., *George Eliot's Letters,* vol. III, 214.

65 *"Até mesmo a Ciência" ("Even Science"):* Eliot, *Daniel Deronda, 1.*

"Se tivéssemos uma visão apurada" ("If we had a keen"): Eliot, *Middlemarch,* 124.

66 *"existe mais fé" ("There lives more faith"):* Rosemary Ashton, *George Eliot: A Life* (New York: Allen Lane, 1996), 145.

"perdido entre pequenos closets" ("lost among small closets"): Eliot, *Middlemarch,* 126.

68 *"Existência difícil e desconfortável" ("hard, unaccommodating Actual"):* Eliot, *Daniel Deronda,* 380.

"Não há criatura alguma" ("There is no creature"): Eliot, *Middlemarch,* 514.

"Todo limite" ("Every limit"): Ibidem, 512.

"empenhar toda a força" ("to throw the whole"): Como citado em Ashton, *George Eliot: A Life,* 305.

"não é feita" ("is not cut"): Eliot, *Middlemarch,* 734.

"Somos robôs conscientes"("We are conscious"): Thomas Huxley, "On the Hypothesis That Animals Are Automata, and Its History", *Fortnightly Review* (1874): 575-77.

71 *"Começando em 1962" ("Beginning in 1962"):* J. Altman, "Are New Neurons Formed in the Brains of Adult Mammals?" *Science* 135 (1962): 1127-28.

"Kaplan descobriu" ("Kaplan discovered"): M. S. Kaplan, "Neurogenesis in the Three-Month-Old Rat Visual Cortex", *Journal of Comparative Neurology* 195 (1981): 323-38.

"Na época" ("At the time"): Personal interview at Rockefeller Field Research Center, 26 de julho de 2006.

72 *"Afaste a natureza" ("Take nature away"):* Michael Specter, "Rethinking the Brain", *The New Yorker,* 23 de julho de 2001.

73 *"Até que o cientista" ("Until the scientist"):* Thomas Kuhn, *The Structure of Scientific Revolutions,* 3a. ed. (Chicago: University of Chicago Press, 1996), 53.

74 *"as mães dos macacos que vivem em condições estressantes" ("monkey mothers who live in stressful"):* C. L. Coe, et al., "Prenatal Stress Diminishes Neurogenesis in the Dentate Gyrus of Juvenile Rhesus Monkeys", *Biology of Psychiatry* 10 (2003): 1025-34.

75 *"O hipocampo" ("The hippocampus"):* F. H. Gage et al., "Survival and Differentiation of Adult Neural Progenitor Cells Transplanted to the Adult Brain", *Proceedings of the National Academy of Sciences* 92 (1995).

"o que nos ajuda a aprender" ("which help us to learn"): Greg Miller, "New Neurons Strive to Fit In", *Science* 311 (2006): 938-40.

"antidepressivos funcionam" ("antidepressants work"): Luca Santarelli et al., "Requirement of Hippocampal Neurogenesis for the Behavioral Effects of Antidepressants", *Science* 301 (2003): 805-08.

77 *"Uma vez que a 'informação' tenha penetrado" ("Once 'information' has passed"):* Robert Olby, *The Path to the Double Helix* (London: Macmillan, 1974), 432.

"Somos máquinas sobreviventes" ("We are survival machines"): Richard Dawkins, *The Selfish Gene* (Oxford: Oxford University Press, 1976), ix.

78 *"a sequência do código" ("the code sequence"):* Richard Lewontin, *Biology as Ideology* (New York: Harper Perennial, 1993), 67.

80 *"córtex auditivo agora' ("their auditory cortex now"):* J. Sharma, A. Angelucci, and M. Sur, "Induction of Visual Orientation Modules in Auditory Cortex", *Nature* 404 (2000): 841-47. *"a demonstração mais convincente" ("the most compelling"):* Sandra Blakeslee, "Rewired Ferrets Overturn Theories of Brain Growth", *New York Times,* 25 de abril de 2000, sec. F1.

86 *"A nova hipótese de Gage" ("Gage's new hypothesis"):* A. R. Muotri et al., "Somatic Mosaicism in Neuronal Precursor Cells Mediated by L1 Retrotransposition", *Nature* 435: 903-10.

"Quanto mais diversificados" ("The more diversified"): Charles Darwin, *On the Origin of Species by Means of Natural Selection, or the Preservation of Favored Races in the Struggle for Life* (London: John Murray, 1859), 112.

87 *"bastante irregular" ("highly irregular"):* Karl Popper, *Objective Knowledge* (Oxford: Oxford University Press, 1972), ch. 6.

"A arte é o que há de mais próximo" ("Art is the nearest"): George Eliot, "The Natural History of German Life", *Westminster Review,* julho de 1856.

88 *"Recuso-me" ("I refuse"):* Haight, ed., *George Eliot's Letters,* vol. VI, 216-17.

89 *"Não ficarei" ("I shall not"):* Ibidem, 166.

3. Auguste Escoffier: A essência do paladar

91 *"Na realidade, o caldo é tudo" ("Indeed, stock is everything"):* Auguste Escoffier, *The Escoffier Cookbook: A Guide to the Fine Art of Cookery for Connoisseurs, Chefs, Epicures* (New York: Clarkson Potter, 1941), 1.

92 *"ocasião agradável" ("pleasurable occasion"):* Auguste Escoffier, *Escoffier: The Complete Guide to the Art of Modern Cookery* (New York: Wiley, 1983), xi.

"estudando cuidadosamente" ("carefully studying"): Amy Trubek, *Haute Cuisine: How the French Invented the Culinary Profession* (Philadelphia: University of Pennsylvania Press, 2001,126.

"A experiência sozinha" ("Experience alone"): Escoffier, *The Escoffier Cookbook*, 224.

94 *"A descoberta de" ("The discovery of"):* Jean Anthelme Brillat-Savarin, trans. M.F.K. Fisher, *The Physiology of Taste* (New York: Counterpoint Press, 2000), 4.

96 *"Há um sabor" ("There is a taste"):* Alex Renton, "Fancy a Chinese?" *Observer Food Magazine*, julho de 2005, 27-32.

97 *"Esse estudo desvendou" ("This study has"):* Ibidem.

"O acrônimo químico" ("The chemical acronym"): K. Ikeda, "New Seasonings", *Journal of the Chemical Society of Tokyo* 30 (1909): 820-36.

"De acordo com Demócrito" ("According to Democritus"): J. I. Beare, ed., *Greek Theories of Elementary Cognition from Alanaeon to Aristotle* (Oxford: Clarendon Press, 1906), 164.

98 "Em '*De Anima*'" *("In* De Anima"): Stanley Finger, *Origins of Neuroscience* (Oxford: Oxford University Press, 1994), 165.

100 *"No processo de envelhecimento do pernil" ("As a leg of prosciutto ages"):* Para um delicioso tour pelos usos culinários do umami, veja Jeffrey Steingarten, *It Must've Been Something I Ate* (New York: Vintage, 2003), 85-99.

102 *"O primeiro receptor foi descoberto" ("The first receptor was discovered"):* N. Chaudhari et al., "A Novel Metabotropic Receptor Functions as a Taste Receptor", *Nature Neuroscience* 3 (2000): 113-19.

"O segundo receptor" ("The second sighting"): G. Nelson et al., "An Amino-Acid Taste Receptor", *Nature 416* (2002): 199-202.

"Diferentemente dos sabores" ("Unlike the tastes"): M. Schoenfeld et al., "Functional MRI Tomography Correlates of Taste Perception in the Human Primary Taste Cortex", *Neuroscience* 127 (2004): 347-53.

103 *"o leite materno tem dez vezes" ("breast milk has ten times"):* Stephen Pincock, "All in Good Taste", *FT Magazine*, 25 de junho de 2005, 13.

104 *"Uma refeição bem-apresentada"("A well-displayed meal"):* Kenneth James, *Escoffier: The King of Chefs* (London: Hambledon and London, 2002), 109.

105 *"O cliente" ("The customer"):* Escoffier, *The Complete Guide*, 67.

108 *"Não interessa o quanto" ("No matter how high"):* Richard Axel, lecture, 1 de dezembro de 2005: MIT, Picower Institute.

111 *"Nosso olfato" ("Our sense of smell"):* Rachel Herz, "The Effect of Verbal Context on Olfactory Perception", *Journal of Experimental Psychology: General* 132 (2003): 595-606.

112 *"Esse feedback" ("This feedback continually"):* Eric Kandel, James Schwartz, and Thomas Jessell, *Principles of Neural Science*, 4th ed. (New York: McGraw Hill, 2000), 632.

"No entanto, se o mesmo ar" ("But when that same air"): I. E. de Araujo et al., "Cognitive Modulation of Olfactory Processing", *Neuron* 46 (2005): 671-79.

"Mesmo carne de cavalo" ("Even horsemeat"): James, *Escoffier: The King of Chefs*, 47.

115 *"podem ter muito mais" ("can be much more"):* Daniel Zwerdling, "Shattered Myths", *Gourmet* (August 2004), 72-74.

116 *"sistema organizador" ("organizing system"):* Donald Davidson, *Inquiries into Truth and Interpretation* (Oxford: Oxford University Press, 2001), 189.

117 *"Todas as outras definham" ("Everything else withers"):* O. Beluzzi et al., "Becoming a New Neuron in the Adult Olfactory Bulb", *Nature Neuroscience* 6 (2003): 507-18.

"Pessoas expostas repetidas vezes" ("Subjects repeatedly exposed"): J. D. Mainland et al., "One Nostril Knows What the Other Learns", *Nature* 419 (2002): 802.

"O que foi uma vez" ("What was once"): C. J. Wysocki, "Ability to Perceive Androstenone Can Be Acquired by Ostensibly Anosmic People", *Proceedings of the National Academy of Sciences* 86 (1989).

And L. Wang et al., "Evidence for Peripheral Plasticity in Human Odour Response", *Journal of Physiology* (janeiro de 2004): 236-44.

118 *"Ele se recusava a aprender" ("He refused to learn"):* James, *Escoffier: The King of Chefs*, 132.

119 *"Nenhuma teoria" ("No theory"):* Escoffier, *The Escoffier Cookbook*, 1.

120 *"se funcionar" ("If it works"):* Sam Sifton, "The Cheat", *New York Times Magazine*, 8 de maio de, 2005.

4. *Marcel Proust: O método da memória*

121 *"Mesmo uma cômoda" ("Even a bureau"):* Charles Baudelaire, *Baudelaire in English* (New York: Penguin, 1998), 91.

122 *"pois se a vida" ("for if our life"):* Marcel Proust, *Time Regained*, vol. VI (New York: Modern Library, 1999), 441.

124 *"reconheceria em si mesmo" ("recognize in his own"):* Ibidem, 322.

125 *"Tenho muito que fazer" ("I have enough"):* As cited in Joshua Landy, *Philosophy as Fiction: Self Deception, and Knowledge in Proust* (Oxford: Oxford University Press, 2004), 163.

"O tipo de literatura" ("The kind of literature"): Proust, *Time Regained*, 284.

"a estrutura de seu espírito" ("When from a long"): Ibidem, 206.

126 *"Mas no mesmo instante" ("No sooner had"):* Marcel Proust, *Swann's Way*, vol.I (New York: Modern Library, 1998), 60.

127 *"Mas, quando" ("When from a long") Ibidem, 63*

Rachel Herz: Rachel Herz and J. Schooler, "A Naturalistic Study of Autobiographical Memories Evoked by Olfactory and Visual Cues: Testing the Proustian Hypothesis", *American Journal of Psychology* 115 (2002): 21-32.

128 *"Talvez por ter visto" ("Perhaps because I had"):* Proust, *Swann's Way*, 63.

"o jogo em que" ("the game wherein"): Ibidem, 64.

129 *"É trabalho em vão" ("It is a labor in vain"):* Ibidem, 59.

130 *"Sou obrigado a retratar erros" ("I am obliged to depict errors"):* Como citado em Landy, *Philosophy as Fiction*, 4.

131 *"brincadeira especulativa" ("speculative cavort"):* Stanley Finger, *Minds Behind the Brain* (Oxford: Oxford University Press, 2000), 214.

133 *"Mas em um conjunto de experiências extraordinárias" ("But in a set of extraordinary experiments"):* Karim Nader et al., "Fear Memories Require Protein Synthesis in the Amygdala for Reconsolidation after Retrieval", *Nature* 406: 686-87. See also J. Debiec, J. LeDoux, and K. Nader, "Cellular and Systems Reconsolidation in the Hippocampus", *Neuron 36* (2002); and K. Nader et al., "Characterization of Fear Memory Reconsolidation", *Journal of Neuroscience* 24 (2004): 9269-75.

138 *"Neste livro" ("In this book"):* Proust, *Time Regained*, 225.

"a contradição" ("How paradoxical it is"): Proust, *Swann's Way*, 606.

141 *"Essa teoria, publicada em 2003" ("This theory, published in 2003"):* K. Si, E. Kandel, and S. Lindquist, "A Neuronal Isoform of the Aplysia CPEB Has Prion-Like Properties", *Cell 115* (2003): 879-91.

142 *"São nesses cruzamentos pequenos" ("It is at these tiny crossings"):* Kelsey Martin et al., "Synapse-Specific, Long-Term Facilitation of Aplysia Sensory to Motor Synapses: A Function for Local Protein Synthesis in Memory Storage", *Cell 91* (1997): 927-38.

"Ele ouvira falar de uma molécula" ("He had heard of a molecule"): Joel Richter, "Think Globally, Translate Locally: What Mitotic Spindles and Neuronal Synapses Have in Common", *Proceedings of the National Academy of Sciences* 98 (2001): 7069-71.

"Essa mesma molécula também estava presente" ("This same molecule also happened"): L. Wu et al., "CPEB-Mediated Cytoplasmic Polyadenylation and the Regulation of Experience-Dependent Translation of Alpha-CaMKII mRNA at Synapses", *Neuron* 21 (1998): 1129-39.

146 *"Essencialmente, quanto mais" ("Essentially, the more likely"):* A. Papassotiropoulos et al., "The Prion Gene Is Associated with Hu-

man Long-Term Memory", *Human Molecular Genetics* 14 (2005): 2241-46.
"Outras experiências ligaram" ("Other experiments have linked"): J. M. Alarcon et al., "Selective Modulation of Some Forms of Schaffer Collateral-CA' Synaptic Plasticity in Mice with a Disruption of the CPEB-1 Gene", *Learning and Memory 11* (2004): 318-27.

147 *"O passado está escondido" ("The past is hidden"):* Proust, *Swann's Way,* 59.

5. Paul Cézanne: O processo da visão

148 *"que foi em dezembro de 1910 ou por volta dessa data" ("that on or about"):* Virginia Woolf, *Collected Essays* (London: Hogarth Press, 1966-1967), vol. I, 320.

149 *"a arte nunca mais almejaria uma fidelidade pseudocientífica" ("art aim at a pseudo-scientific"):* Vassiliki Kolocotroni, Jane Goldman, and Olga Taxidou, eds., *Modernism: An Anthology of Sources and Documents* (Chicago: University of Chicago Press, 1998), 189-92.
"sendo apenas do interesse" ("being of no interest"): Christopher Butler, *Early Modernism* (Oxford: Oxford University Press, 1994), 216.

150 *"O olho não é" ("The eye is not"):* Ulrike Becks-Malorny, *Cezanne* (London: Taschen, 2001), 46.

153 *"ser a serva" ("to be the servant"):* Charles Baudelaire, *Charles Baudelaire: The Ivlirror of Art,* trans. Jonathan Mayne (London: Phaidon Press, 1955).
"o transiente" ("the transient"): Charles Baudelaire, *Baudelaire: Selected Writings on Art, and Artists,* trans. P. E. Charvet (Cambridge: Cambridge University Press, 1972).

156 *"Quero fazer" ("I want to make"): John Rewald,* Cezanne *(New York: Harry Abrams, 1986), 159.*

157 *"Os professores são todos" ("Teachers are all"):* Peter Schjeldahl, "Two Views", *The New Yorker, 11 de julho de* 2005.

"O olho deve absorver tudo" ("The eye must absorb everything"): Becks-Malorny, *Cezanne, 24.*

158 *"Tentei copiar a natureza" ("I tried to copy nature"):* Michael Doran, ed., *Conversations with Cezanne* (Berkeley: University of California Press, 2001), 120.

162 *"é como se" ("it is as if there"):* Como citado em Daniel Schwarz, *Reconfiguring Modernism* (New York: Palgrave Macmillan, 1997), 108.

164 *"Por que a mente" ("Why does the mind"):* M. Bar et al., "Top--Down Facilitation of Visual Recognition", *Proceedings of the National Academy of Sciences* 103 (2006): 449-54.

165 *"As respostas dele" ("His [Dr. P] responses"):* Oliver Sacks, *The Man Who Mistook His Wife for a Hat* (London: Picador, 1985), 9.

"Ele começou" ("He [Dr. P] then started"): Ibidem, 10.

167 *"Será que a pintura é apenas um capricho" ("Is painting only a whim"):* Becks-Malorny, *Cezanne,* 8.

169 *"empregando o método experimental" ("employing the experimental"):* Kolocotroni, *Modernism,* 170.

"uma atividade mental selvagem" ("wild mental activity"): Émile Zola, trans. Thomas Walton, *The Masterpiece* (Oxford: Oxford University Press, 1999), x.

"descrevem o homem" ("describe man"): Ibidem, 180.

"literatura nova"("new literature"): Ibidem.

"Nossos inimigos" ("Our enemies"): Rachel Cohen, "Artist's Model", *The New Yorker,* 7 de novembro de 2005, 62-85.

171 *"desaparecer e simplesmente mostrar" ("disappear, and simply show"):* Kolocotroni, *Modernism, 173.*

"Tenho um entendimento melhor" ("I have a better understanding"): Rewald, *Cézanne, 182.*

175 *"A imaginação" ("The imagination"):* Immanuel Kant, *The Critique of Pure Reason,* trans. J.M.D. Meiklejohn (New York: Prometheus Books, 1990).

"Diferente dos seguidores de Wundt" ("Unlike the Wundtians"): Mitchell G. Ash, *Gestalt Psychology in German Culture, 1890-1967: Holism and the Quest for Objectivity* (Cambridge: Cambridge University Press, 1998), 126.

176 *"O córtex visual é dividido" ("The visual cortex is divided"):* Frequentemente, a região V5 é chamada a região MT. Richard Born and D. Bradley, "Structure and Function of Visual Area MT", *Annual Review of Neuroscience* 28 (2005): 157-89.

177 *"Quando esses neurônios específicos se ativam" ("When these specific neurons light up"):* R. Quiroga et al., "Invariant Visual Representation by Single Neurons in the Human Brain", *Nature* 435 (2005):1102-07.

178 *"Uma sensação é bastante semelhante a" ("A sensation is rather like"):* William James, *Writings 1902-1910* (New York: Library of America, 1987), 594.

"As pinturas de Cézanne são críticas" ("His paintings are criticisms"): O crítico Clement Greenberg argumentava que tal autocriticismo kantiano representava a essência do modernismo. O artista modernista, dizia, usa "os métodos característicos de uma disciplina para criticar essa mesma disciplina". Clement Greenberg, "Modernist Painting", *Art and Literature* 4 (1965).

179 *"Cézanne fez a fruta" ("Cézanne made the fruit"):* Rainer Maria Rilke, *Letters on CLanne* (London: Vintage, 1985), 33.

6. Igor Stravinsky: A origem da música

181 *"a imensa sensação" ("the immense sensation"):* Stephen Walsh, *Igor Stravinsky: A Creative Spring* (Berkeley: University of California, 2002), 208.

183 *"não conseguiamos ouvir nada" ("We could hear nothing"):* Gertrude Stein, *The Autobiography of Alice B. Toklas* (London: Penguin Classics, 2001), 150.

184 *"Foi exatamente o que eu queria" ("Exactly what I wanted"):* Igor Stravinsky and Robert Craft, *Conversations with Igor Stravinsky* (London: Faber, 1979), 46-47.

"antes do surgimento da Beleza" ("before the arising of Beauty"): Vera Stravinsky and Robert Craft, eds., *Stravinsky in Pictures and Documents* (New York: Simon and Schuster, 1978), 524-26.

186 *"como um período de espera" ("as a period of waiting"):* Igor Stravinsky and Robert Craft, *Memories and Commentaries* (London: Faber and Faber, 1960), 26.

188 *"Se devo cometer" ("If I must commit"):* Alex Ross, "Whistling in the Dark", *The New Yorker,* 18 de fevereiro de 2002.

"A quantidade imensa de dissonâncias" ("The overwhelming multitude of dissonances"): Como citado em Charles Rosen, *Arnold Schoenberg* (Chicago: University of Chicago Press, 1996), 33.

189 *"Schoenberg é um" ("Schoenberg is one"):* Walsh, *Igor Stravinsky,* 190.

"Um átomo de hidrogênio" ("One atom of hydrogen"): Como citado em Peter Conrad, *Modern Times, Modern Places* (New York: Knopf, 1999), 85.

190 *"Se é arte" ("If it is art"):* Ross, "Whistling in the Dark."

"regras e racionalismo" ("rationalism and rules"): Walsh, *Igor Stravinsky,* 397.

192 *"Quando esses neurônios seletivos" ("When these selective neurons"):* D. Bendor and Q. Wang, "The Neuronal Representation of Pitch in the Primate Auditory Cortex", *Nature* 436 (2005): 1161-65.

193 *"Ele projeta uma ordem imaginária" ("It projects imaginary order"):* A. Patel and E. Balaban, "Temporal Patterns of Human Cortical Activity Reflect Tone Sequence Structure", *Nature* 404 (2002).

194 *"Meyer queria mostrar" ("Meyer wanted to show"):* Leonard Meyer, *Emotion and Meaning in Music* (Chicago: University of Chicago Press, 1961), 145-60.

195 *"Para a mente humana" ("For the human mind"):* Ibidem, 16.

"é a razão de ser" ("is the whole raison d'être"): Ibidem, 151.

197 *"toda a arte aspira" ("all art aspires"):* William Pater, *The Renaissance: Studies in Art and Poetry* (Oxford: Oxford University Press, 1998), 86.

199 *"muito pouca tradição" ("Very little tradition"):* Igor Stravinsky and Robert Craft, *Expositions and Development* (London: Faber and Faber, 1962), 148.

200 *"Contei à minha orquestra" ("I have confided to my orchestra"):* Stravinsky, ed., *Stravinsky in Pictures,* 524-26.

201 *"A ordem é a nossa" ("The order is our own"):* Peter Hill, *Stravinsky: The Rite of Spring* (Cambridge: Cambridge University Press, 2000), 53.

202 *"Ouvir requer esforço" ("To listen is an effort"):* Alex Ross, "Prince Igor", *The New Yorker,* November 6, 2000.

"A música é" ("Music is"): Igor Stravinsky, *Chronicle of My Life* (Gollancz: London, 1936), 91.

204 *"só por ser organizado" ("only by being organized"):* Igor Stravinsky, *Poetics of Music* (New York: Vintage, 1947), 23.

"um aliado na luta" ("an ally in the fight)": Plato, *Timaeus,* trans. Donald Zeyl (New York: Hackett, 2000), 36.

205 *"Na música, o avanço" ("In music, advance"):* Stravinsky and Craft, *Expositions and Development, 138.*

206 "Nosso pequeno Igor" ("Our little Igor"): Walsh, *Igor Stravinsky, 233.*

207 *"O cérebro se sintoniza" ("The brain tunes"):* N. Sugaand E. Gao, "Experience-Dependent Plasticity in the Auditory Cortex and the Inferior Colliculus of Bats: Role of the CorticoFugal System", *Proceedings of the National Academy of Sciences* 5 (2000): 8081-86.

"retroalimentação, a partir das regiões cerebrais superiors" ("Feedback from higher-up brain regions"): S. A. Chowdury and N. Suga, "Reorganization of the Frequency Map of the Auditory Cortex Evoked by Cortical Electrical Stimulation in the Big Brown Bat", *Journal of Neurophysiology* 83, no. 4 (2000): 1856-63.

"Esse aprendizado é, em grande parte" ("This learning is largely"): S. Bao, V. Chan, and M. Merzenich, "Cortical Remodeling Indu-

ced by Activity of Ventral Tegmental Dopamine Neurons", *Nature* 412 (2001): 79-84.

208 "*Na realidade, o tronco encefálico*" (*"In fact, the brainstem"*): D. Perez-Gonzalez et al., "Novelty Detector Neurons in the Mammalian Auditory Midbrain", *European Journal of Neuroscience* 11 (2005): 2879-85.

"*Quando o padrão musical*" (*"When the musical pattern"*): J. R. Hollerman and W. Schultz, "Dopamine Neurons Report an Error in the Temporal Prediction of Reward During Learning", *Nature Neuroscience 1* (1998): 304-09.

"*Se os neurônios da dopamina não conseguirem correlacionar*" (*"If dopamine neurons can't correlate"*): S. Tanaka, Dopaminergic Control of *Working Memory and Its Relevance to Schizophrenia: A Circuit Dynamics Perspective", Neuroscience 139 (2005): 153-71.*

"*O maestro Pierre Monteaux*" ("Pierre Monteux, the conductor"): Thomas Kelly, First Nights (New Haven: Yale University Press, 2000), 277.

209 "*Cavalheiros, vocês não precisam*" ("Gentlemen, you do not have"): Kelly, First Nights, 281.

210 "*Se algo deve permanecer*" ("If something is to stay"): Friedrich Nietzsche, The Genealogy of Morals, trans. Walter Kaufmann (New York: Vintage, 1989), 61.

7. Gertrude Stein: A estrutura da linguagem

213 "*Há movimentos automáticos*" ("There are automatic movements"): Como citado em Steven Meyer, Irresistible Dictation (Stanford: Stanford University Press, 2001), 221.

"*Não há bom contrassenso*" ("There is no good nonsense"): Ibidem, 228.

"*Mais tarde, até mesmo admitiu*" ("Even Stein later admitted"): Gertrude Stein, The Autobiography of Alice B. Toklas (London: Penguin Classics, 2001), 86.

214 *"UMA JARRA, QUE É" ("A CARAFE, THAT IS"):* Gertrude Stein, The Selected Writings of Gertrude Stein (New York: Vintage, 1990), 461.

215 *"Se uma palavra estrangeira pouco comum* "("If an unusual foreign word"): William James, The Principles of Psychology (New York: Dover, 1950), vol. 1, 262.

216 *"da maneira como as frases se diagramam"* ("the way sentences diagram"): Gertrude Stein, Lectures in America (Boston: Beacon Press, 1985), 211.

"outros assuntos fossem" ("Other things may be"): Ibidem.

217 *"A linguagem é uma tendência instintiva"* ("Language is an instinctive tendency"): Charles Darwin, The Descent of Man and Selection in Relation to Sex (New York: Hurst and Co., 1874), 101.

"A prática da medicina não" ("Practical medicine did not"): Como citado em Meyer, Irresistible Dictation, 55.

"estar endediada" ("and she was bored"): Stein, Autobiography, 81.

218 *"Ou eu sou louco" ("Either I am crazy"):* James Mellow, Charmed Circle: Gertrude Stein and Company (London: Phaidon, 1974), 45.

"*eu era a única*" ("I was alone"): Gertrude Stein, Picasso (Boston: Beacon Press, 1959).

219 *"Discutiam sobre arte e filosofia"* ("They discussed art and philosophy"): Judith Ryan, The Vanishing Subject (Chicago: University of Chicago Press, 1991), 92.

"*Picasso nunca mais tinha*" ("Picasso had never"): Stein, Autobiography, 52-60.

222 *"Enxergar de uma forma nova"* ("To see the things in a new way"): Mellow, Charmed Circle, 430.

223 *"Certa vez comentou, sabe"* ("You see, Stein once said"): Robert Haas, ed., A Primer for the Gradual Understanding of Gertrude Stein (Los Angeles: Black Sparrow, 1971), 15.

"Henry James foi" ("Henry James was"): Stein, Autobiography, 87.

224 *"não tem apenas uma janela"* ("has not one window"): As quoted in Jacques Barzun, A Stroll with William James (Chicago: University of Chicago Press, 1983), 200.

"é basicamente" ("It is, in short"): James, Principles of Psychology, 254.

225 *"Nós devíamos dizer"* ("We ought to say"): Edward Reed, From Soul to Mind (New Haven, Conn.: Yale University Press, 1997), 208.

226 *"William James me ensinou"* ("William James taught me"): Richard Poirier, Poetry and Pragmatism (Cambridge, Mass.: Harvard University Press, 1992), 92.

"Devo muito" ("A great deal I owe"): Haas, *A Primer,* 34.

"Ele olhou com espanto" ("He looked and gasped"): Stein, *Autobiography,* 89.

229 *"Se há qualquer segredo" ("If there is anything secret"):* Mellow, *Charmed Circle, 404.*

232 *"Até achou uma prova mais elegante" ("It even found a more elegant proof"):* Howard Gardner, *The Mind's New Science: A History of the Cognitive Revolution* (New York: Basic Books, 1987), 147-55.

"O psicólogo George Miller" ("The psychologist George Miller"): George Miller, "The Magical Number Seven, Plus or Minus Two", *The Psychological Review* 63 (1956): 81-97.

234 *"Há processos na formação da linguagem" ("There are processes of language formation"):* O artigo original de 1956 de Chonsky pode ser acessado em: web.mit.edu/afs/athena.mit.edu/course/6/6.441/www/reading/IT-V2-N3.pdf.

236 *"Essa criatividade sem limites" ("This boundless creativity"):* Marc Hauser, Noam Chomsky, Tecumseh Fitch, "The Faculty of Language: What Is It, Who Has It, and How Did It Evolve?" *Science 298* (2002): 1569-79.

237 *"A melhor comprovação" ("The best evidence"):* Michal Ben-Shachar, "Neural Correlates of Syntactic Movement: Converging Evidence from Two fMRI Experiments", *Neuroimage* 21 (2004): 1320-36.

238 *"essas crianças nicaraguenses" ("these Nicaraguan children"):* Ann Senghas et al., "Children Creating Core Properties of Language: Evidence from an Emerging Sign Language in Nicaragua", *Science* 305: 1779-82.

"Todo mundo diz o mesmo" ("Everybody said the same"): Gertrude Stein, *Lectures in America,* 138.

239 *"frases imensas" ("enormously long sentences"):* Gertrude Stein, *Writings 1932-1946* (New York: Library of America, 1998), 326.

"Stein sempre disse" ("Stein always said"): Como citado em Meyer, *Irresistible Dictation,* 138.

240 *"Quando você cria algo" ("When you make a thing"):* Stein, *Autobiography, 28.*

241 *"Se continuar a" ("If you keep on doing"):* Ibidem, 230.

"Mais tarde, Stein gabava-se" ("Stein later bragged"): Ibidem, 234.

242 *"Agora, escute! Não sou tola" ("Now listen! I'm no fool"):* As cited in Mellow, *Charmed Circle, 404.*

243 *"Descobri que não há" ("I found out that there are no"):* Haas, ed., *A Primer,18.*

8. Virginia Woolf: O eu emergente

245 *"Finalmente cheguei" ("I have finally arrived"):* Virginia Woolf, *The Diary of Virginia Woolf* ed. Anne Olivier Bell, 5 vols. (London: Hogarth, 1977-1980), vol. 2,13.

"Apenas pensamentos e sentimentos" ("Only thoughts and feelings"): Virginia Woolf, *Congenial Spirits: The Selected Letters of Virginia Woolf* ed. Joanne Trautmann Banks (New York: Harvest, 1991), 128.

"Eles olharam" ("They have looked"): Virginia Woolf, *The Virginia Woolf Reader* (New York: Harcourt, 1984), 205.

246 *"A função do escritor não é" ("Is it not the task of the novelist"):* Ibidem, 287.

"era muito instável" ("was very erratic"): Virginia Woolf, *A Room of One's Own* (New York: Harvest, 1989), 110.

"Forço-me em direção ao meu centro" ("I press to my centre"): Woolf, *The Diary,* vol. 3, 275.

"Devemos ter na mente o todo" ("One must have a whole"): As cited in Hermione Lee, *Virginia Woolf* (New York: Vintage, 1996), 407.

247 *"Somos as palavras" ("We are the* words"): Virginia Woolf, *Moments of Being* (London: Pimlico, 2002), 85.

248 *"Pretendo manter" ("I intend to keep"):* Woolf, *The Diary,* vol. 5, 64.

"Eu toco os meus cérebros" ("I feel my brains"): Lee, *Virginia Woolf* 187.

249 *"colocar a experiência" ("of depositing experience"):* Woolf, *The Diary,* vol. 4, 231.

"sistema nervoso complicado" ("difficult nervous system"): Ibidem., vol. 3, 39.

"É curioso como ficar doente" ("It's odd how being ill"): Nigel Nicolson and Joanne Trautmann, eds., *The Letters of Virginia Woolf* 6 vols. (New York: Harcourt Brace Jovanovich, 1975-1980), vol. 3, 388.

"Não adianta tentar" ("It is no use trying"): Virginia Woolf, *Jacob's Room* (New York: Harvest, 1950), 154.

250 *"Aos quarenta anos [de idade]" ("At [the age of] forty"):* Woolf, *The Diary,* vol. 2, 205-06.

"vidas infinitamente obscuras" ("those infinitely obscure lives"): Woolf, *A Room of One's Own,* 89.

"Não vamos aceitar" ("Let us not take it"): Virginia Woolf, "Modern Novels", *Times Literary Supplement,* 10 de abril de 1919.

251 "se sentia muito" (*"felt very much"):* Virginia Woolf, *Mrs. Dalloway* (New York: Harvest Books, 1990), 186.

"algo central que se espalhava" ("something central which permeated"): Ibidem, 31.

"algum ultraje indescritível" ("some indescribable outrage"): Ibidem, 184.

"teoria transcendental" ("transcendental theory"): Ibidem., 151.

252 *"Pontudo, como um dardo, definitivo" ("Pointed, dartlike, definite"):* Ibidem, 37.

"um mundo seu" ("world of her own"): Ibidem, 76.

"Pois ela ali estava" ("For there she was"): Ibidem, 194.

253 *"tipo de totalidade" ("kind of whole"):* Quentin Bell, *Virginia Woolf A Biography* (New York: Harvest, 1974), 138.

"A mente recebe" ("The mind receives"): Virginia Woolf, *The Common Reader: First Series (New* York: Harvest, 2002), 150.

254 *"Não havia ninguém" ("There was nobody"):* Virginia Woolf, *To the Lighthouse* (New York: Harcourt, 1955), 32.

"Os pensamentos são como" ("thought is like"): Ibidem, 33.

"O que significa" ("What does one mean"): Woolf, *A Room of One's* Own, 97.

"de repente se fragmentar" ("suddenly split off"): Ibidem.

"como uma nuvem" ("like a cloud"): Woolf, *The Diary* vol. 3, 218.

255 *"Minha hipótese é o sujeito" ("My hypothesis is the subject"):* Christopher Butler, *Early Modernism* (Oxford: Oxford University Press, 1994), 92.

"mutações do eu" ("mutations of the self"): William James, *The Principles of Psychology* (New York: Dover, 1950), vol. 1, 399.

"O poeta não tem" ("The poet has not"): T. S. Eliot, *The Sacred Wood and Major Early Essays* (New York: Dover, 1998), 32.

"farpas e mosaicos" ("splinters and mosaics"): Woolf, *The Diary,* vol. 2, 314.

"Os diversos experimentos" ("Experiment after experiment"): Merlin Donald, *A Mind So Rare* (New York: Norton, 2001), 13-25.

256 *"de canais múltiplos" ("of multiple channels"):* Daniel Dennett, *Consciousness Explained* (New York: Back Bay Books, 1991), 253-54.

"Tamanha era a complexidade" ("Such was the complexity"): Woolf, *To the Lighthouse,* 102.

257 *"o hemisfério direito"* ("*The right hemisphere*") *Disponível em:* nobelprize.org/medicine/laureates/1981/sperry-lecture.html.

258 *"Tudo que temos visto" ("Everything that we have seen"):* Stanley Finger, *Minds Behind the Brain* (Oxford: Oxford University Press, 2000), 281.

259 *"Ah, isso é fácil" ("Oh, that's easy"):* Michael Gazzaniga, *The Social Brain* (New York: Basic Books, 1985), 72.

260 *"Estou aqui"* ("Am *I here"):* Woolf, *The Virginia Woolf Reader,* 253.

261 *"O que acontece é que" ("What happens is"):* Woolf, *The Diary,* vol. 2, 234.

"algo que se pode" ("a thing that you"): Ibidem., 171.

"pedaços, sobras e fragmentos" ("scraps, orts and fragments"): Virginia Woolf, *Between the Acts* (New York: Harvest Books, 1970), 189.

262 *"Com essa vitalidade magnífica" ("With what magnificent vitality"):* Virginia Woolf, *The Waves* (New York: Harvest Books, 1950), 261.

"uma luz esgueirando-se" ("like a light stealing"): Woolf, *To the Lighthouse,* 106-07.

263 *"Não, ela não queria" ("No, she did not want"):* Ibidem, 108.

"De vez em quando" ("But now and again"): Ibidem, 62.

"De tais momentos" ("Of *such moments"):* Ibidem, 105.

"tema, recorrente" ("theme, recurring"): Virginia Woolf, *The Years* (New York: Harvest, 1969), 369.

264 *"Essas células podem enxergar então" ("These cells can now see"):* C. J. McAdams, J.H.R. Maunsell, "Effects of Attention on Orientation Tuning Functions of Single Neurons in Macaque Cortical Area V4", *Journal of Neuroscience 19 (1999):* 431-41.

"O eu ilusório está causando" ("The illusory self is causing"): Steven Yantis, "How Visual Salience Wins the Battle for Awareness", *Nature Neuroscience* 8 (2005): 975-76. And John Reynolds et al., "Attentional Modulation of Visual Processing", *Annual Review of Neuroscience* 27: 611-47.

265 *"a nossa ostra central" ("our central oyster"):* Woolf, *The Virginia Woolf Reader,* 248.

"*Embora não tenham uma consciência explícita" ("While they have no explicit"):* Lawrence Weiskrantz, "Some Contributions of Neuropsychology of Vision and Memory to the Problem of Consciousness", in A. Marcel and E. Bisiach, eds., *Consciousness in Contemporary Science* (Oxford: Oxford University Press, 1988).

266 *"Varreduras do cérebro confirmam" ("Brain scans confirm"):* A. Cowey and P. Stoerig, "The Neurobiology of Blind- sight", *Trends in Neuroscience* 14 (1991): 140-45.

"É claro que a neurociência só não consegue" ("Of course, the one thing neuroscience cannot"): Seth Gillihan and Martha Farah, "Is Self Special? A Critical Review of Evidence from Experimental Psychology and Cognitive Neuroscience", *Psychological Bulletin* 131 (2005): 76-97.

267 *"Não há palavras" ("There are no words"):* Woolf, *The Waves,* 287.

269 *"O que acontece" ("What happens"):* Christof Koch, *The Quest for Consciousness* (Englewood, Colorado: Roberts and Company, 2004), 271.

"As duas percepções" ("The two percepts"): Ibidem.

270 *"A vida não é" ("Life is not"):* Woolf, *The Virginia Woolf Reader, 287.*

271 *"simplificam em vez de" ("simplify rather than"):* Virginia Woolf, "Freudian Fiction", *Times Literary Supplement,* 25 de março de, 1920.

"É bem possível" ("It is quite possible"): Noam Chomsky, *Language and the Problems of Knowledge* (Cambridge: MIT Press, 1988), 159.

"Pois não era o conhecimento" ("For it was not knowledge"): Woolf, *To the Lighthouse, 51.*

272 "A crença final" ("The final belief"): Wallace Stevens, "Adagio.", Opus *Posthumous* (New York: Knopf, 1975), 163.

"O que ela [Lily] queria" ("What she [Lily] wished"): Woolf, *To the Lighthouse,193.*

273 "Em seu lugar" ("Instead there are"): Ibidem, 161.

"a grande revelação" ("the great revelation"): Ibidem.

"esteja no mesmo nível" ("to be on a level"): Ibidem, 202.

"estranho amálgama" ("queer amalgamation"): As cited in Julia Briggs, *Virginia Woolf An Inner Life* (New York: Harcourt, 2005), 210.

"Com uma intensidade repentina" ("With a sudden intensity"): Woolf, *To the Lighthouse,* 208.

Conclusão

275 *"Dizer que" ("To say that"):* Richard Rorty, *Contingency, Irony, and Solidarity* (Cambridge: Cambridge University Press, 1989), 8.

277 *"é que todo fenômeno tangível" ("is that all tangible phenomena"):* E. O. Wilson, *Consilience* (New York: Vintage, 1999), 291.

278 *"a filosofia do modernismo" ("the philosophy of modernism"):* Steven Pinker, *The Blank Slate* (New York: Penguin, 2003), 404.

280 *"não esteja claro para ele" ("it's not clear to him"):* Ian McEwan, *Saturday* (London: Jonathan Cape, 2005), 3.

"É como se" ("It's as if"): Ibidem.

281 *"quais são as chances" ("what the chances are"):* Ibidem., 128.

"é o determinismo biológico" ("is biological determinism"): Ibidem, 92.

282 *"o mistério permanecerá" ("the wonder will remain"):* Ibidem, 255.

"despertaram um anseio" ("touched off a yearning"): Ibidem, 279.

283 *"Há sempre isso" ("There's always this"):* Ibidem.

284 *"Quanto maior a ciência" ("The greater one's science"):* Vladimir Nabokov, *Strong Opinions* (New York: Vintage, 1990), 44.

"habilidade de permanecer" ("the ability to remain"): John Keats, *Selected Letters* (Oxford: Oxford University Press, 2002), 41.

285 *"É imperativo" ("It is imperative"):* Karl Popper, *Conjectures and Refiaations* (New York: Routledge, 2002), 39.

Bibliografia

Abbott, Alison. "Music, Maestro, Please!" *Nature* 416 (2002): 12-14.

Ackerman, Diane. *Uma história natural dos sentidos*. Rio de Janeiro: Editora Bertrand, 1992.

Acocella, Joan. *The Diary of Vaslav Nijinsky*. Traduzido por Kyril Fitzlyon. Nova York: Farrar, Straus and Giroux, 1999.

Aguirre, G. K. "The Variability of Human Bold Hemodynamic Responses." *NeuroImage* 8 (1998): 360-69.

Alarcon, J. M., et al. "Selective Modulation of Some Forms of Schaffer Collateral-CA1 Synaptic Plasticity in Mice with a Disruption of the CPEB-1 Gene." *Learning and Memory* 11 (2004): 318-27.

Alberini, Christine. "Mechanisms of Memory Stabilization: Are Consolidation and Reconsolidation Similar or Distinct Processes?" *Trends in Neuroscience* 28 (2005).

Altman, Joseph. "Are New Neurons Formed in the Brains of Adult Mammals?" *Science* 135 (1962): 1127-28.

Ash, Mitchell G. *Gestalt Psychology in German Culture, 1890-1967: Holism and the Quest for Objectivity*. Cambridge: Cambridge University Press, 1998.

Ashton, Rosemary. *George Eliot: A Life*. Nova York: Allen Lane, 1996.

_____ *G. H. Lewes*. Oxford: Clarendon Press, 1991

Auerbach Erich. *Mímesis: a representaçao da realidade na literatura ocidental*. São Paulo: Editora Perspectiva, 2007

Austen, Jane. *Emma*. Rio de Janeiro: Nova Fronteira, 1996.

Bailey, C., E. Kandel, and K. Si. "The Persistence of Long-Term Memory." *Neuron* 44 (2004): 49-57.

Balschun, D., et al. "Does cAMP Response Element-Binding Protein Have a Pivotal Role in Hippocampal Synaptic Plasticity and Hippocampus-Dependent Memory?" *Journal of Neuroscience* 23 (2003): 6304-14.

Banfield, Ann. *The Phantom Table*. Cambridge: Cambridge University Press, 2000.

Bao, S., V. Chan, and M. Merzenich. "Cortical Remodeling Induced by Activity of Ventral Tegmental Dopamine Neurons." *Nature 412* (2001): 79-84.

Bar, M., et al. "Top-Down Facilitation of Visual Recognition." *Proceedings of the National Academy of Sciences 103* (2006): 449-54.

Barlow, H. B., C. Blakemore, and J. D. Pettigrew. "The Neural Mechanism of Binocular Depth Discrimination." *Journal of Physiology* (London) 193 (1967): 327-42.

Barzun, Jacques. *A Stroll with William James*. Chicago: University of Chicago Press, 1983.

Baudelaire, Charles. *Baudelaire in English*. Nova York: Penguin, 1998.

_____ *Selected Writings on Art and Artists*. Traduzido por P. E. Charvet. Cambridge: Cambridge University Press, 1972.

_____ *Charles Baudelaire: The* Mirror *of Art*. Traduzido por Jonathan Mayne. Londres: Phaidon Press, 1955.

Beare, J. I., ed. *Greek Theories of Elementary Cognition from Alcmaeon to Aristotle*. Oxford: Clarendon Press, 1906.

Beckett, Samuel. *Novelas*. Rio de Janeiro: Martins Fontes, 1996.

Becks-Malorny, Ulrike. *Cézanne*. Londres: Taschen, 2001.

Beer, Gillian. *Darwin's Plots*. Cambridge: Cambridge University Press, 2000.

_____ *Open Fields*. Oxford: Oxford University Press, 1996.

Bell, Quentin. *Virginia Woolf: uma biografia*. Rio de Janeiro: Editora Guanabara, 1988.

Beluzzi, O., et al. "Becoming a New Neuron in the Adult Olfactory Bulb." *Nature Neuroscience* 6 (2003): 507-18.

Bendor, D., and Q. Wang. "The Neuronal Representation of Pitch in the Primate Auditory Cortex." *Nature 436 (2005):* 1161-65.

Bergson, Henri. *Creative Evolution*. Nova York: Dover, 1998.

_____ *Laughter: An Essay in the Meaning of the Comic*. Los Angeles: Green Integer, 1999.

_____ *Time and Free Will*. Nova York: Harper and Row, 1913.

Berlin, Isaiah. *Three Critics of the Enlightenment*. Princeton, N.J.: Princeton University Press, 2000.

Berman, Paul. "Walt Whitman's Ghost." *The New Yorker*, 12 de junho de 1995, 98-104.

Blackburn, Simon. *Truth: A Guide*. Oxford: Oxford University Press, 2005.

Blakeslee, Sandra. "Cells That Read Minds." *New York Times*, 10 de janeiro de 2005, sec. D4.

_____ "Rewired Ferrets Overturn Theories of Brain Growth." *New York Times*, 25 de abril de 2000, sec. F 1.

Boas, Franz. *A Franz Boas Reader*. Chicago: University of Chicago Press, 1989.

Bohan, Ruth. "Isadora Duncan, Whitman, and the Dance." *The Cambridge Companion to Walt Whitman*. Editado por Ezra Greenspan. Cambridge: Cambridge University Press, 1995.

Borges, Jorge Luis. *Ficções*. Rio de Janeiro: Editora Companhia das Letras, 2007.

Born, R., and D. Bradley. "Structure and Function of Visual Area MT." *Annual Review of Neuroscience 28 (2005):* 157-89.

Briggs, Julia. *Virginia Woolf: An Inner Life*. Nova York: Harcourt, 2005.

Brillat-Savarin, Jean Anthelme. *A fisiologia do gosto*. São Paulo, Cia. das Letras, 2005.

Browne, Janet. *Charles Darwin: Voyaging*. Princeton, N.J.: Princeton University Press, 1996.

Bucke, Richard Maurice, ed. *Notes and Fragments*. Folcroft, Penn.: Folcroft Library Editions, 1972.

Burrell, Brian. *Postcards from the Brain Museum*. Nova York: Broadway Books, 2004.

Burrow, J. W. *The Crisis of Reason*. New Haven, Conn.: Yale University Press, 2000.

Butler, Christopher. *Early Modernism*. Oxford: Oxford University Press, 1994.

Caramagno, Thomas. *The Flight of the Mind*. Berkeley: University of California Press, 1992.

Caroll, David, ed. *George Eliot: The Critical Heritage*. Londres: Routledge and Kegan Paul, 1971.

Carter, William. *Marcel Proust: A Life*. New Haven, Conn.: Yale University Press, 2002.

Cartwright, Nancy. "Do the Laws of Physics State the Facts?" *Pacific Philosophical Quarterly 61 (1980)*: 75-84.

Chaudhari, N., et al. "A Novel Metabotropic Receptor Functions as a Taste Receptor." *Nature Neuroscience* 3 (2000): 113-19.

Chip, Herschel B., ed. *Theories of Modern Art: A Source Book by Artists and Critics*. Berkeley: University of California Press, 1984.

Chomsky, Noam. "A Review of B. F. Skinner's 'Verbal Behavior':" *Language* 35 (1959): 26-58.

_____ *Aspectos da teoria da sintaxe*. Lisboa: Editora Armenio Amado, 1978.

_____ *The Chomsky Reader*. Nova York: Pantheon, 1987.

_____ *Estruturas Sintácticas*. Lisboa: Editora Edições 70, 1980.

_____ *Language and the Problems of Knowledge*. Cambridge: MIT Press, 1988.

_____ *Linguagem e mente*. Brasília: Editora UnB, 1998.

Chowdury, S. A., and N. Suga. "Reorganization of the Frequency Map of the Auditory Cortex Evoked by Cortical Electrical Stimulation in the Big Brown Bat." *Journal of Neurophysiology 83 (2000)*: 1856-63.

Churchland, P.M. "Reduction, Qualia, and the Direct Introspection of Brain States." *Journal of Philosophy 82 (1985):* 8-28.

Coe, C. L., et al. "Prenatal Stress Diminishes Neurogenesis in the Dentate Gyrus of Juvenile Rhesus Monkeys?" *Biology of Psychiatry 10 (2003):* 1025-34.

Cohen, Rachel. *A Chance Meeting.* New York: Random House, 2003.

_____ "Artist's Model." *The New Yorker,* 7 de novembro de 2005, 62-85.

Coleridge, Samuel Taylor. *The Major Works.* Oxford: Oxford University Press, 2000.

Conrad, Peter. *Modern Times, Modern Places.* Nova York: Knopf, 1999.

Cowey, A., and P. Stoerig. "The Neurobiology of Blindsight." *Trends in Neuroscience* 14 (1991): 140-45.

Craig, A. D. "How Do You Feel? Interoception: The Sense of the Physiological Condition of the Body." *Nature Reviews Neuroscience* 3 (2002), 655-66.

Dalgeish, Tim. "The Emotional Brain." *Nature Reviews Neuroscience* 5 (2004): 582-89.

______ *Em Busca de Espinoza*. Rio de Janeiro: Cia. das Letras, 2004.

Damásio, António. *O erro de Descartes.* Rio de Janeiro: Cia. das Letras, 1996.

______ *O mistério da consciência.* Rio de Janeiro: Cia. das Letras, 2000.

Darwin, Charles. *Autobiografia de Charles Darwin.* Rio de Janeiro: Editora Contraponto, 2000.

_______ *A descendência do homem e a seleção sexual.* Editora Marisa, 1933.

_______*On the Origin of Species by Means of Natural Selection, or the Preservation* of Favored Races in the Struggle for Life. Londres: John Murray, 1859.

Davidson, Donald. *Essays on Actions and Events.* Oxford: Oxford University Press, 2001.

_____ *Inquiries into Truth and Interpretation.* Oxford: Oxford University Press, 2001.

_____ *Subjective, Intersubjective, Objective.* Oxford: Oxford University Press, 2001.

Davis, Ronald. "Olfactory Memory Formation in Drosophila: From Molecular to Systems Neuroscience." *Annual Review of Neuroscience* 28 (2005): 275-302.

Dawkins, Richard. *O gene egoísta. Belo Horizonte: Itatiaia, 2001.* & Araujo, I. E. de, et al. "Cognitive Modulation of Olfactory Processing?' *Neuron* 46 (2005): 671-79.

Debiec, J., J. LeDoux, and K. Nader. "Cellular and Systems Reconsolidation in the Hippocampus." *Neuron* 36 (2002): 527-38.

Dennett, Daniel. *Consciousness Explained.* Nova York: Back Bay Books, 1991.

_____ *Darwin's Dangerous Idea.* Londres: Allen Lane, 1995.

_____ *Freedom Evolves.* Nova York: Viking, 2003.

Descartes, René. *Discuso do método e meditações.* São Paulo: Editora Abril Cultural, 1997.

Dewey, John. *Art as Experience.* New York: Perigee, 1934.

_____ *Experiência e natureza e textos selecionados.* São Paulo: Editora Abril Cultural, 1974.

_____ "Theory of Emotion." *Psychological Review* (1894): 553-69.

Dickinson, Emily. *The Complete Poems of Emily Dickinson.* Boston: Back Bay, 1976.

Dickstein, Morris. *The Revival of Pragmatism.* Chapel Hill, N.C.: Duke University, 1998.

Diggins, John Patrick. *The Promise of Pragmatism.* Chicago: University of Chicago Press, 1994.

Dodd, J. V., et al. "Perceptually Bistable Three-Dimensional Figures Evoke High Choice Probabilities in Cortical Area MT." *Journal of Neuroscience* 21 (2001): 4809-21.

Dodd, Valerie A. *George Eliot: An Intellectual Life.* Londres: Macmillan, 1990.

Doetsch, Valerie, and Rene Hen. "Young and Excitable: The Function of New Neurons in the Adult Mammalian Brain." *Current Opinion Neurobiology 15* (2005): 121-28.

Donald, Merlin. *A Mind So Rare.* Nova York: Norton, 2001.

Doran, Michael, ed. *Conversations with Cézanne*. Berkeley: University of California Press, 2001.

Eco, Umberto. *Obra aberta*. São Paulo: Perspectiva, 2003.

Edel, Leon. *Henry James*. Rio de Janeiro: Martins Fontes, 1963.

Eliot, George. *Adam Bede*. Nova York: Penguin Classics, 1980.

_____ *Daniel Deronda*. São Paulo: Editora Paz e Terra, 1997.

_____ *The Lifted Veil: Brother Jacob*. Oxford: Oxford University Press, 1999.

_____ *Middlemarch: um estudo da vida provinciana*. Rio de Janeiro: Editora Record, 1998.

_____ *O moinho à beira do rio*. Lisboa: Editora Portugalia, 1995.

_____ "The Natural History of German Life." *The Westminster Review*, julho de 1856, 28-44.

Eliot, T.S. *Obra Completa*. São Paulo: Editora Arx, 2004.

_____ *The Sacred Wood and Major Early Essays*. Nova York: Dover, 1998.

Ellmann, Richard. *James Joyce*. Oxford: Oxford University Press, 1983.

Emerson, Ralph Waldo. *Nature, Addresses, and Lectures*. Boston: Houghton Mifflin,1890.

_____ *Selected Essays, Lectures and Poems*. Nova York: Bantam, 1990.

Escoffier, Auguste. *Escoffier: The Complete Guide to the Art of Modern Cookery*. Nova York: Wiley, 1983.

_____ *The Escoffier Cookbook: A Guide to the Fine Art of Cookery for Connoisseurs, Chefs, Epicures*. Nova York: Clarkson Potter, 1941.

Finger, Stanley. *Minds Behind the Brain*. Oxford: Oxford University Press, 2000.

_____ *Origins of Neuroscience*. Oxford: Oxford University Press, 1994.

Fish, Stanley. *Is There a Text in This Class?* Cambridge, Mass.: Harvard University Press, 1980.

_____ "Professor Sokal's Bad Joke." *New York Times*, 21 de maio de 1996.

Fishman, Y., et al. "Consonance and Dissonance of Musical Chords: Neural Correlates in Auditory Cortex of Monkeys and Humans!" *Journal of Neurophysiology* 86 (2001): 2761-88.

Folsom, Ed, and Kenneth M. Price. "Biography." Walt Whitman Archive. http://www.whitmanarchive.org/biography.

Foucault, Michel. *The Order of Things*. Nova York: Vintage, 1994.

Freud, Sigmund. *A interpretação das afasias*. São Paulo: Edições 70, 2003.

Fry, Roger. *Cézanne A Study of His Development*. Nova York: Kessinger, 2004.

Gage, F. H., et al. "Survival and Differentiation of Adult Neural Progenitor Cells Transplanted to the Adult Brain." *Proceedings of the National Academy of Sciences 92 (1995):* 11879-83.

Galison, Peter. *Einstein's Clocks, Poincare's Maps*. Londres: Sceptre, 2003.

Galton, Francis. *Hereditary Genius*. Londres: Macmillan, 1869.

Garafola, Lynn. *Diaghilev's Ballet Russes*. Nova York: Da Capo, 1989.

Gardner, Howard. *A nova ciência da mente*. São Paulo: Edusp, 2003.

Gasquet, Joachim. *Cézanne*. Translated by C. Pemberton. Londres: Thames and Hudson, 1927.

Gass, William H. *The World Within the Word*. Nova York: Alfred A. Knopf, 1978.

Gay, Peter. *Freud: uma vida para o nosso tempo*. Rio de Janeiro: Cia. das Letras, 1995.

Gazzaniga, Michael. *Neurociência cognitiva: a biologia da mente*. São Paulo: Artmed, 2006.

Gazzaniga, Michael, et al. "Some Functional Effects of Sectioning the Cerebral Commissures in Man." *Proceedings of the National Academy of Sciences 48 (1962):* 1765-69.

Geertz, Clifford. "Thick Description: Towards an Interpretative Theory of Culture." In *The interpretation of Cultures*. Edited by C. Geertz. Nova York: Basic Books, 1973.

Gillihan, Seth, and Martha Farah. "Is Self Special? A Critical Review of Evidence from Experimental Psychology and Cognitive Neuroscience." *Psychological Bulletin 131* (2005): 76-97.

Goldberg, Elkhonon. *The Executive Brain*. Oxford: Oxford University Press, 2001.

Gopnik, Adam. *Paris to the Moon*. Londres: Vintage, 2001.

Gould, Elizabeth, et al. "Learning Enhances Adult Neurogenesis in the Hippocampal Formation." *Nature Neuroscience* 2 (1999): 260-65.

Gould, Stephen Jay. "Evolutionary Psychology: An Exchange." *The New York Review of Books 44 (1997).*

_____ *A falsa medida do homem.* Rio de Janeiro: Martins Fontes, 2003.

_____ *The Hedgehog, the Fox, and the Magister's Pox.* Nova York: Harmony Books, 2003.

_____ *The Structure of Evolutionary Theory.* Cambridge, Mass.: Harvard University Press, 2002.

Greenberg, Clement. "Modernist Painting." *Art and Literature* 4 (1965): 193-201.

Gross, C. G. "Genealogy of the 'Grandmother Cell'" *Neuroscientist* 8 (2002): 512-18.

_____ "Neurogenesis in the Adult Brain: Death of a Dogma." *Nature Reviews Neuroscience 1 (2000): 67-72.*

Haas, Robert Bartlett, ed. *A Primer for the Gradual Understanding of Gertrude Stein.* Los Angeles: Black Sparrow, 1971.

Hacking, I. *The Taming of Chance.* Cambridge: Cambridge University Press, 1990.

_____ "Wittgenstein the Psychologist." *New York Review of Books* (1982).

Haight, Gordon, ed. *George Eliot's Letters.* New Haven, Conn.: Yale University Press, 1954-1978.

Hauser, Marc, Noam Chomsky, and Tecumseh Fitch. "The Faculty of Language: What Is It, Who Has It, and How Did It Evolve?" *Science 298* (2002): 1569-79.

Heisenberg, Werner. *Philosophic Problems of Nuclear Science.* Nova York: Pantheon, 1952.

Herz, Rachel. "The Effect of Verbal Context on Olfactory Perception." *Journal of Experimental Psychology: General 132 (2003): 595-606.*

Hill, Peter. *Stravinsky: The Rite of Spring.* Cambridge: Cambridge University Press, 2000.

Hollerman, J. R., and W. Schultz. "Dopamine Neurons Report an Error in the Temporal Prediction of Reward During Learning." *Nature Neuroscience 1 (1998):* 304-09.

Holmes, Richard. *Coleridge: Darker Reflections.* Londres: HarperCollins, 1998.

Hoog, Michel. *Cézanne.* Londres: Thames and Hudson, 1989.

Horgan, John. *Fim da Ciência.* Rio de Janeiro: Cia das Letras, 1998.

Hubel, D. H., T. N. Weisel, and S. LeVay. "Plasticity of Ocular Dominance Columns in Monkey Striate Cortex." *Philosophical Transactions of the Royal Society of London Biology Letters* 278 (1977): 377-409.

Husserl, Edmund. *General Introduction to Phenomenology.* Nova York: Allen and Unwin, 1931.

Huxley, Aldous. *Literature and Science.* New Haven, Conn.: Leete's Island Books, 1963.

Huxley, Thomas. "On the Hypothesis That Animals Are Automata, and Its History." *Fortnightly Review (1874):* 575-77.

Jackendoff, Ray. *Patterns in the Mind.* Nova York: Basic Books, 1994.

Jackendoff, Ray, and Steven Pinker. "The Nature of the Language Faculty and Its Implication for Evolution of Language." *Cognition 97 (2005):* 211-25.

James, Henry. *The Art of Criticism.* Chicago: University of Chicago Press, 1986.

_____ *The Figure in the Carpet and Other Stories.* Londres: Penguin,1986.

James, Kenneth. *Escoffier: O Rei dos Chefs.* São Paulo: Senac-SP, 2009.

James, William. "The Consciousness of Lost Limbs." *Proceedings of the American Society for Psychical Research 1* (1887): 249-58.

_____ *Pragmatismo.* São Paulo: Martin Claret, 2005.

_____ *The Principles of Psychology.* Vol. 1. Nova York: Dover, 1950.

_____ *The Principles of Psychology.* Vol 2. Nova York: Dover, 1950.

_____ *The Varieties of Religious Experience.* Nova York: Penguin Classics, 1982.

_____ "What Is an Emotion?" *Mind* 9 (1884): 188-205.

_____ *Writings: 1878-1899.* Nova York: Library of America, 1987.

_____ *Writings: 1902-1910.* Nova York: Library of America, 1987.

Jarrell, Randall. *No Other Book.* Nova York: HarperCollins, 1999.

Joyce, James. *Ulisses.* São Paulo: Círculo do Livro, 1975.

Kandel, Eric. *In Search of Memory.* Nova York: Norton, 2006.

Kandel, Eric, James Schwartz, and Thomas Jessell. *Princípios da neurociência. São Paulo:* Manole, 2002.

Kant, Immanuel. *Crítica da razão pura.* Editora Amazonas, 1978.

Kaplan, M.S. "Neurogenesis in the Three-Month-Old Rat Visual Cortex?" *Journal of Comparative Neurology 195 (1981):* 323-38.

Kaplan, Michael, and Ellen Kaplan. *Chances Are...* Nova York: Viking, 2006.

Kaufmann, Michael Edward. "Gertrude Stein's Re-Vision of Language and Print in Tender Buttons." *Journal of Modern Literature 15 (1989):* 447-60.

Keats, John. *Selected Letters.* Oxford: Oxford University Press, 2002.

Kelly, Thomas. *First Nights.* New Haven, Conn.: Yale University Press, 2000. Kermode, Frank. *History and Value.* Oxford: Clarendon Press, 1988.

Keynes, R. D., ed. *Charles Darwin's Beagle Diary.* Cambridge: Cambridge University Press, 2001.

Kitcher, Philip. *In Mendel's Mirror.* Oxford: Oxford University Press, 2003.

Koch, Christof. *The Quest for Consciousness.* Englewood, Colo.: Roberts and Company, 2004.

Kolocotroni, Vassiliki, Jane Goldman, and Olga Taxidou, eds. *Modernism: An Anthology of Sources and Documents.* Chicago: University of Chicago Press, 1998.

Kozorovitskiy, Y., et al. "Experience Induces Structural and Biochemical Changes in the Adult Primate Brain." *Proceedings of the National Academy of Sciences* 102 (2005): 17478-82.

Kuhn, Thomas. *The Structure of Scientific Revolutions.* 3rd ed. Chicago: University of Chicago Press, 1996.

Kummings, Donald, and J. R. LeMaster, eds. *Walt Whitman: An Encyclopedia.* Nova York: Garland, 1998.

Landy, Joshua. *Philosophy as Fiction: Self Deception, and Knowledge in Proust.* Oxford: Oxford University Press, 2004.

Laurent, G. "Odor Encoding as an Active, Dynamical Process." *Annual Review of Neuroscience 24 (2001):* 263-97.

Lee, Hermione. *Virginia Woolf.* Nova York: Vintage, 1996.

Levine, George, ed. *Cambridge Companion to George Eliot.* Cambridge: Cambridge University Press, 2001.

Lewes, George Henry. *Comte's Philosophy of Science.* Londres, 1853.

____*The Life of Goethe.* 2nd ed. Londres: Smith, Elder, and Co., 1864

____ The Physical Basis of Mind. With Illustrations. Being the Second Series of *Problems of Life and Mind.* Londres: Trabner, 1877.

Lewontin, Richard. *Biology as Ideology.* Nova York: Harper. Perennial, 1993.

Lewontin, Richard, and Stephen Jay Gould. "The Spandrels of San Marco and the Panglossian Paradigm: A Critique of the Adaptationist Programme." *Proceedings of the Royal Society of London* 205, no. 1161 (1979): 581-98.

Lindemann, B., et al. "The Discovery of Umami." *Chemical Senses 27 (2002):* 843-44.

Litvin, O., and K. V. Anokhin. "Mechanisms of Memory Reorganization During Retrieval of Acquired Behavioral Experience in Chicks: The Effects of Protein Synthesis Inhibition in the Brain." *Neuroscience and Behavioral Physiology 30 (2000):* 671-78.

Livingstone, Margaret. *Vision and Art: The Biology of Seeing.* Nova York: Harry Abrams, 2002.

Loving, Jerome. *Walt Whitman.* Berkeley: University of California Press, 1999.

Luria, A. R. *The Mind of a Mnemonist.* Cambridge, Mass.: Harvard University Press, 1995.

Ma, X., and N. Suga. "Augmentation of Plasticity of the Central Auditory System by the Basal Forebrain and/or Somatosensory Cortex." *Journal of Neurophysiology 89 (2003): 90-103.*

_____ *"Long-Term Cortical Plasticity Evoked by Electrical Stimulation and Acetylcholine Applied to the Auditory Cortex." Proceedings of the National Academy of Sciences,* 16 de junho de 2005.

Mahon, Basil. *The Man Who Changed Everything: The Life of James Clerk Maxwell.* Londres: John Wiley, 2003.

Maia, T., and J. McClelland. "A Reexamination of the Evidence for the Somatic Marker Hypothesis: What Participants Really Know in the Iowa Gambling Task." *Proceedings of the National Academy of Sciences 101 (2004): 16075-80.*

Mainland, J. D., et al. "One Nostril Knows What the Other Learns." *Nature 419 (2002):* 802.

Malcolm, Janet. "Someone Says Yes to It." *The New Yorker,* 13 de junho de 2005, 148-65.

Martin, Kelsey, et al. "Synapse-Specific, Long-Term Facilitation of Aplysia Sensory to Motor Synapses: A Function for Local Protein Synthesis in Memory Storage." Cell 91 (1997): 927-38.

McAdams, C. J., and J.H.R. Maunsell. "Effects of Attention on Orientation-Tuning Functions of Single Neurons in Macaque Cortical Area V4." *Journal of Neuroscience 19 (1999):* 431-41.

McEwan, Ian. *Sábado.* Rio de Janeiro: Cia. das Letras, 2005.

McGee, Harold. *On Food and Cooking.* Nova York: Scribner, 2004.

McGinn, Colin. *The Mysterious Flame.* Nova York: Basic Books, 1999.

McNeillie, Andrew, and Anne Olivier Bell, eds. *The Diary of Virginia Woolf.* 5 vols. Nova York: Harcourt Brace Jovanovich, 1976-1984.

Mellow, James. *Charmed Circle: Gertrude Stein and Company.* Londres: Phaidon, 1974.

Melville, Herman. *Redburn, White-Jacket, Moby Dick.* Nova York: Library of America, 1983.

Menand, Louis. *The Metaphysical Club.* Nova York: Farrar, Straus and Giroux, 2001.

_____ ed. *Pragmatism: A Reader.* Nova York: Vintage, 1997.

Meyer, Leonard. *Emotion and Meaning in Music.* Chicago: University of Chicago Press, 1961.

_____ *Explaining Music.* Berkeley: University of California Press, 1973.

_____ *Music, the Arts, and Ideas.* Chicago: University of Chicago Press, 1994.

_____ *The Spheres of Music.* Chicago: University of Chicago Press, 2000.

Meyer, Steven. *Irresistible Dictation.* Palo Alto: Stanford University Press, 2001.

______"The Physiognomy of the Thing: Sentences and Paragraphs in Stein and Wittgenstein." *Modernism/Modernity* 5.1 (1998): 99-116.

Milekic, M. H., and C. M. Alberini. "Temporally Graded Requirement for Protein Synthesis Following Memory Reactivation." *Neuron 36* (2002): 521-25.

Miller, Edwin Haviland, ed. *Walt Whitman: The Correspondence.* 6 vols. Nova York: New York University Press, 1961-1977.

Miller, George. "The Magical Number Seven, Plus or Minus Two." *The Psychological Review 63* (1956): 81-97.

Mitchell, Silas Weir. *Injuries of Nerves, and Their Consequences.* Philadelphia: Lippincott, 1872.

Muotri, A. R., et al. "Somatic Mosaicism in Neuronal Precursor Cells Mediated by Li Retrotransposition." *Nature* 435 (2005): 903-10.

Myers, Gerald E. *William James: His Life and Thought.* New Haven, Conn.: Yale University Press, 1986.

Nabokov, Vladimir. *Aulas de literatura. Lisboa:* Relógio D'Água, 2004.

_______ *Strong Opinions.* Nova York: Vintage, 1990.

Nader, K., et al. "Characterization of Fear Memory Reconsolidation." *Journal of Neuroscience* 24 (2004): 9269-75.

_______ "Fear Memories Require Protein Synthesis in the Amygdala for Reconsolidation after Retrieval." *Nature* 406: 686-87.

Nelson, G., et al. "An Amino-Acid Taste Receptor." *Nature* 416 (2002): 199-202.

Nicolson, Nigel, and Trautmann, Joanne, eds., *The Letters of Virginia Woolf.* 6 vols. New York: Harcourt Brace Jovanovich, 1975-1980.

Nietzsche, Friedrich. *The Gay Science.* Translated by Walter Kaufmann. Nova York: Vintage, 1974.

_______ *The Genealogy of Morals.* Translated by Walter Kaufmann. Nova York: Vintage, 1989.

Nottebohm, Fernando. "Neuronal Replacement in Adulthood." *Annals of the New York Academy of Science* 457 (1985): 143-61.

Olby, Robert. *The Path to the Double Helix.* London: Macmillan, 1974.

Otis, Laura, ed. *Literature and Science in the Nineteenth Century.* Oxford: Oxford University Press, 2002.

Papassotiropoulos, A., et al. "The Prion Gene Is Associated with Human Long-Term Memory." *Human Molecular Genetics* 14 (2005): 2241-46.

Patel, A., and E. Balaban. "Temporal Patterns of Human Cortical Activity Reflect Tone Sequence Structure." *Nature* 404 (2002): 80-83.

Pater, William. *The Renaissance: Studies in Art and Poetry.* Oxford: Oxford University Press, 1998.

Peirce, Charles Sanders. *Peirce on Signs: Writings on Semiotics.* Chapel Hill: University of North Carolina Press, 1991.

Peretz, I., and R. Zatorre. "Brain Organization for Music Processing." *Annual Review of Psychology* 56 (2005): 89-114.

Peretz, I., and R. Zatorre, eds. *The Cognitive Neuroscience of Music.* Oxford: Oxford University Press, 2003.

Perez-Gonzalez, D., et al. "Novelty Detector Neurons in the Mammalian Auditory Midbrain." *European Journal of Neuroscience 11* (2005): 2879-85.

Perry, Ralph Barton. *The Thought and Character of William James.* 2 vols. Boston: Little, Brown, 1935.

Pincock, Stephen. "All in Good Taste." *FT Magazine,* June 25, 2005, 13.

Como a Mente Funciona. Rio de Janeiro: Cia das Letras, 1998.

_______ *O instinto da linguagem: como a mente cria a língua.* Rio de Janeiro: Martins Fontes, 2002.

_______ *Tábula rasa*. Rio de Janeiro: Cia. das Letras, 2004.

_______ *Words and Rules*. Nova York: Basic Books, 2000.

Plato. *Timaeus*. Traduzido por by Donald Zeyl. Nova York: Hackett, 2000.

Poirier, Richard. *Poetry and Pragmatism*. Cambridge, Mass.: Harvard University Press, 1992.

_______ *Trying It Out in America*. Nova York: Farrar, Straus and Giroux, 1999.

Polley, D. B., et al. "Perceptual Learning Directs Auditory Cortical Map Reorganization Through Top-Down Influences." *Journal of Neuroscience* 26 (2006): 4970-82.

Popper, Karl. *Conjecturas e Refutacões*. Brasília: Universidade de Brasília, 1972.

_______ *Conhecimento Objetivo*. São Paulo: Edusp, 1975.

Proust, Marcel. *A prisoneira e a fugitiva*. Rio de Janeiro: Editora Globo, 1958.

______ *O caminho de Guermantes*. Vol III. Rio de Janeiro: Editora Globo, 1996.

______ *Letters to His Mother*. Nova York: Greenwood Press, 1973.

______ *On Art and Literature*. Nova York: Carrol and Graf, 1997.

______ *Pleasures and Regrets*. London: Peter Owen, 1986.

______ *Sodoma e Gomorra*. Vol IV. Rio de Janeiro: Editora Globo, 1989.

______ *No caminho de Swann*. Vol. I. Rio de Janeiro: Ediouro, 1992.

______ *O tempo redescoberto*. Vol. VI. Rio de Janeiro: Editora Globo, 1989.

______ *À sombra das moças em flor*. Vol. II. Rio de Janeiro: Ediouro, 1993.

Quine, V. W. *From a Logical Point of View*. Cambridge, Mass.: Harvard University Press, 2003.

______ *Ontological Relativity and Other Essays*. Nova York: Columbia University Press, 1977.

______ *Quintessence*. Cambridge, Mass.: Belknap Press, 2004.

Quiroga, R., et al. "Invariant Visual Representation by Single Neurons in the Human Brain." *Nature* 435 (2005): 1102-07.

Rakic, P. "Limits of Neurogenesis in Primates." *Science* 227 (1985): 1054-56.

Ramón y Cajal, Santiago. *Advice for a Young Investigator.* Cambridge: MIT Press, 2004.

______ *Nobel Lectures, Physiology or Medicine, 1901-1921.* Amsterdã: Elsevier Publishing, 1967.

Reed, Edward. *From Soul to Mind.* New Haven, Conn.: Yale University Press, 1997.

Renton, Alex. "Fancy a Chinese?" *Observer Food Magazine,* julho de 2005, 27-32.

Rewald, John. *Cézanne.* Nova York: Harry Abrams, 1986.

Reynolds, John, et al. "Attentional Modulation of Visual Processing." *Annual Review of Neuroscience* 27: 611-47.

Richardson, Alan. *British Romanticism and the Science of the Mind.* Cambridge: Cambridge University Press, 2001.

Richardson, Richard. *Emerson: The Mind on Fire.* Berkeley: University of California Press, 1996.

Richter, Joel. "Think Globally, Translate Locally: What Mitotic Spindles and Neuronal Synapses Have in Common." *Proceedings of the National Academy of Sciences* 98 (2001): 7069-71.

Rilke, Rainer Maria. *Cartas sobre Cézanne.* Rio de Janeiro: Editora 7 Letras, 2001.

Rizzolatti, Giacomo, Leonardo Fogassi, and Vittorio Gallese. "Neurophysiological Mechanisms Underlying the Understanding of Imitation and Action." *Nature Reviews Neuroscience* 1 (2001): 661-70.

Rorty, Richard. *Contingência, ironia, e solidariedade.* Rio de Janeiro: Martins Fontes, 2007.

______ *Essays on Heidegger and Others.* Cambridge: Cambridge University Press, 1991.

______ *Objetivismo, relativismo e verdade.* Rio de Janeiro: Relume Dumará, 1997.

______*Philosophy and the Mirror of Nature*. Oxford: Basil Blackwell, 1978.

______ *Philosophy and Social Hope*. Nova York: Penguin, 1999.

Rose, Steven. *Lifelines: Biology, Freedom, Determinism*. Londres: Allen Lane, 1997.

______*O Cérebro do século XXI*. Rio de Janeiro: Globo, 2006.

Rosen, Charles. *Arnold Schoenberg*. Chicago: University of Chicago Press, 1996.

Ross, Alex. "Prince Igor." *The New Yorker*, November 6, 2000.

______ "Whistling in the Dark: Schoenberg's Unfinished Revolution." *The New Yorker*, 18 de fevereiro de 2002.

Ryan, Judith. *The Vanishing Subject*. Chicago: University of Chicago Press, 1991.

Sacks, Oliver. *Um Antropólogo em Marte*. São Paulo: Companhia de Bolso, 2006.

______*O homem que confundiu sua mulher com um chapéu*. Rio de Janeiro: Cia. das Letras, 1997.

______*Vendo vozes*. Rio de Janeiro: Cia. das Letras, 2000.

Sanfey, Alan, and and Jonathan Cohen. "Is Knowing Always Feeling?" *Proceedings of the National Academy of Sciences 101 (2004)*: 16709-10.

Santarelli, Luca, et al. "Requirement of Hippocampal Neurogenesis for the Behavioral Effects of Antidepressants." *Science 301 (2003)*: 805-08.

Schjeldahl, Peter. "Two Views." *The New Yorker*, 11 de julho de 2005.

Schmidt-Hieber, C. "Enhanced Synaptic Plasticity in Newly Generated Granule Cells of the Adult Hippocampus." *Nature 429 (2004)*: 184-87.

Schoenberg, Arnold. *Style and Idea: Selected Writings*. Londres: Faber, 1975.

______*Theory of Harmony*. Berkeley: University of California Press, 1983.

Schoenfeld, M., et al. "Functional MRI Tomography Correlates of Taste Perception in the Human Primary Taste Cortex." *Neuros cience 127* (2004): 347-53.

Schultz, Wolfram, et al. "Neuronal Coding of Prediction Errors." *Annual Review of Neuroscience 23:* 473-500.

Senghas, Ann, et al. "Children Creating Core Properties of Language: Evidence from an Emerging Sign Language in Nicaragua." *Science 305:* 1779-82.

Shapin, Steven. *A revolução científica. Rio de Janeiro:* Difel,1999.

Sharma, J., A. Angelucci, and M. Sur. "Induction of Visual Orientation Modules in Auditory Cortex?" *Nature* 404 (2000): 841-47

Shattuck, Roger. *As ideias de Proust.* São Paulo: Cultrix, 1986.

Shuttleworth, Sally. *George Eliot and 19th Century Science.* Cambridge: Cambridge University Press, 1984.

Si, K., et al. "A Neuronal Isoform of CPEB Regulates Local Protein Synthesis and Stabilizes Synapse-Specific Long-Term Facilitation in Aplysia." *Cell* 115 (2003): 893-904.

Si, K., E. Kandel, and S. Lindquist. "A Neuronal Isoform of the Aplysia CPEB Has Prion-Like Properties." *Cell* 115 (2003): 879-91.

Sifton, Sam. "Tile Cheat." *New York Times Magazine,* 8 de maio de 2005.

Silvers, Robert. *Histórias esquecidas das ciências.* Rio de Janeiro: Paz e Terra, 1997.

Simms, Byran. *The Atonal Music of Arnold Schoenberg.* Oxford: Oxford University Press, 2000.

Sinclair, May. *Mary Oliver: A Life.* New York: New York Review of Books Press, 2002.

Specter, Michael. "Rethinking the Brain." *The New Yorker,* 23 de julho de 2001, 42-65.

Sperry, Roger. "Cerebral Organization and Behavior." *Science* 133 (1961): 1749-57.

________ "Some Effects of Disconnecting the Cerebral Hemispheres." Nobel lecture, 1981. Disponível em [nobelprize.org/medicine/

laureates/1981/sperry-lecture.html] (acessado em 5 de março de 2005).

Squire, Larry e Kandel, Eric. Memória: da mente às moléculas. Porto Alegre: Artmed, 2003.

Stein, Gertrude. *As Fine as Melanctha*. New Haven, Conn.: Yale University Press, 1954.

________*A autobiografia de Alice B. Toklas*. Porto Alegre: L&PM, 2006.

________*Autobiografia de todo mundo*. Rio de Janeiro: Nova Fronteira, 1983.

________*Lectures in America*. Boston: Beacon Press, 1985.

________*Picasso*. Boston: Beacon Press,1959.

________ *The Selected Writings of Gertrude Stein*. Nova York: Vintage, 1990.

________*Writings: 1903-1932*. Nova York: Library of America, 1998.

________*Writings 1932-1946*. Nova York: Library of America, 1998.

Steingarten, Jeffrey. *It Must've Been Something I Ate*. Nova York: Vintage, 2003.

Stevens, Wallace. *The Necessary Angel*. Nova York: Vintage, 1951.

________*Opus Posthumous*. Nova York: Knopf, 1975.

________*The Palm at the End of the Mind*. Nova York: Vintage, 1967.

Stoddard, Tim. "Scents and Sensibility." *Columbia*, primavera de 2005, 17-21.

Stravinsky, Igor. *Poética da música. Lisboa:* Dom Quixote, 1971.

_______ *Chronicle of My Life*. Gollancz: Londres, 1936.

Stravinsky, Igor e Craft Robert. *Conversas com Igor Stravinsky*. Rio de Janeiro: Perspectiva

________ *Expositions and Development*. Londres: Faber and Faber, 1962.

________ *Memories and Commentaries*. Londres: Faber and Faber, 1960.

Stravinsky, Vera, and Robert Craft, eds. *Stravinsky in Pictures and Documents*. Nova York: Simon and Schuster, 1978.

Suga, N., and E. Gao. "Experience-Dependent Plasticity in the Auditory Cortex and the Inferior Colliculus of Bats: Role of the Cortico-Fugal System." *Proceedings of the National Academy of Sciences* 5 (2000): 8081-86.

Suga, N., et al. "The Corticofugal System for Hearing: Recent Progress." *Proceedings of the National Academy of Sciences* 22 (2000): 11807-14.

Sur, M., and J. L. Rubenstein. "Patterning and Plasticity of the Cerebral Cortex." *Science* 310 (2005): 805-10.

Sylvester, David. *About Modern Art.* Londres: Pimlico, 1996.

Tadie, Jean Yves. *Marcel Proust: A Life.* Nova York: Penguin, 2000.

Tanaka, S. "Dopaminergic Control of Working Memory and Its Relevance to Schizophrenia: A Circuit Dynamics Perspective?" *Neuroscience* 139 (2005): 153-71.

Taruskin, Richard. *Stravinsky and the Russian Tradition.* Oxford: Oxford University Press, 1996.

Toorn, Pieter van den. *Stravinsky and the Rite of Spring.* Oxford: Oxford University Press, 1987.

Tramo, M., et al. "Neurobiological Foundations for the Theory of Harmony in Western Tonal Music." *Annals of the New York Academy of Science* 930 (2001): 92-116.

Traubel, Horace. *Intimate with Walt: Selections from Whitman's Conversations with Horace Traubel, 1882-1892.* Des Moines: University of Iowa Press, 2001.

Trubek, Amy. *Haute Cuisine: How the French Invented the Culinary Profession.* Philadelphia: University of Pennsylvania Press, 2001.

Updike, John. *Consciência à flor da pele.* Rio de Janeiro: Cia. das Letras, 1989.

Vollard, Ambroise. *Cézanne.* Nova York: Dover, 1984.

Wade, Nicholas. "Explaining Differences in Twins." *New York Times,* 5 de julho de 2005.

Walsh, Stephen. *Igor Stravinsky: A Creative Spring.* Berkeley: University of California Press, 2002.

Wang, L., et al. "Evidence for Peripheral Plasticity in Human Odour Response." *Journal of Physiology* (january de 2004): 236-44.

Weiner, Jonathan. *Tempo, amor, memória.* Rio de Janeiro Editora Rocco, 2001.

Weiskrantz, Lawrence. "Some Contributions of Neuropsychology of Vision and Memory to the Problem of Consciousness." In *Consciousness in Contemporary Science,* edited by A. Marceland E. Bisiach. Oxford: Oxford University Press, 1988.

West-Eberhard, Mary Jane. *Developmental Plasticity and Evolution.* Oxford: Oxford University Press, 2003.

Whitman, Walt. *Democratic Vistas and Other Papers.* Amsterdam: Fredonia Books, 2002.

_______*Folhas de Relva.* São Paulo: Iluminuras, 2005.

Wilshire, Bruce, ed. *William James: The Essential Writings.* Albany: State University of New York, 1984.

Wilson, Edmund. *O castelo de Axel: Estudo sobre a literatura imaginativa de de 1870 a 1930.* Rio de Janeiro: Cia. Das Letras, 2004.

Wilson, E.O. *Consilience: The Unity of Knowledge.* Nova York: Vintage, 1999.

_______*Sociobiology: The New Synthesis.* Cambridge, Mass.: Belknap Press, 2000.

Woolf, Virginia. *Entre os atos. São Paulo:* Novo Século, 2008.

_______ *Collected Essays.* Londres: Hogarth Press, 1966-1967.

_______ *The Common Reader: First Series.* Nova York: Harvest, 2002.

_______ *O quarto de Jacob.* São Paulo: Novo Século, 2008.

_______ *Moments of Being.* Londres: Pimlico, 2002.

_______ *Mrs. Dalloway.* Rio de Janeiro: Nova Fronteira, 2006.

_______ *A Room of One's* Own. Nova York: Harvest, 1989.

_______ *Rumo ao farol.* São Paulo: Biblioteca Folha, 2003.

______ *The Virginia Woolf Reader.* Nova York: Harcourt, 1984.

______ *The Waves.* Nova York: Harvest Books, 1950.

______ *The Years.* Nova York: Harvest, 1969.

_______ *Congenial Spirits: The Selected Letters of Virginia Woolf.* Editado por Joanne Trautmann Banks. Nova York: Harvest, 1991.

_________ *The Diary of Virginia Woolf.* Edited by Anne Olivier Bell. 5 vols. Londres: Hogarth, 1977-1980.

Índice

Este livro foi composto na tipologia Minion Pro,
em corpo 12/15,3, impresso em papel off-white 80g/m²,
no Sistema Cameron da Divisão Gráfica
da Distribuidora Record.